中国社会科学院大学文库·**数字媒体前沿译丛**

消费文化中的名人与粉丝

CELEBRITY FANS
AND THEIR CONSUMER BEHAVIOUR

粉丝生活的自传式民族志考察
Autoethnographic Insights
into the Life of a Fan

〔英〕马库斯·沃尔法伊尔　著
Markus Wohlfeil

刘　津　译

社会科学文献出版社
SOCIAL SCIENCES ACADEMIC PRESS (CHINA)

"中国社会科学院大学文库"总序

恩格斯说："一个民族要想站在科学的最高峰，就一刻也不能没有理论思维。"人类社会每一次重大跃进，人类文明每一次重大发展，都离不开哲学社会科学的知识变革和思想先导。中国特色社会主义进入新时代，党中央提出"加快构建中国特色哲学社会科学学科体系、学术体系、话语体系"的重大论断与战略任务。可以说，新时代对哲学社会科学知识和优秀人才的需要比以往任何时候都更为迫切，建设中国特色社会主义一流文科大学的愿望也比以往任何时候都更为强烈。身处这样一个伟大时代，因应这样一种战略机遇，2017 年 5 月，中国社会科学院大学以中国社会科学院研究生院为基础正式创建。学校依托中国社会科学院建设发展，基础雄厚、实力斐然。中国社会科学院是党中央直接领导、国务院直属的中国哲学社会科学研究的最高学术机构和综合研究中心，新时期党中央对其定位是马克思主义的坚强阵地、党中央国务院重要的思想库和智囊团、中国哲学社会科学研究的最高殿堂。使命召唤担当，方向引领未来。建校以来，中国社会科学院大学聚焦"为党育人、为国育才"这一党之大计、国之大计，坚持党对高校的全面领导，坚持社会主义办学方向，坚持扎根中国大地办大学，依托社科院强大的学科优势和学术队伍优势，以大院制改革为抓手，实施研究所全面支持大学建设发展的融合战略，优进优出、一池活水、优势互补、使命共担，形成中国社会科学院办学优势与特色。学校始终把立德树人作为立身之本，把思想政治工作摆在突出位置，坚持科教融合、强化内涵发展，在人才培养、科学研究、社会服务、文化传承创新、国际交流合作等方面不断开拓创新，为争创"双一流"大学打下坚实基础，积淀了先进的发展经验，呈现出蓬勃的发展态势，成就了今天享誉国内的"社科大"品牌。"中国社会科学院大学文库"就是学校倾力打造的学术品牌，如果将学校之前的学术研究、学术出版比作一道道清澈的溪流，"中国社会科学院大学文库"的推出可谓厚积薄发、百川归海，恰逢其时、意义深远。为其作序，我深感荣幸和骄傲。

高校处于科技第一生产力、人才第一资源、创新第一动力的结合点，是新时代繁荣发展哲学社会科学，建设中国特色哲学社会科学创新体系的重要组成部分。我校建校基础中国社会科学院研究生院是我国第一所人文社会科学研究生院，是我国最高层次的哲学社会科学人才培养基地。周扬、温济泽、胡绳、江流、浦山、方克立、李铁映等一大批曾经在研究生院任职任教的名家大师，坚持运用马克思主义开展哲学社会科学的教学与研究，产出了一大批对文化积累和学科建设具有重大意义、在国内外产生重大影响、能够代表国家水准的重大研究成果，培养了一大批政治可靠、作风过硬、理论深厚、学术精湛的哲学社会科学高端人才，为我国哲学社会科学发展进行了开拓性努力。秉承这一传统，依托中国社会科学院哲学社会科学人才资源丰富、学科门类齐全、基础研究优势明显、国际学术交流活跃的优势，我校把积极推进哲学社会科学基础理论研究和创新，努力建设既体现时代精神又具有鲜明中国特色的哲学社会科学学科体系、学术体系、话语体系作为矢志不渝的追求和义不容辞的责任。以"双一流"和"新文科"建设为抓手，启动实施重大学术创新平台支持计划、创新研究项目支持计划、教育管理科学研究支持计划、科研奖励支持计划等一系列教学科研战略支持计划，全力抓好"大平台、大团队、大项目、大成果"等"四大"建设，坚持正确的政治方向、学术导向和价值取向，把政治要求、意识形态纪律作为首要标准，贯穿选题设计、科研立项、项目研究、成果运用全过程，以高度的文化自觉和坚定的文化自信，围绕重大理论和实践问题展开深入研究，不断推进知识创新、理论创新、方法创新，不断推出有思想含量、理论分量和话语质量的学术、教材和思政研究成果。

"中国社会科学院大学文库"正是对这种历史底蕴和学术精神的传承与发展，更是新时代我校"双一流"建设、科学研究、教育教学改革和思政工作创新发展的集中展示与推介，是学校打造学术精品，彰显中国气派的生动实践。

"中国社会科学院大学文库"按照成果性质分为"学术研究系列""教材系列"和"思政研究系列"三大系列，并在此分类下根据学科建设和人才培养的需求建立相应的引导主题。"学术研究系列"旨在以理论研究创新为基础，在学术命题、学术思想、学术观点、学术话语上聚焦聚力，注重高原上起高峰，推出集大成的引领性、时代性和原创性的高层次成果。"教材系列"旨在服务国家教材建设重大战略，推出适应中国特色社会主义发展要求，立足学术和教学前沿，体现社科院和社科大优势与特色，辐射本硕博各个层次，涵盖纸质和数字化等多种载体的系列课程教材。"思政研究系列"旨在聚焦重大理论问题、工作探索、实践经验等领域，推出一批思想政治教育领域具有影响力的理论和实践研究成果。文库将借助与中国社会科学出版社的战略合作，加大高层次成果的产出与传播。既突出学术研究的理论性、学术性和创新性，推出新时代哲学社会科学研究、教材编写和思政研究的最新理论成果；又注重引导围绕国家重大战略需求开展前瞻性、针对性、储备性政策研究，推出既通"天线"、又接"地气"，能有效发挥思想库、智囊团作用的智库研究成果。文库坚持"方向性、开放式、高水平"的建设理念，以马克思主义为领航，严把学术出版的政治方向关、价值取向关与学术安全关、学术质量关。入选文库的作者，既有德高望重的学部委员、著名学者，又有成果丰硕、担当中坚的学术带头人，更有崭露头角的"青椒"新秀；既以我校专职教师为主体，也包括受聘学校特聘教授、岗位教师的社科院研究人员。我们力争通过文库的分批、分类持续推出，打通全方位、全领域、全要素的高水平哲学社会科学创新成果的转化与输出渠道，集中展示、持续推广、广泛传播学校科学研究、教材建设和思政工作创新发展的最新成果与精品力作，力争高原之上起高峰，以高水平的科研成果支撑高质量人才培养，服务新时代中国特色哲学社会科学"三大体系"建设。

历史表明，社会大变革的时代，一定是哲学社会科学大发展的时代。当代中国正经历着我国历史上最为广泛而深刻的社会变革，也正在进行着人类历史上最为宏大而独特的实践创新。这种前无古人的伟大实践，必将给理论创造、学术繁荣提供强大动力和广阔空间。我们深知，科学研究是永无止境的事业，学科建设与发展、理论探索和创新、人才培养及教育绝非朝夕之事，需要在接续奋斗中担当新作为、创造新辉煌。未来已来，将至已至。我校将以"中国社会科学院大学文库"建设为契机，充分发挥中国特色社会主义教育的育人优势，实施以育人育才为中心的哲学社会科学教学与研究整体发展战略，传承中国社会科学院深厚的哲学社会科学研究底蕴和 40 多年的研究生高端人才培养经验，秉承"笃学慎思明辨尚行"的校训精神，积极推动社科大教育与社科院科研深度融合，坚持以马克思主义为指导，坚持把论文写在大地上，坚持不忘本来、吸收外来、面向未来，深入研究和回答新时代面临的重大理论问题、重大现实问题和重大实践问题，立志做大学问、做真学问，以清醒的理论自觉、坚定的学术自信、科学的思维方法，积极为党和人民述学立论、育人育才，致力于产出高显示度、集大成的引领性、标志性原创成果，倾心于培养又红又专、德才兼备、全面发展的哲学社会科学高精尖人才，自觉担负起历史赋予的光荣使命，为推进新时代哲学社会科学教学与研究，创新中国特色、中国风骨、中国气派的哲学社会科学学科体系、学术体系、话语体系贡献社科大的一份力量。

（张政文　中国社会科学院大学党委常务副书记、校长，中国社会科学院研究生院副院长、教授、博士生导师）

数字媒体前沿译丛序言

对于我国传播学来说，今年有着特殊的意义。因为就在整整四十年前的 1982 年 11 月，中国社会科学院新闻研究所在北京召开了第一次西方传播学座谈会，这次会议后来被学界称为"第一次全国传播学研讨会"。与会者讨论并确立了中国传播学发展的"十六字方针"，即"系统了解，分析研究，批判吸收，自主创造"，既体现出中国传播学建设亟须的改革开放、兼容并包的胸怀，也表现出中国传播学领域的专家学者对学科本土化的强烈学术自觉和学术自主。1983 年 9 月，由中国社会科学院新闻研究所世界新闻研究室的研究人员执笔并最终收录十三篇介绍性文章的论文集出版，名为《传播学（简介）》，这是第一本在中国大陆出版的比较正式的传播学著作。1984 年，施拉姆与波特合著的《传播学概论》由新华出版社出版。自此之后，我国就不断涌现出传播学译著和本土著作。1999 年，北京广播学院院长刘继南教授牵头，我主要负责组织校内外学者翻译了一系列国外传播学著作，并以"高校经典教材译丛·传播学"为名，由华夏出版社出版。这套丛书成为大陆第一套成系列的传播学译丛。此后，不少高校和出版社也纷纷推出了各种译丛。

如今，传播学在世界主要国家的学科体系中都在不断地蓬勃发展，学者队伍日益壮大。尽管在世纪之交曾经有过传播学学科合法性的争论与讨论，但随着数字技术对人类社会各个领域的影响，数字媒体与传播渗透到人类社会的各个环节和流程。特别这十年来变化更大，传播活动日益交融、传播媒体与平台日益融合、传播主体日益多元化等，使得传播学的研究对象进一步复杂化，研究问题进一步多样化，研究方法进一步融合化，学科更加交叉与融合，因此，学科的边界也日益扩展。

近些年，全球传播学者对全球传播文化变迁、大数据人机交融新生态、全球媒介跨域传播新挑战和媒介资本运作新特点及其影响等全面展开研究，百花齐放，成果斐然。尤其是在国外，在短短二十多年间，有关数字化传播的研究风声水起，出版物汗牛充栋，无论是从传统的传播学理论视角，还是从新技术带来的技术革命视角，抑或哲学、政治学、社会学、历史学、经济学甚至计算机技术、大数据研究等学科的最新介入，都令人叹为观止，深感中国跻身其中的世界之日益复杂，同时五彩纷呈。

鉴于此，当我于2021年底调入中国社会科学院新闻与传播研究所担任所长并兼任中国社会科学院大学新闻传播学院院长之后，得知中国社会科学院大学新闻传播学院已经组织本学院现有科研骨干力量，正在开展这样一个国外著作翻译系列出版工作的时候，我认为他们在做一项很有意义的工作。学科建设从来都不是闭门造车可以完成的，学科发展与壮大更不可能是自话自说、自娱自乐可以成就的。在百年未有之大变局的关键时期，如何审视全球新地缘政治和国际传播格局中的中国并建构起我们自己新的本土化传播学自主知识体系至关重要；在争夺国际传播话语权的时候既能够与如今处于话语权顶端的欧美等发达国家顺利沟通，又能够传达出中国的真实故事和声音，更是当务之急，这些都需要我们首先了解和掌握全球数字媒体与传播的更多特点、发展轨迹及其规律。

看到中国社会科学院大学新闻传播学院的同仁在精挑细选的基础上，在数字媒体研究领域努力挖掘、广泛寻找，将国外有关数字媒体研究的最新成果进行专业的翻译并形成系列出版，将前沿新奇和有趣的思想与学术方法一一奉上，以飨新闻传播学术界和业界的同仁，我感到相当欣慰，并认为这是一个很有意义的专业化尝试。在翻译国外专业著作的工作中，新闻传播学院这支新闻传播学团队以其专业性理解和词语使用使译作更为恰当准确，能够为我们未来的相关研究和实践提供更丰富、更广泛、更深入、更实用的思路。

　　这个系列是个不小的工程，入选著作既包含数字游戏世界里的传播效果和影响研究，也有模因和数字文化关系的研究；既涉及新时代媒介跨国界协同管制的诸多问题，也有对进入21世纪以来由社交媒体主宰的新兴文化现象的思考；既有新闻在融媒体大数据时代下新生态的专业索引和诘问，也有对未来一代青少年全球文化和新媒介关系的讨论；既有媒介叙事理论在今天社交媒体、新媒体已经占据主流的时代的适应性问题，也有大数据时代名人粉丝流量和新闻传播的关系聚焦；等等。作者大多是著名大学、研究机构的著名学者，他们多年在其研究领域深耕，其著作具有较高的学术价值。著作内容丰富、形式多样。对于丛书译者而言，他们的遴选和翻译工作表现出了他们高屋建瓴的学术视野和专业素质。

　　风物长宜放眼量，越是需要本土化的自主知识体系建设，越需要一种国际化的考量。特别是在全球化时代，世界地缘政治变迁，世界地缘学术也在变化。中国的学术要有自信但不自负，需要进一步放大自己的声音，争取国际传播话语权，同时也需要多吸取来自国外的养分。这是一套高质量、高水准的有关数字媒体的翻译系列，在此隆重推荐，希望能给不同的读者带来不同的收获。

中国社会科学院新闻与传播研究所所长

中国社会科学院大学新闻传播学院院长

胡正荣

2022 年 8 月 16 日

名人粉丝及其消费行为

20世纪20年代早期好莱坞明星制创设以来，影星和其他名人、他们看似如梦似幻的私生活令消费者目眩神迷。有关名人的公众需求无所不在，可以说，这已成为日常文化生活与市场经济的基本元素，亦为越来越多的研究所关注。

本书探讨名人"粉丝文化"这一流行现象，更深入了解粉丝何以对自己钟爱的名人发展出情感依恋，这种准社交粉丝关系（parasocial fan relationship）对他们的生活意味着什么。基于对一位消费者与一位女影星之间的粉丝关系的局内人深度透视，本书提供了关于名人－粉丝关系的独到见解，揭示了这种关系对消费者日常生活的意义以及如何随时间流逝不断演进和自我呈现。

虽然本书主要根植于消费者研究领域，但"粉丝文化"和名人涉及多学科的研究兴趣。市场营销研究、消费者研究、电影研究、媒体研究、文化研究和社会学等多学科交叉领域的读者或许乐于阅读。

献给我的父母，我过世的祖母，我的哥哥斯文（Sven），我的妹妹卡特娅（Katja），我的外甥女汉娜（Hannah），我的外甥费利克斯（Felix）。特别敬献黛比·马隆（Debbie Malone）女士和杰娜·马隆（Jena Malone）女士。

目　录

致　谢 / 001

第一章　天性若此
　　——粉丝文化现象 / 001
　　为什么研究消费者与名人的粉丝关系？ / 001
　　探究粉丝文化世界的缘起 / 008
　　本书的总体研究目标 / 010
　　"荒野生存"——现象学和方法论根据 / 013
　　后续章节路线简示 / 022

第二章　粉丝的危险生活
　　——成见与污名 / 026
　　当代文化中的创意产业、名人和粉丝 / 026
　　粉丝：邪恶抬头？ / 028
　　酷爱者与迷狂者：粉丝到底是什么？ / 032
　　作为学术研究对象的粉丝和粉丝文化 / 036
　　粉丝分类法 / 039
　　需要重新定义粉丝 / 074

第三章　明星之书
　　——消费人类品牌 / 077
　　电影之爱 / 077
　　市场营销学中的电影研究 / 078
　　消费者研究中的电影研究 / 084

电影研究中的影片 / 086

霓虹恶魔 / 094

市场营销和消费者研究中的影星 / 095

媒体研究中的名人 / 099

电影研究中的影星和演员 / 102

借助叙事迁移理解一位消费者的名人粉丝活动 / 122

第四章　一位杰娜·马隆粉丝的自白 / 128

走进一位粉丝的生活 / 128

初识杰娜·马隆 / 129

我与杰娜·马隆的粉丝关系是怎样进展的 / 137

《傲慢与偏见》强化了我与杰娜·马隆的粉丝关系 / 143

一场梦点燃我对杰娜·马隆的情感依恋 / 151

我对杰娜·马隆的情感依恋是如何进展的 / 157

与杰娜·马隆的情感关系怎样"拯救"了我 / 162

第五章　星火燎原

　　——名人的多义诱惑 / 167

被遗忘的时光 / 167

最后四首歌 / 169

作为"表演者"的名人 / 172

作为"私人"的名人 / 179

作为"有形占有物"的名人 / 183

作为"社交纽带"的名人 / 186

信　使 / 189

第六章　情歌

　　——每天都是名人粉丝 / 191

五星日 / 191

钦慕作为"表演者"的名人 / 194

恋慕作为"私人"的名人 / 198

"占有"名人 / 205

"分享"名人 / 208

与名人"同在" / 211

第七章　暴击抑或拯救？

　　——名人粉丝启示 / 217

固有缺陷 / 217

采用自传式民族志方法的意义 / 219

对于理解电影消费的意义 / 224

对于理解名人的消费者吸引力的意义 / 226

对于理解名人粉丝文化的意义 / 230

余绪……或尾声 / 236

参考文献 / 242

译后记 / 271

致　谢

在学术文献中，开展一个研究项目经常被比作推进特定知识领域的发现之旅。诚如斯言，很多时候，这样的跋涉也常使研究者反躬自省、内向开掘，终至脱胎换骨、豁然开朗。当然，一如其他远行，研究者必须承认，如果不是一些重要人物的扶持、襄助、鼓励和提点，抑或某位贵人的一路开导，自己可能早已数度迷失方向。

因此，我要感谢我的导师苏珊·惠兰（Susan Whelan）博士对我在沃特福德理工学院攻读硕士和博士学位期间给予的支持、信任及奉献。感谢她陪我踏上学术之旅的起点，当我由无名之地进入完全未知之境时，她确保我不会裹足不前、心神分散。她给予我开辟、发展和确立自己学术道路的智力自由。我还要感谢哥伦比亚大学名誉教授莫里斯·B.霍尔布鲁克（Morris B. Holbrook）、纽约城市大学巴鲁克学院名誉教授斯蒂芬·J.古尔德（Stephen J. Gould）、科克大学名誉教授塞巴斯蒂安·格林（Sebastian Green）和利物浦大学教授安东尼·帕特森（Anthony Patterson），感谢他们分享超乎想象的丰沛经验，为我的论文校勘，给出建议，在这场激动人心的旅途中指引我。

其他给予我大量提示、与我展开出色讨论的重要人物还有唐纳卡·卡瓦纳（Donncha Kavanagh）博士、布伦登·理查森（Brendan Richardson）博士、菲诺拉·克里根（Finola Kerrigan）博士、达拉克·特利（Darach Turley）名誉教授、道格拉斯·布朗利（Douglas Brownlie）教授和索斯藤·亨宁－瑟若（Thorsten Hennig-Thurau）教授。特别而温暖的感谢献给我的朋友、里昂大学的威迪德·巴塔特（Wided Batat）博士。此外，还要感谢劳特利奇出版公司（Routledge）的杰奎琳·柯瑟斯（Jacqueline Curthoys）女士和劳拉·赫西（Laura Hussey）女士，她们负责这一项目，出版了这本论著，给出了珍贵的建议。

当然，还有家人。我要感谢我的小妹卡特娅的耐心、支持、建议和时时敦促，还要特别谢谢我的外甥费利克斯和外甥女汉娜，他们时不时允许我在电话里跟他们的妈妈聊上几分钟，也让我在每年的圣诞节访问期间忙得不亦乐乎（也可以说，保持年轻状态）。我要感谢我的父亲埃克哈德（Eckhard）和母亲贝娅特丽克丝（Beatrix）的理解与支持。尽管我们有时难免意见相左，也曾多次激烈争辩，但终究还是要谢谢他们一如既往地为我鼓劲儿。我非常感念已故的奶奶，从我还是个小男孩时起，她就始终支持着我，直到几年前去世。谢谢你为我所做的一切！

我还要感谢安德烈·波斯（Andre Pause）这位多年的挚友。同样重要的是，向黛比·马隆女士致以特别的谢意，作为我此生最好的友人之一，她给予我那么多精彩的建议、鼓励与支持。最后，非常特别的感谢显然应该献给杰娜·马隆女士，是她激励我踏上这段旅途，尽管她对此并不知情。

第一章　天性若此

——粉丝文化现象

为什么研究消费者与名人的粉丝关系[1]？

自从好莱坞明星制于 20 世纪 20 年代创设以来，消费者对影星、体育明星以及其他知名人士的创造性表演、公众形象及私生活一直抱有持久的兴趣（Barbas 2001；Geraghty 2000）。想遇见或了解这类人，我们只需打开报纸，浏览网站，观看电视，在牙医诊所或发廊阅读闪耀的杂志，在超市购物，在街上溜达，在公交站等车，或在中小学校、大学、工作场所与朋友、同龄人或同事交谈就可以了，这些人乐此不疲地沉迷于名流的最新创作、成就、生活故事、八卦、不良行径和丑闻，津津乐道、评头论足（Hermes 2006；Hermes & Kooijman 2016）。因此，可以说，电影明星、导演、摇滚/流行歌星、运动员、小说家、艺术家、模特甚至真人秀明星无疑已成为当代文化肌理（Barron 2015，Turner 2004）和市场经济中（McCracken 1989；Thomson 2006）不可或缺的部分。

诚然，多数人对名人[2]的兴趣只是一时兴起，他们主要是享受与趣味相投者交流八卦的乐趣（Hermes 2006；Stacey 1994）。但有些消费者则

---

① 粉丝关系（fan relationship），即粉丝与名人间的准社交关系。——译者注

② 本书在论及粉丝的崇拜对象时，采用了名人（celebrity）和明星（star）两个主要概念。名人指因为受到媒体关注而拥有广泛辨识度和知名度的人，他们因丰厚的财富、在体育和娱乐行业的成就、作为政治人物的身份、在经济或文化等领域的贡献或与某位名流的关联而为人所知。而明星则主要指演艺圈与体育界的杰出人物和当红人士。前者的内涵比后者更为丰富、宽泛。——译者注

感受到对特定男性名人或女性名人强烈的兴趣和倾慕（admiration[①]），渐渐地便成了通常所说的"粉丝"（fans）（Henry & Caldwell 2007；Leets et al. 1995；O'Guinn 1991）或"名人崇拜者"（celebrity worshipper）（McCutcheon et al. 2003）。因此，名人似乎在一些消费者的日常生活中扮演十分重要的角色。然而，直到最近都几乎没有学术研究试图深入了解个体消费者与其热爱的名人之间的粉丝关系如何在日常消费体验及实践中表达（O'Guinn 1991；Wohlfeil & Whelan 2012），这令人既诧异又失望。

　　凑巧的是，我是名人粉丝中的一员。自从 2005 年 4 月我以"3 张盘 20 欧元"的打折价买了独立电影《高校六甲生》（*Saved!*，美国，2004 年）的 DVD 以来，我一直是极具天赋、智慧和美貌的女演员杰娜·马隆的忠实粉丝。她出演的多是知名度不高但更加有趣和富于挑战的独立电影，诸如《死亡幻觉》（*Donnie Darko*，美国，2001 年）、《利蓝的美国》（*The United State of Leland*，美国，2003 年）、《荒野生存》（*Into the Wild*，美国，2007 年）、《恐怖废墟》（*The Ruins*，美国，2008 年）、《信使》（*The Messenger*，美国，2009 年）、《五星日》（*Five Star Day*，美国，2010 年）、《天性使然》（*In Our Nature*，美国，2012 年）、《十美分手枪》（*10 Cents Pistol*，美国，2014 年）、《霓虹恶魔》（*Neon Demon*，美国，2016 年）。有时，她也参演票房更高的影片，如《傲慢与偏见》（*Pride & Prejudice*，英国，2005 年）、《美少女特攻队》（*Sucker Punch*，美国，2011 年）、《饥饿游戏 2：星火燎原》（*The Hunger Games: Catching Fire*，美国，2013 年）。我感到特别奇怪的是，虽然像多数人一样，我自幼爱看电

---

①　admiration，在本书前半部分，译为"倾慕"，用这个词总体上概括粉丝对名人抱有的包含钦佩、赞赏、敬仰、崇拜、爱恋在内的复杂情感。在后面的具体分析部分，则进一步将此情感分为两个层次，一个层次是对名人作为专业人士的表演才华的赞赏、敬重和仰慕，译为钦慕（admire）；另一个层次是对作为个体的名人产生的包含爱意在内的情感寄托，译为恋慕（adore）。——译者注

影，享受其视听兼备的故事叙述所带来的快感，但我此前从未真正经历过对某个影星、摇滚歌星或其他名人的倾慕和忠诚（Holbrook & Hirschman 1982；Kerrigan 2010）。

电影对我来说绝不仅仅意味着短暂的享乐，我收集影片录像带、DVD，加之近些年在 iTunes 下载电影已超过 35 年。像艺术品（Chen 2009）、文学作品（Brown 2006）或黑胶唱片（Holbrook 1987）收藏者一样，我小心翼翼又兴致勃勃地把自己的"小宝箱"（little treasures）展示给偶尔造访的友人。收藏它们尤其是为了满足我非常私人的心理愉悦（Belk et al. 1989）。但更重要的是，在情绪层面上，电影的体验式消费是摆脱当下无趣和孤独生活的激动人心的方式，也是追求"更好的生活方式"的灵感之源（Wohlfeil & Whelan 2008）。因此，我对电影的欣赏实际上来自对影片故事积极的精神沉浸（Batat & Wohlfeil 2009；Green et al. 2004）和对片中人物的认同（Cohen 2001；Wohlfeil & Whelan 2008），而不是短促的娱乐。这给了我在想象中的希望、梦想和幻境中活上一回的契机。

不过，这种对电影的精神投入并不曾使我将自己看作或描述为一个粉丝，我也未曾对某个名人或一般意义上的名流产生过强烈的兴趣。当然，我生命中总有那样一些时刻，使我在那时那地被某个才华横溢或身材惹火的女演员吸引①，比如阿莉莎·米拉诺（Alyssa Milano）、薇诺娜·赖德（Winona Ryder）、克莱尔·戴恩斯（Claire Danes）或娜塔丽·波特曼（Natalie Portman），在一些时候，她们的影片是我更钟情的佳选。虽然观看她们拍的影视剧唤醒了我对她们的暂时兴趣，但这种情绪常常同在其他影视剧中看到其他可敬的演员抑或偶尔阅读关于她们的文章时产生的情绪并无二致。并且，我从未真正对她们中的任何一位发展出一种真实的

———————

① 我被女性音乐人内娜（Nena）、苏珊娜·霍夫斯（Susanna Hoffs）、希瑟·诺娃（Heather Nova）或阿莉兹（Alizee）短暂地吸引也是同样的情况，有一段时间我很偏爱她们的音乐。

情感联结，对于她们的私生活或者与表演无关的方面，我也不闻不问。结果是，我对她们的兴趣不出几月便消散殆尽，如同其萌发时一样倏忽来去。至少可以说，这种情况曾是常态，直到一次偶然的机会，一位青春洋溢、天赋异禀且风姿绰约的名叫杰娜·马隆的女演员不经意间攫住了我的目光，俘获了我的心。

初识杰娜·马隆的一瞬，我便体验到一种与以往截然不同或者说更为紧张的情感关系。除了私藏中收集的她的所有影片外，我常常怀着强烈的愿望，想要了解公众形象背后作为创造性艺术家和一个真实的人的她（Wohlfeil & Whelan 2012）。不仅如此，杰娜·马隆的亲笔签名照，尤其是她赠予我个人的那些，是我最珍视的"财宝"。杰娜·马隆以一种奇怪的方式"拯救"了我，让被动单身的我脱离了枯燥、孤独和充满挫折感的生活，将意义和目标感充实其间（Wohfeil & Whelan 2012）。在我看来，我对杰娜·马隆的情感依恋也带来了许多有趣的问题，这些问题则带动了进一步的学术探索。比如，到底是什么吸引像我这样的普通消费者成为一位女影星（或其他类似名人）的粉丝且忠贞不贰？为什么像我这样的消费者对某位特定的女影星或任何一位其他名人体验到十分强烈的情感依恋，而对具有同样天赋和迷人形象的其他许多人毫不动心？对个体消费者而言，与自己倾慕的影星或其他名人之间的粉丝关系的日常是怎样的？这种关系在消费者的日常行为中是如何呈现的？

这些问题确实引人入胜且其来有自，但令人奇怪又失望的是此前几乎没有学术研究试图解决它们。近年来，消费者研究、市场营销、媒体研究、文化人类学、社会学、社会心理学、体育研究、休闲研究等不同学科的跨学科文献越来越多地致力于粉丝研究，早期的研究主要集中于某些更"极端"的粉丝群体的象征性（有时是强迫性的）消费行为，这些粉丝通常与风靡一时的媒介文本（Hills 2002；Jenkins 1992；Kozinets 2001）或赛事观看（Derbaix et al. 2002；Richardson & Turley 2006，2008）有关。

但就方法而言，这些研究都局限于"局外人观望"（outsider looking in）视角（Smith et al. 2007），这种视角从含混不清的道德优越制高点上俯视不符合文化和社会常规的"他者"（Duffett 2013），从而使研究者首先有机会确立并强化了一种社会学上观念先行（ideological informed）的划分，这种划分将"我们"（正常、理性、符合社会期待的主流）与"他们"（异常、非理性、偏离社会期待）区别开来。由于对"何为粉丝"的解读似乎总是高度依赖于研究该现象的个别研究者的深层议题（underlying agenda），难怪现有文献甚至对究竟什么构成了粉丝文化[①]都未能达成一致的理解（Wohlfeil & Whelan 2012）。但有一点很清楚，即学术文献和大众媒体都一贯倾向于将粉丝放在荒谬、糟糕的成见制造和"无良媒体"领受者（receiving end）位置上（Barbas 2001；Duffett 2013；Jenson 1992）。

如其所愿，粉丝要么被定义为一群未接受良好教育、轻信[②]、乏味和脆弱的"呆瓜"（numb），很容易被险恶的大众文化控制和操纵（Boorstin 1961；Gabler 1998；Schickel 1985）；要么被视为针对大公司商业模式的颠覆性和创造性反叛者，他们盗用商业媒体的文本，将其改头换面，变为自己的作品（Barbas 2001；Jenkins 1992；Turner 2004）。一些学者将

---

① "fandom"这个词既可作为粉丝群体的统称，译作"粉丝圈"（或现在网络上的常用语"饭圈"），也可以指围绕粉丝的迷恋行为而形成的"粉丝文化"，含义类似"fan culture"。在本书的学术讨论中，fandom多译作"粉丝文化"，主要指由粉丝的互动和消费行为所构成的亚文化现象。这种现象既包括个体粉丝对某人/某物的沉迷及与之相关的消费和体验，也包括粉丝群体通过线上或线下的仪式、信息交流、文本创作等活动共享、共情的过程。本书作者在概念辨析部分对"粉丝文化"的定义是："对特定个体、群体、活动、艺术品、时尚潮流或理念的极为强烈的兴趣、喜爱和情感依恋，它展现在个体或群体的消费活动、实践和体验之中。"他认为，"fandom"最重要的特征并非共享，而是个体与其倾慕对象之间特别的情感纽带。在本书的个别地方，为了上下文的通畅和表达的母语化，酌情将"fandom"译为"追星活动""迷恋"等。——译者注

② gullible，本书译为轻信的、好骗的、幼稚的。——译者注

粉丝描述为新的"宗教式狂热分子",他们共享一些仪式,在同好社群中圣化那些相关世俗物品,敬奉名人如同他们的"神祇"(Kozinets 1997;O'Guinn 1991)。另一种说法将他们描述为"怪咖"(geek)和"疏异者"(alienated,lonely social misfits),他们由于种种原因欠缺社交技巧和社会网络(Kozinets 2001)。虽然这些人通常接受过高等教育,在学校和职场富于创造力,也相当成功,但在私生活中感到孤独,被他人尤其是那些想象力与聪明才智不及他们但社交能力、社会地位和外在吸引力方面更胜一筹的人所排斥及贬低(Cusack et al. 2003)。于是,追星对他们来说是一种补偿,也是与其他浮世畸零人社交互动的方式。不过,一小群社会心理学家继承芒斯特伯格的思想遗产(Munsterberg 1916),最近又开始刻意寻求证实已经广布百年的耸人听闻的流行刻板印象,这种刻板印象认为粉丝是"认知僵化"、轻信、缺乏创造力和迟钝的人(McCutcheon et al. 2003),更糟糕的是,认为他们是心怀妄念的病态强迫性跟踪者(McCutcheon et al. 2006)。事实上,麦卡琴等人甚至进一步暗示,"名人崇拜"会造成"严重的精神疾病",尽管他们发布的统计数据与其主张严重不符(McCutcheon et al. 2003,2006)。

鉴于上述关于粉丝的灾难性描绘,公开承认我对影星杰娜·马隆的钟情似乎不够明智,我可能还会被贴上那些常见的刻板标签,更有甚者,我会被视作"认知僵化、好骗、迟钝和偏执",若依据麦卡琴等人的说法评判,便是这样的结果。但上述研究的概念阐释既未能描绘也未能完全把握我自己的日常粉丝消费经验的诸多方面,我禁不住思索,一名消费者与其倾慕的影星和其他名人之间的关系以及这种关系所带来的消费实践中,是不是有更多内涵现有研究未能揭示。另一个发现更加剧了这种疑虑,即所有先前的研究几乎都没有关注"正常"(normal)粉丝日常生活中的体验,也未注意到粉丝与倾慕对象之间私人关系的真正本质。他们的关注点要么是不同类型粉丝在特定的消费亚文化中所体验到的象征性关系和社会动力

（Hills 2002；Jenkins 1992；Kozinets 2001；Richardson & Turley 2006），
要么放在"轻信的、病态强迫性名人崇拜者"的心理健康方面（Leets et
al. 1995；McCutcheon et al. 2003）。这不经意间暗示，在这个过程中，倾
慕对象往往沦为一种可互换的、无关紧要的商品。

仔细看看我对自己追星活动的简短自传性陈述，就会发现，需要对粉
丝和粉丝文化给出不同于以往的概念界定，重心是粉丝及其倾慕对象的
二元关系。由此，我于 2005 年开始了自己的研究之旅，以更深入地了解
粉丝与影星或其他名人的关系对个体消费者的意义，以及这种关系在日
常消费行为中如何体现。解决问题需要一种研究方法，而这种研究方法要
让消费者说出真心话（Stern 1998），能让我们从一个粉丝的"真实局内
人"（genuine insider）视角（Smith et al. 2007），探索在日常生活中扮演
某个名人的忠实粉丝究竟意味着什么，因此，我使用了一种嵌入"存在主
义现象学框架"（Merleau-Ponty 1962；Thompson et al. 1989）的自传式
民族志（autoethnography）研究方法（Ellis & Adams 2014；Gould 2008；
Holbrook 1991，1995）。

借助叙事迁移理论（narrative transportation theory）（Gerrig 1993；
Green et al. 2004），我描述和检视了自己与电影演员杰娜·马隆之间粉
丝关系的发展、演进①过程，以及这种关系在 21 个多月的时间里怎样展现
于我的日常消费体验（Wohlfeil & Whelan 2011，2012）。因此，研究重
心不是放在对显而易见的消费实践的事实回想上，因为这些消费行为通过
争议较小的研究方法就可以轻松观察到，而是更多放在我的日常生活体验
（如内心情感、想法、感受、幻想和臆想）上，这类体验既得自又注入了
我与杰娜·马隆的粉丝关系之中。本书是一部研究专著，详细介绍了这一
漫长的研究之旅，现在，我邀请你，我的读者，与我同行。不过，在我们

① evolve，本书译作演进、演变、嬗变。——译者注

出发之前，最好先介绍本书的研究背景、理论依据、底层的认识论基础和研究方法。

探究粉丝文化世界的缘起

虽然上述名人与粉丝关系方面的议题和问题显然很有意义，但我的研究之旅并不是以它们为起点的，实际上是机缘巧合，萌生于我最初的研究灵感。霍尔布鲁克有一部关于他迷上爵士乐（Holbrook 1986，1987，1995，2011）和图片收藏（Holbrook 2005，2006）以后消费体验的自传式民族志著作。受此启发，2005 年春，我计划从个体消费者的自传式民族志局内人视角出发（Batat & Wohlfeil 2009；Wohlfeil & Whelan 2008），研究关于电影的消费经验。鉴于我长久以来对电影的热爱和对其想象世界的忘我迷醉，我当时觉得，这样一个选题会给消费研究带来妙趣横生、别具洞见的成果。与其他产品和服务品牌不同，必须把电影品牌当作复合艺术品牌来理解。电影品牌是由诸多分门别类的品牌共同编织的锦绣，包括演员、导演、制片人、编剧、电影摄像师、剪辑师和配乐作曲家等，这些人本身就是个人品牌（Hart et al. 2016；O'Reilly & Kerrigan 2013；Wohlfeil & Whelan 2008）。电影的品牌形象和成功，影响着同时也受制于每个参与其中的个人品牌的形象和"价值"（Albert 1998；Beckwith 2009；Wallace et al. 1993）。因此，我原本觉得，对影星的倾慕和对名人的迷恋只不过是增进消费者观影享受的众多因素之一（Batat & Wohlfeil 2009；Wohlfeil & Whelan 2008）。

但是 2005 年夏天，我对影星杰娜·马隆的倾慕变得愈加强烈，我的个人粉丝经验激发了一连串有趣的疑问，驱使我做进一步检视，也赐予我一个不容忽视的研究良机。比如，为什么我对杰娜·马隆感受到情感依恋，而不是其他更"有热度"或更"受媒体青睐"和"更妩媚动人"的名人？我平时对其他名人和名人文化一向冷眼旁观，究竟她的什么特质深深吸引了我？当我自称杰娜·马隆的粉丝时，作为一个粉丝首先意味着什么？我的自传式民族志研究计划的焦点随后转移到理解广泛存在的名人粉丝文化现象，尤其是对电影明星的崇拜。这样一来，我记录和检视自己作为杰娜·马隆的粉丝在日常生活中的消费经验，把这些资料作为基础数据，从局内人视角对粉丝文化进行真正的洞察。本书中的所有发现最后都是从自传式民族志数据中不断浮现出来的，而此前，我对有关明星、名人和粉丝的跨学科学术文献并没有预先的了解。这听起来似乎过于坦率，但本书研究的新关注点和整体方法确实是一次巨大的"赌博"，若运气不佳很可能在两个方面事与愿违。

首先，一种风险始终存在，即我对杰娜·马隆的倾慕和兴趣可能在任何时候消散，如同它降临时一样迅疾。换句话说，我可能最终没有充足的自传式民族志数据来获得有意义的观点。幸运的是，我对这位影星的情感依恋不仅在整个数据收集期间一直保持着不同程度的强度，而且持续至今。其次，更大的问题是，我关于粉丝文化、名人及明星文献的了解在收集数据时几近于无。事实上，我在 16 个月的实时自我观察结束之后才开始阅读这类文献，整理录音日记（更多细节见后文）。这种方法有个明显的优势，正因为我不了解现有文献，在记录自传式民族志数据时，也就不可能有意或无意地迎合或抗拒目前关于粉丝文化的某种定义。

当然，这样做的主要问题是，前人的研究中可能已经详尽论述过从自传式民族志数据①中反复浮现的所有结论，这样我的研究贡献就微不足道了。好在粉丝文化仍然是被严重忽视和有待在更广阔的跨学科研究中开发的领域。在本书的第二、三章，我将指出，除了个别先驱者（Henry &

① 本书中所称的数据（data）即作者记录自己的消费经验与内心感受的文字和图片资料。——译者注

Caldwell 2007；O'Guinn 1991；Thomson 2006），跨学科领域的研究是在近几年我和其他一些学者的研究（Banister & Cocker 2014；Hills 2016；Radford & Bloch 2012）出现后，才获得了一些缓慢的推进。实际上，通过从真正的局内人视角提供一位消费者针对其倾慕对象的鲜活的（real-lived）粉丝生活经验，我认为迫切需要重新定义粉丝文化。

本书的总体研究目标

学术研究背后的总体思路是，通过调查需要给出学术解释的现象，扩充特定学科或兴趣领域的知识体量。于是，我们常常浪漫地将研究想象为一次发现之旅，研究者冒险进入无名之地，探索、观察自己感兴趣的现象，过段时日就返家报告研究结果。然而，假如这个"旅行"隐喻恰如其分，那么似乎大多数研究者对调查对象的选择就像背包客依照惯常路线从一个景点或地标到达下一处。在常见于经济学或社会学理论的所谓"安乐椅学术"（armchair scholarship）中，学者甚至似乎满足于仅仅回顾现有文献，在没有真正离开过办公桌的情况下，对遥远的现象进行理论分析。在学术上，这就相当于作者撰写了一本关于自己从未去过的某个国家或从未接触过的某种文化的旅行读物。无独有偶，在粉丝和粉丝文化研究中，这种状况也屡见不鲜。

一些民族志研究中，研究人员至少在粉丝俱乐部（Henry & Caldwell 2007；O'Guinn 1991）、粉丝大会（Jenkins 1992；Kozinets 2001）或在线社区（Kozinets 1997；Richardson & Turley 2008）等特殊情境下，临时访问了某个特定的粉丝群体（通常是"铁杆"粉丝）。除此之外，绝大多数批判性学者是从意识形态的角度论述粉丝和粉丝文化，从未真正接触过他们声称要调查的人和现象。上述两种情况中，研究者在超然的"局外人观望"位置以客观主义和科学、严谨的名义，将其预设的抽象且往往带着偏见的意义强加于现象之上，审视、讨论粉丝和粉丝文化，从而将粉丝作为"偏离的他者"（deviant other）区别于社会中理想化的"正常"（Smith et al. 2007）。同时，鉴于粉丝研究总是将粉丝倾慕的对象视为可替换的商品（Duffett 2013），对于一个消费者何以和怎样对某位名人产生特别的情感联结，我们仍缺乏真正的理解。

因此，这本书的总体目标是让读者从一个真正的局内人视角较为全面地了解消费者与其倾慕的电影演员或其他名人的私人粉丝关系对其个人的意义，以及这种关系如何在日常消费经验和实践中呈现。本书采用存在主义现象学视角（Merleau-Ponty 1962），我在这项自传式民族志研究中扮演研究者和唯一的"供料人"（informant）双重角色，作为女演员杰娜·马隆的忠实粉丝，描述、审视和诠释自己的日常生活经验，以及这种经验在我对她参演的电影、自传和其他收藏品的消费，我的白日梦、想法和感受之中如何呈现。换言之，我的研究之旅要求我做一个心态开放的本地"背包客"，尽可能少地背负预设的抽象观念、刻板印象和偏见，探索粉丝文化的未知领域，从真正的局内人视角考察这一现象。现在，我邀请你作为外围参与者加入这次旅行，通过一位真人（real living）粉丝的眼、耳和言语来体验名人粉丝文化。

作为起点，本书的自传式民族志之旅带着下述初始目标上路，它们都源自早先提出的疑问和话题：

探究粉丝对所钟爱的影星或其他名人的情感依恋性质和程度。借助第一手资料，考察到底什么吸引像我这样一位普通消费者成为电影演员如杰娜·马隆的忠实粉丝且始终如一，我们将能够理解为什么消费者会对特定的名人产生巨大的兴趣，倾慕他们，对他们忠诚，对其他同样有才华、有趣和／或形象迷人的名人却未体验到相似的痴迷和依恋。

在个人生活世界的背景下（Thompson 1998），真正理解与自己倾慕的影星或其他名人之间的日常粉丝关系对于个体消费者而言意味着什么。本书检视，成为杰娜·马隆忠实粉丝这件事，对我个人主观的生命体验的意义，为读者提供一个真实可靠的局内人视角，理解个体消费者成为影星粉丝的实际感受。此外，让真正的粉丝（碰巧是我）发出自己的声音（Stern 1998），用粉丝自己的眼睛和言语，探索各种不同的粉丝与倾慕对象之间富于情感的关系如何占据其日常生活的精神和物质空间，这肯定是相当有趣的。

检视消费者对自己喜爱和倾慕的明星或名人的情感依恋在日常消费行为中如何体现。由于像我这样的普通消费者不可能知道自己倾慕的明星或名人隐藏在公开的人格面具①（Dyer 1998）下的真实私下状态，这本书可以让我们更深入地了解个体消费者如何通过获得和消费有形占有物（tangible possession），如签名照片、海报、DVD、媒体文章和其他收藏品，创造或强化其所倾慕的明星或名人在自己日常生活中的身体和情感在场（Wohlfeil & Whelan 2011, 2012）。

请记住，这些目标只是出发点，本书从来没有打算把它们作为一些预设、演绎的假设或论证的基础。相反，所有本书中提出的见解和研究结果都是基于收集的自传式民族志数据（Gadamer 1989；Thompson 1997），通过广泛而彻底的解释学分析一步步形成的。

---

① persona，即一个人展示给他人看的外在形象和品质，常常与真实品格不符。本书后面的"公共人格"一词对应的英文是"public persona"，即公开展示的形象（人格面具）。——译者注

"荒野生存"——现象学和方法论根据

一般而言，研究方法为学术发现之旅提供路线图和技术装备，以便深入需要给出学术解释的现象。因此，问题是，为什么我在这项研究中采用存在主义现象学视角，并遵循自传式民族志方法，而不是任何传统的、更为成熟和存在较少争议的方法。杰娜·马隆扮演配角的影片《荒野生存》或许可以作为一个绝佳的类比，解释引导我的研究之旅的存在主义现象学方法。就像主角克里斯·麦坎德利斯（Chris McCandless）[①]一样，我们也需要走出学术界既定道路上的舒适陷阱，抛开"旧"东西（已有的知识和/或获得这些知识的过程），以开放的心态走进未知，取得对人类境况的真知灼见（Batat & Wohlfeil 2009）。事实上，仍旧主导着大多数社会科学研究的传统科学（或更确切地说是科学主义）方法，孤立地研究消费现象的个别因素，通常是无法理解其整体的语境和复杂性的。

这种研究方法对粉丝文化和明星研究已经产生很大影响，它倾向于将影星及其粉丝作为纯粹分离和孤立的文本来考察，并在研究中从超然的局外人立场植入其意识形态和预设意义（Barron 2015）。但是，为了真正理解粉丝文化，我们必须从真实的局内人视角关注个体的消费体验，关注

---

① 克里斯·麦坎德利斯（1968~1992年）是一位探险者，追求一种漂泊流浪的游牧式生活方式。1990年从美国佐治亚州的埃默里大学毕业后，他穿越北美，于1992年4月搭车来到阿拉斯加的丛林。他带着少量物资，希望能过自给自足的简单生活。在苏珊娜河（Sushana River）东岸，他发现了一辆废弃的公交车，将它当作临时庇护所，直到去世。9月，一名猎人在车内发现了他腐烂的尸体，仅重30公斤。他的死因被官方裁定为饥饿。但有关他死亡的确切情形仍存在多种争议。作家兼登山者乔恩·克拉考尔（Jon Krakauer）于1996年出版了以克里斯·麦坎德利斯为主角的非虚构传记《荒野生存》。2007年，该书改编为肖恩·潘执导的同名电影。他的故事还成为同年发行的纪录片《荒野的呼唤》（The Call of the Wild）的主题。——译者注

其如何在人的意识中显现（Merleau-Ponty 1962；Thompson 1997），让个体消费者获得发言权。如果我们像克里斯·麦坎德利斯那样，探究自己的主体性，可能会获得一些意想不到的有关我们人类自身的知识（Gould 1991）。尽管他最终葬身于无情的大自然之手，但我仍希望，在自己的学术旅程终点能免遭类似厄运。

　　化繁为简地描述和理解现象学背后的基本思想并不容易，因为它本质上是一种研究哲学（research philosophy）[①]、一种范式和一种方法论。20世纪10年代，胡塞尔把现象学发展为一种反基础主义（anti-foundationalist）的知识方法，这种方法以意识思维的确定性为中心，反对笛卡尔二重性、绝对真理及其评价知识主张的标准（Hirschman & Holbrook 1992）。理解现象学的关键是胡塞尔的论点，即尽管物质对象在外部世界中确实存在，但在个体的意识思维中，它们只是作为"意向对象"（intentional object）存在，而不是被正确地理解为它们本身的样子。胡塞尔将"对象"定义为"意识现象"，而不是事物本身，得出"一切意识都是对某物的意识"（all consciousness is consciousness of something）和所有思想总是指向某个感兴趣的现象的结论。因此，胡塞尔提出"回到事物本身"（go back to the things themselves），了解某一现象在其观念形态（ideal form）下的真实"本质"以及它显现时的语境。

　　为了确切地理解现象，研究者必须摆脱自己对外部世界的成见，只关注意识的内容，也就是胡塞尔所称的"体验"（lived experience）。因此，研究者的作用是解释个人所"生活"（lived）的世界——所谓的"生活世界"（life-world）的日常意义和结构。人类理解的基础由此产生于前反思（pre-reflected）的体验，诸如实践知识、情感体验和对个体社会文化生活方式（social-cultural way of life）的直观理解这样的基础领域（Thompson

---

[①]　现象学作为哲学认识论的重要转向，直接带动了学术研究的范式转换和方法变革。——译者注

1998）。其他现象学者，如海德格尔（Heidegger 1927）、梅洛－庞蒂（Merleau-Ponty 1962）或伽达默尔（Gadamer 1989）在胡塞尔思想的基础上注入了存在主义观念，提出生活世界是基本关系（fundamental relationship）的结构，它塑造了个体的日常体验和她／他赋予它们的私人意义（Thompson 1997）。

存在主义现象学的信奉者认为，生活世界是一个解释学的建构，提供了一个分析框架，基于这个框架，对现象的整体把握可以产生于反复解释消费者生活叙事（life narratives）的深意与生活世界范畴（life-world category）这两者间相互关系的过程（Thompson 1998）。海德格尔借鉴格式塔心理学，提出知识以其存在的"格式塔／形式"（Gestalt/figure）①或"此在"（Dasein/being there）②显现出来，并应提供对个体"在世存在"（being in the world）的人类生命体验的洞察。梅洛－庞蒂认为，前反思的知觉体验是概念知识主张的基础，必须被理解为一个视其所是（seeing as）的隐喻过程。传统上被视为无意识的（unconscious）人类经验，因此被描述为既是反思的又是未反思的，只存在于当下的生活世界，而不是被历史先例所决定（Merleau-Ponty 1962；Thompson 1998）。由于反思意义（reflective meaning）是从未反思经验（unreflected experience）这个背景中浮现③的，所以两者间的关系可以用图形／背景（figure/ground）④

① "格式塔"一词具有两种含义。一种含义指形状或形式，亦即事物的性质；另一种含义则指任何分离的整体。——译者注
② "Dasein"是海德格尔最基本的概念之一，特指"存在着的人"这样的存在者。一般译为"此在"，即"存在在此"之意。——译者注
③ 浮现（emerge）这个词在本书中多次出现。作者借鉴了图形/背景隐喻，认为自己研究中得出的反思性结论也是从自传式民族志叙事这一"背景"中不断"浮现"的。——译者注
④ 图形/背景原理是格式塔心理学提出的一个知觉原则，指在具有一定配置的场内，有些对象凸显出来而形成图形，有些对象退居到衬托地位而作为背景。一般说来，图形与背景的区分度越大，图形就越可突出而成为我们的知觉对象。——译者注

隐喻来解释（Thompson et al. 1989）。

因此，必须把人类经验视作一个动态过程，在任何一个时间点上，特定方面作为一个图形从背景中凸显而出，而在另一个时间点上，当其他方面转变成图形时，它们又退居为背景（Thompson et al. 1989）。作为结果，图形不能独立于背景而存在，因为它们彼此构成，不能脱离对方而独存（Heidegger 1927）。并且，任何人类经验，诸如想法、感受、臆想、回忆、直觉、想象都是指向某个兴趣焦点的意向性现象（Merleau-Ponty 1962；Thompson et al. 1989）。这意味着消费者的行为模式不是孤立存在的，所以不应该脱离社会和环境背景来孤立研究。因此，存在主义现象学寻求将人类经验置于其所显现的背景中，从它们如何被"体验"（lived）到这个角度来加以描述。由此，体验的世界不必与客观观察和描述的世界相一致（Gadamer 1989；Thompson 1997）。

梅洛－庞蒂认为，个体生活世界由4个范畴构成，即"文化语境的知觉"（perceptions of the cultural context）、"与他人的情感关系"（emotional relationships to others）、"活的身体"（lived body）和"历史化的自我"（historicised self，即将自我的历史记录下来）。首先，基于这样的假设，即特定经验的意义总是浮现于个体的社会文化生活（Thompson 1998），生活世界分析（life-world analysis）的首要兴趣就是理解个体如何给周围的社会文化环境赋予意义。其次，私人关系不仅构成日常生活的社会肌理，而且对个体在社会共同体中的归属感至关重要，因此每种社会关系（包括单方面的准社交关系）和私人联系都会产生意义流（Merleau-Ponty 1962）。传统的经济理性范式将关系定义为双方的一系列理性的成本－收益决策（cost-benefit decision）。与之不同，生活世界概念则认为，人际关系（其至准社交关系）是对人具有象征意义的情感关系，其中包括关怀、爱、嫉妒、愤怒、挫折、失望、幸福、悲伤等感受，而这些感受是人类经验和存在的本质方面（Gadamer 1989；Thompson 1998）。

再次，梅洛－庞蒂批驳了笛卡尔主义关于身体只是人类思想的容器这一陈旧观点，而将两个独一无二的功能归于"活的身体"。一方面，身体是基本的"人类体验手段"（instrument of human experience），借助身体，个体才感受到外部世界。另一方面，身体也是世界上的一个客体，如同其他物质客体一样，身体也受到外力作用，也可以被体验、控制和监控（Hirschman & Holbrook 1992）。因此，身体在个体的自我认同（self-identity）和自我知觉建构上发挥着重要作用（Gadamer 1989）。任何对身体的自愿或非自愿改变（比如，化妆、剪发、身体装饰、受伤甚至强奸）都可能影响一个人与生活世界所有其他方面相处的方式（Thompson 1998）。最后，"历史化的自我"是文化实践、信仰和意义的活的遗产（living legacy），而文化实践、信仰和意义为超验的、主体间的人类经验奠定了基础。个人故事和文化共享故事可以展现一个社会的文化生活方式，通过它们，历史成为有意义的事件（Thompson 1998）。因为个体的自我认同反映其个人史（personal history）和社会文化背景，所以一个人的生活和消费故事书写了其在自己的生活世界中所体验到的全部具有文化意义的主观历史（subjective history）。

如前所述，本书的研究采用存在主义现象学视角，目的是通过一个粉丝个体的看法和表达（Gadamer 1989；Heidegger 1927），洞察消费者对其所倾慕的名人的日常粉丝经验。但鉴于研究者与供料人之间通常存在知觉和经验差异，最终，在人类所处的情境和个人语境中理解其经验，需要借助视域融合（fusion of horizon）（Gadamer 1989），而这需要研究者同时扮演研究者与供料人的双重角色。正因如此，我采用自传式民族志的叙事形式作为数据收集方法。1986 年，霍尔布鲁克将自传式民族志引入消费者研究（Holbrook 1986，1987，1991，1995），此后，古尔德（Gould）、布朗（Brown）、埃利斯（Ellis）、兰博（Rambo）、帕特森（Patterson）进一步倡导这种应用，而现在我也参与其中。

　　在最纯粹的形式上，自传式民族志是一种"参与观察的极致形式，从知情的、深度卷入的局内人视角，专注于对作者自己的私人消费经历的印象主义叙述"（Holbrook 2005：45），而研究者本人常常是唯一供料人。尽管批评者或多或少地故意误解，导致自传式民族志经常遭受冷遇（Wallendorf & Brucks 1993；Woodside 2004），但在现有文献中，许多问题已经得到了广泛的讨论和应对（例如，Brown 1998b；Ellis & Adams 2014；Gould 1995，2008；Holbrook 1995，2006）。这一方法的优势之一是允许研究者 24 小时全天候、无时限接入（access to）与研究现象有关的局内人日常体验，而无须纠结于有关供料人隐私的伦理问题（Brown 1998b）。并且，研究者可以运用自传式民族志方法，探索与消费相关的人类情感、幻想、知觉、意识流的主观本质。这些个体体验到的内容是传统科学和量化研究方法无法触及的（Wohlfeil & Whelan 2012）。

　　因此，在这项研究中，我对自己作为影星杰娜·马隆忠实粉丝长达 21 个月的消费经历做了自我观察，在此基础上做自传式民族志考察。2005 年 4 月至 9 月 10 日这段时间的粉丝体验，来自一篇 3.6 万字文章中的回溯性数据（retrospective data）。这篇文章写于 2005 年 9 月初，描述了我成为杰娜·马隆粉丝的过程。此后，从 2005 年 9 月 11 日到 2006 年 12 月 31 日，我实时收集了作为杰娜·马隆粉丝的所有日常经验，作为原始的共时数据（contemporaneous data），以确保高度的"精确性"（Wallendorf & Brucks 1993）。共时内省数据（introspective data）的独特优势是提供了大量关于消费体验的纯粹的情感数据（pure emotional data），这些数据是其他任何基于回忆或纯粹的观察的科学或定性研究方法所无法获得因而也必然会永久遗失的（Wohlfeil & Whelan 2008，2011）。为了收集这些数据，我采用了思绪观察练习（thought-watching exercise），这一方法与古尔德所描述的比较类似。运用这一方法，我反观自己的想法、感受或幻想如何对与杰娜·马隆相关的外部刺激（即表演、访谈、图片或文章）和内部刺激（即白日梦或意象）做出回应，这些情感时而闪现，时而增进，时而减弱，甚至带来情绪和身体反应。

我的整体方法仍然接近霍尔布鲁克（Holbrook 1991，1995，2005）、埃利斯（Ellis 1995，2000）、兰博（Rambo 1996，2005）推崇的叙事性自传式民族志，自传性故事给我们提供了透视人类平淡日常生活的棱镜。为确保外部审核的数据可访问性，我将所有同步手写数据系统地、未加过滤地、当场记录在专门的日记中（Patterson 2005）。于是，重点就不再是观察消费实践、收集事实，而是我的多少日常经验（如内心感受、想法、幻想和臆想）源自或转化为我对杰娜·马隆的情感依恋。总之，我收集了超过15万字手写的原始数据，并以50张同时拍摄的照片为补充，以便深化整体洞察，为从局部到整体的阐释分析做铺垫。

与存在主义现象学研究传统相一致，我设计了一个数据阐释流程（data interpretation process），该流程在很大程度上借鉴了汤普森提出的理解的解释叙事模型（hermeneutical-narrative model）（Thompson 1997）。汤普森提出，解释循环（hermeneutic circle）的现象学过程（phenomenological process）涉及通过互动过程（interactive process）从局部到整体分析每个供料人的陈述。在互动过程中，需要分析消费者故事的5个关键方面。第一，个体通过情节线（plotline）构建叙事内容，而情节线按时序呈现事件，以突出目标、动机和预期结果。第二，消费者叙事反映不同事件近似的象征意义。第三，消费者的不同故事之间存在互文关系，在其中，不同消费故事的意义都整合到消费者个人史的叙述中（Hirschman & Holbrook 1992）。第四，消费者叙事体现了存在主义主题，通过反思消费经验、仪式、珍贵物品和生活选择，消费者借助这些主题来协商他们的自我认同（Thompson et al. 1989）。第五，消费者叙事反映和源自具有共享意义的社会文化编码（socio-cultural code）和约定俗成的看法（Thompson 1997）。

　　但这样的解释学分析通常使用从不同供料人（Thompson et al. 1989）的访谈中获得的回溯性数据，我必须做一些调整来适应本书研究的特别需求。首先，我生成了一个总计超过 19 万字的大数据集，而不是更小的数据单元，但我只是把这个数据集作为一个样本。其次，只有回溯性文章才能满足消费者叙事的情节标准。共时数据反映事件的准确时序，但缺乏结构化的情节。不过，可将共时数据视为相互关联的叙事片段的较小集合。但为了保持我作为研究者和供料人两种角色之间的距离，我在完成数据收集的 1 年后和数据转录（data transcription）结束的 4 个月后才开始进行解释学的数据分析。时间、精神和情感的距离也使我得以摆脱任何关于自己的预先设想。

　　解释学分析的第一步是反复通读全部自传式民族志数据文本，获得对整体图景的第一感觉。由于我在整整 21 个月的自我观察中收集的单独例子的"无情节"（plotless）本质，我在本书第四章呈现的庞杂消费者叙事中综述了自传式民族志数据以获得更好的概观，这些数据既显示了事件的时序，也尽可能保留消费时的真实情感体验和感受。基于早期的印象，我将共时数据集分成更方便管理、逻辑上连贯的组块（chunk），作为单独的部分加以考察。于是，我发现最好的归档方法是辨识（identification）不同的阶段，而经由这些阶段，粉丝关系也随时间推移发生变化。表面上看，所有阶段似乎都涉及一些共同问题，诸如搜寻杰娜·马隆的最新动态、欣赏她的电影表演、购买和收藏她的相关周边事物（如 DVD、杂志文章、海报和签名）以及日常生活中我持续体验到的她的"在场"（presence）。然而，粉丝关系的本质、重要性和要点，尤其是体验和情感的强度，在每个阶段的情境中都有显著变化。经过进一步从部分到整体的阅读，数据被分解到（本身是结论性的）不同时间阶段。

　　第二步是感悟各阶段的叙述中表达的各种思绪，以便在复杂语境中充分理解它们。在这个节点上，我发现将叙事迁移理论（Gerrig

1993；Green & Brock 2000）以及更宏观的准社交互动理论（parasocial interaction theory）[1]（Horton & Wohl 1956；Rubin et al. 1985）作为社会心理和传播研究的概念框架，可以帮助我们理解一个消费者何以依恋和倾慕某位名人。第三步，我开始在每个单独的迷恋阶段的语境中"提炼关键陈述"（extract key statements），方法是辨识作为供料人的我用来描述某种境况或某种杰娜·马隆粉丝体验的关键句、特定短语、措辞乃至隐喻。在这一过程中，我把提炼出的陈述当作图形与背景关系的结果，放在它们各自的语境中理解，以检视这些陈述会不会浮现特定模式和主题。随后将浮现出的有价值的关键主题彼此关联，再进一步分析整体的消费者叙事，以确定关键的意义模式（pattern of meaning）（Goulding 2005；Thompson 1997）。

在一次次地将重复出现的主要陈述归纳为重要主题时，我试图避免将新出现的主位主题（emic theme）抽象和概括到客位结构（etic construct）[2]中，因为这会妨碍我们了解个体消费者对所倾慕影星或其他名人的日常粉丝体验的真正本质。相反，我尝试将新出现的多个主位"表层"（surface level）主题整合为一个连贯、缜密和有意义的关于我对杰

---

① 霍顿和沃尔提出的概念，指一种虚幻或模拟的社交、对话，往往发生在电视人物、影星和其他各种名人与普通受众/粉丝之间。前者通过屏幕、银幕与后者间接互动，产生了一种类似面对面对话的虚拟交流感。一旦受众通过其他媒体接触形式和消费形式（媒体亮相、各种报道、衍生品和纪念品购买）与前者建立单方面的长期间接往来关系，就形成了准社交关系（parasocial relationship）。在准社交关系中，一方钟爱另一方，而另一方多数情况下不知情或鲜少与其互动，这是一种不对等的社交关系。——译者注

② 主位（emic）与客位（etic）是人类学、民俗学及其他社会和行为科学中两种不同的理解视角。主位指研究对象自己的局内人视角，即被研究的社会群体内部成员看待事物的角度。局内人或当地人对现实的理解是绝大多数民族志研究的核心所在。客位指从外部观察者/研究者视角解释现象。由于在自传式民族志中研究者与供料人集于一身，作为局内人的主位叙事和作为研究者的客位解读皆来自同一人，所以在处理资料时，需要特别留意区分哪些是主位描述、哪些是客位分析。——译者注。

娜·马隆日常粉丝体验的描述（Geertz 1973；Goulding 2005），这个描述是一个主位"高层"（higher level）主题，它基于我自己的生活文本与关于杰娜·马隆的媒介文本间确定的互文性联系（Wohlfeil & Whelan 2008，2012）。这样做的目的是将繁复的描述简化为基本结构，在个体（我的）生活世界的社会文化语境下解释其所经历的粉丝关系，其中包括我对文化环境、活的身体、历史化的自我和我与他人（家人、朋友、同事，尤其是杰娜·马隆）关系的感知（Thompson 1998）。

作为读者，你需要知悉，在解释学分析过程中，数据中不断浮现的任何阐释都不代表最终和绝对的发现，而只能视其为一个现象在特定时刻的快照。在初始研究完成后，随着新的阅读和知识的获取，这些阐释也在持续更新（Gadamer 1989；Heidegger 1927）。另外，任何阐释都不过是一套可能的解释而已。尽管如此，对自传式民族志数据的解释学分析，使本书的这项研究得以检视研究发现是否提供了任何可能支持、质疑或挑战既有的关于消费者与影星或其他名人的粉丝关系的刻板印象、假设、误读和其他流行看法的证据。而这些流行看法是过去学者们在疏远的局外人位置上，出于方便和安全需要，在对粉丝和粉丝文化进行理论化时强加其上的。

后续章节路线简示

本书的目的是让读者可以从一个真正的局内人视角，深刻、透彻地把握粉丝文化流行现象。在接下来的章节中，我将自己与影星杰娜·马隆的粉丝关系作为研究案例，描述和探究消费者与其倾慕的名人的日常粉丝关系是如何在一段时间内发展、演变和表达的，以及对名人的情感依恋对每个个体而言可能具有的私人意义。因此，本书实际上也是一个（自我）发现的象征和文学旅程。现在，为了给我们的旅程提供一个方向感，这里为本书的其他章节绘制了一个简短的"地图"。

在我们深入研究消费者与其倾慕的名人之间的粉丝关系不同方面之前,最好先对当前跨学科粉丝研究的现状做一个批判性回顾。因此,第二章将更细致地考察各种不同的学科和大众媒体是如何描绘、理解、污名化、赞美和审视粉丝的。在简要介绍创意娱乐产业、名人和粉丝在当代社会中错综复杂的作用之后,批判性地检视了不同学科研究粉丝的方式,从而第一次综合现有学术研究中的粉丝定义,给出了一个全面、真正跨学科的分类。在此过程中,我也考察了在大众和学术话语中盛行一时的刻板印象、偏见和误解的历史起源和其背后的深层意识形态议题。最后,在第二章结尾,指出当务之急是用替代性概念来重新定义粉丝,这需要把研究重心放在粉丝构建、体验和培养的与其倾慕对象之间的复杂关系上。

由于有关粉丝文化的文献不足,我在第三章全面检视了市场营销、消费者研究、电影研究与媒体研究等不同学科领域如何定义影星和其他名人,以及现有学术观点如何解释影星对消费者的吸引。由于影星研究本质上与电影研究相关,我在该章开头详细梳理了不同学科对电影消费的研究,并特别关注电影研究。接着,我考察了影星或其他名人大体上是如何被建构、理解、研究的,如何作为文本消费对象(textual consumption object)或"人类品牌"(human brand)而不是真正的人(real human being),被电影制片厂、经理人/经纪人、电影和媒体学者、媒体、消费者甚至名人自身"消费"的。在该章的结尾,我提出采用叙事迁移理论作为替代性方法来真正理解倾慕影星或其他名人对于个体消费者而言所具有的鲜活意义。

在第四章,我为读者奉上丰盛的自传式民族志式消费者叙事,讲述我与影星杰娜·马隆的私人粉丝关系,以及在将近两年的日常生活中这一关系发展、演化、显现的过程。本章的目的是将消费者叙事作为真实的名人粉丝文化案例,带领读者踏上一段叙事之旅,进入一位粉丝的真实生活,从而使作为外围参与者的你可以沉浸于消费者与其倾慕的影星或其他名人的日常粉丝关系，用粉丝本人的方式体验其中的情感依恋。我相信，这种方法可以使读者独立评判我在本章后半部分所讨论的研究发现（或第二章中讨论的任何此前的粉丝概念）是否对具体观察到的真实粉丝体验提供了透彻的解释，而不是像传统研究方法那样，经常使人迷失在各种现成的解答之中。

在对自传式民族志的消费者叙事和数据做案例研究的基础上，我在第五章中重新解释了为什么一位影星或其他名人能够作为一个真实的人吸引个体消费者。我没有像电影研究和名人代言研究那样，将影星或其他名人看作"文化意义的符号容器"（semiotic receptacles of cultural meaning）（Dyer 1998；McCracken 1989），我把他们当作具有多元、多义的消费者吸引力的真人和表演者，这一点体现在对自传式民族志数据进行解释学分析而得出的结论中。在此过程中，我在本章拆解了各种关于名人的个人特质如何对个体消费者形成准社交吸引的莫衷一是的说法。根据我在第四章中提供的关于自己与影星杰娜·马隆的日常粉丝关系的消费者叙事，我解释了个体影星或其他名人怎样激发个体消费者的兴趣，指出他们作为创造性的表演者、可感知的公共表演背后的"私人"、"有形的显现者"（tangible manifestation）（通过产品显现或消费者与其他同好的社会纽带显现）来吸引消费者。

基于这种对名人所具有的多义、多元消费者吸引力的另一种解读，我在第六章讨论了个体消费者怎样以及为何发展与特定影星或其他名人的情感依恋。通过解构在第四章中呈现的我与杰娜·马隆之间粉丝关系的诸多方面，我批判性地研究和探索了消费者的个人粉丝体验是如何源于和交缠于其所倾慕名人的多义性魅力的，其中涉及钦慕作为"表演者"的名人、恋慕作为可感知的"私人"的名人、"占有"（taking possession）作为有形显现者的名人、在群体性追星活动中"共享"名人或"独享"名人，以及与名人"生活"（living）在一起成为日常生活的一个重要组成部分。因此，借助叙事迁移理论，我以案例研究（和关于其他名人的相应观察）为基础，解释了消费者的准社交粉丝体验是如何通过欣赏其挚爱的影星或其他名人的电影、表演和公开露面，以及认知他们作为"私人"的一面而产生的。后者（即对"私人"的认知）本质上是消费者对自己觉得有关和"可信"的媒介文本的互文性阅读（intertextual reading）和解读，这会带来一种"熟识"（knowing）名人如私友（personal friend）的感觉。

第七章带我们深入粉丝文化和粉丝日常体验的发现之旅，引领读者来到最终结论，重申再定义（reconceptualization）粉丝群体的必要性。这种再定义，将粉丝研究的重心放回到消费者所构建、体验和培养的对其倾慕对象的情感依恋上，从而脱离了两种传统的做法，即要么狭窄地聚焦于参与性粉丝文化，要么是更糟的对准过去数十年间主导粉丝话语的病理学研究。我还建议，应该让研究明星或名人的学者把真正的"人"和"艺术家"身份还给影星、摇滚/流行歌星和其他名人，把他们当作真实、复杂的个体来讨论，而不仅仅作为主要充当意识形态话语载体的、可替换的、文化建构性的符号学文本概念。因此，我亦重申了从局内人视角真正理解粉丝文化对于个体消费者的意义这一方法的优势。最后，虽然本书不直接为管理者和经纪人的相关需求服务，但我仍在此章概述了我的研究结果对理解名人代言或创意人才的管理以及名人与观众尤其是粉丝群的互动所具有的启发性。

现在，让我们踏上人迹罕至之途，进入粉丝文化的未知地带，开始背包探索之旅吧。

第二章　粉丝的危险生活

——成见与污名

当代文化中的创意产业、名人和粉丝

自电影、音乐和职业体育产业诞生之初，影星、运动员和其他名人就俘获了观众的想象力，在大众文化中扮演重要角色（Turner 2004）。或许听来不可思议，虽然名人及其粉丝在大众媒体话语中受到广泛关注，但致力于粉丝文化研究的学术文献至今仍然稀缺。这种赤字让人更感失望，毕竟创意娱乐产业不仅在许多社会的通俗文化中发挥基础的文化浸润代理人（acculturation agent）作用（Barbas 2001；Hirschman 2000a），也是世界范围内长久以来商业上最庞大和最成功的产业（Epstein 2005，2012；Hennig-Thurau & Wruck 2000）。而创意娱乐产业除了自身的产出外，还孵化、融入并依赖于其他价值数十亿美元的产业网络，从光鲜的八卦杂志和各种商品的营销队伍到主题公园和旅游业（Beeton 2015；Hackley & Hackley 2015），其繁荣源自满足公众对影星、新生代女星（starlets）、摇滚/流行歌星、运动员、模特和其他名人"既魅惑、妖娆又丑闻缠身"生活的普遍兴趣（Gabler 1998）。

于是，名人不仅作为创意产业最常见的面孔而显得十分重要，他们强大的媒体影响力也充分表明了其对于当代消费文化的重要性（Marshall 1997）。与布尔斯廷广为流传的名人只是"因出名而著名的人"（people who are famous for being famous）的贬损性定义相反（Boorstin 1961），名人成名的路径其实千差万别，或因艺术创作才能、职业工种、与其他名人的私人关系（如配偶、子女或情人），或仅仅因"不堪"和"无耻"的公共生活方式而臭名昭著（Barron 2015；McDonald 2003）。但不论他们是怎么出名的，每个名人的流行度和成功依然仰赖其与最忠实的崇拜者——粉丝之间的私人关系。

虽然在流行话语中有一种将粉丝污名化的倾向，认为他们"好骗"和"古怪"（Jenson 1992），但名人粉丝文化实际上是很常见的社会现象。当接触名人文化时，多数消费者往往只是暂时对影星和其他名人自身的魅力、丑闻和私生活感兴趣，他们其实享受的是与同好闲谈八卦，而不会倾慕某位名人而投入强烈感情。但一些消费者确实对他们喜爱的名人怀有并体验到强烈的情感依恋，也因此成为通常所说的"粉丝"（Leets et al. 1995；O'Guinn 1991）。我们只需对周遭稍加留意就能发现，电影演员、摇滚 / 流行音乐艺术家、电视名人、运动员、模特、小说家、真人秀明星的粉丝遍及生活各领域，无处不在。粉丝大胆、毫不掩饰地在公共视野里展示自己对名人作品的钦慕，相互交流从媒体上获知的最新动态和传闻，为了一睹偶像姿容而等待数小时参加首映礼，兴致勃勃地收藏偶像的手书签名和其他各种纪念品（Barron 2015；Henry & Caldwell 2007）。更有甚者，一些消费者毫不犹豫地"急偶像之所急"，比如当偶像遭到恶评、出现人际关系问题、生病、成瘾、面临法庭聆讯时，他们甚至还会保护自己的偶像免受粗鲁跟踪者的骚扰，就像我们在迈克尔·杰克逊（Michael Jackson）、小罗伯特·唐尼（Robert Downey Jr.）、梅尔·布伦南（Maire Brennan）、杰德·古迪（Jade Goody）、欧文·威尔逊（Owen Wilson）、琳赛·洛汉（Lindsay Lohan）、安妮·海瑟薇（Anne Hathaway）、珍妮弗·劳伦斯（Jennifer Lawrence）或泰勒·斯威夫特（Taylor Swift）等明星的故事中所看到的那样。所以，坦诚地说，在当代文化中，粉丝与使其激情澎湃有时甚至不能自拔地倾慕的电影演员、音乐家、运动员和其他所有名人，也许是同等重要的。

粉丝：邪恶抬头？

在创意产业的萌芽期，就有一批文化批评家和他们的追随者不知疲倦地掀起了一场运动。他们使用带有宗教色彩的话语，将大众媒体消费文化尤其是名人文化描述为"末世化身"，认为正是经由它们，今天"过度的资本主义消费文化"（excessive capitalist consumer culture）才造成我们头脑的枯竭，进而威胁到我们的"自由"，以及社会、文化、智力和心理方面的幸福。因而，也是这些人（即 Adorno & Horkheimer 2006；Boorstin 1961；Gabler 1998；Schickel 1985；Thorp 1939）将粉丝当成了"软靶子"（soft target），这实在不足为怪。在过去 40 年里，他们坚持不懈地竭力说服我们，大众文化本质上带有毁灭性，以致我们很容易得出这样的结论：如果我们不悬崖勒马回归一种处于掠夺性资本主义市场之外、更"自然"（natural）和清心寡欲的消费模式，将会面临另一个索多玛和蛾摩拉这样的邪恶之境（Gabler 1998；Schickel 1985）。

因而，这样一种观念，即有一类消费者宁愿放弃高雅艺术"斯文的精神智性"（educated spiritual intellectual）的滋养，将大量的精神能量、时间和钱财投入"原始、乏味且品味低下"的流行大众文化（Boorstin 1961；Bourdieu 1984；Giles 2006），对这些文化批评家和他们的追随者而言，肯定是相当可怕的。在他们看来，对这种"非理性"行为唯一可接受的逻辑解释就是，消费者（＝粉丝）显然已经因"与生俱来的轻信本质"（inherent gullible nature）和整体上"缺乏批判意识"，而沦为流行大众媒体操纵的牺牲品（Adorno & Horkheimer 2006；Gabler 1998；Schickel 1985）。他们论证的基础是"脆弱的受众"（vulnerable audience）概念，这一概念暗示，受众极易受到媒体形象（media images）和媒体提供的"虚假价值"（false value）的影响（Boorstin 1961），随着消费增加，消费者甚至不再能够区分"虚构的媒体内容"（fictive media content）与"真实世界"（real world）（Baudrillard 1970；Gabler 1998）。

鉴于文化批评家们已经直言不讳地表达对粉丝、名人文化和所有大众媒体如此这般的厌恶和轻视，如若不算古怪至少也相当讽刺的是，他们的多数批评话语也是通过自己瞧不起的大众媒体发布和传播的，这样做的首要动机往往是提升他们自己的声誉（= 名气）。与此同时，大众媒体就算并不总是首创名人及其粉丝的可笑形象以图用耸动的故事扩大销量，至少也是欣然接纳和渲染这类形象。在这些媒体讲述的故事中，充斥着在酒店和首映式上尖叫的十几岁粉丝、在动漫展和科幻小说大会上幼稚的书呆子、粗暴的球迷和精神病态的尾随者（Duffett 2013；Jenson 1992）。即便批评和嘲笑的对象本质上是它们在生意上所依赖的受众（Barron 2015），大众媒体还是会这样做。所以，虽然小报和娱乐媒体一贯自以为是地抨击大众艺术、名人和粉丝文化，称它们是反社会的和具有社会危害性的，但实际上，这些媒体也刺激、喂养它们，并相当公开地从中牟利。

不过，大众媒体中，并不是只有小报和八卦媒体喜欢用这种方式展现粉丝群体，因为同样的粉丝刻板形象也常常充当影视产业的故事或人物素材。讽刺的是，影视产业整体的商业生存却在很大程度上仰赖于粉丝对其产品的赏玩（Barbas 2001）。在被广泛援引的《周六夜现场》（*Saturday Night Live*）桥段中，嘉宾主持威廉·沙特纳（William Shatner）被一些夸张、刻板的书呆子"星舰迷"（Trekker，指《星际迷航》的粉丝）缠问关于星际迷航的专业问题，他们似乎都住在父母的地下室里，甚至知道《星际迷航》每集最无关紧要的微小细节，并购买与该剧相关的一切物品，最后威廉·沙特纳用现在很有名的一句话回应："省省吧！"（Get a life）。此外，刘易斯（Lewis 1992）分析了在一些电影情节中，如何将粉丝描绘成幼稚的书呆子 [例如，杰里·刘易斯在电影《糊涂大影迷》（*Hollywood or Bust*，1956）中扮演安妮塔·埃克伯格（Anita Eckberg）

的粉丝]、追星活动严重干扰浪漫爱情生活的社会疏异者 [例如电影《爱你不后悔》(*The Perfect Catch*, 2005）中吉米·法伦（Jimmy Fallon）的棒球迷] 以及更常见的精神病态者 [例如，电影《嗜血追星女》(*Der Fan*, 1982）中的德西蕾·诺什布施（Desiree Nosbusch），《烈火终结者》(*The Fan*, 1996）中的罗伯特·德尼罗（Robert De Niro），以及《危情十日》(*Misery*, 1990）中的凯西·贝茨（Kathy Bates）]。

　　这种批判性话语中尤其明显、古怪的特征是，观念先行的文化批评家寻求一种二元对立的划分，即一面是在今天"过度的、腐朽的、性化的（sexualised）"资本主义消费文化中的"假英雄崇拜"（worship of false heroes），另一面是浪漫的过去，那时消费者的行为遵从清教道德，公众的赞赏是因伟大的成就和特别的能力而生的（Boorstin 1961；Thorp 1939）。一直以来，学术文献和大众媒体讨论粉丝文化与"沉迷"（obsession）时，都是把它当作新近出现的对我们的文化和社会威胁越来越大的当代社会现象加以讨论。但与这种普遍的观念相反，从历史来看，粉丝文化绝非新事物，事实上它与绝大多数创意娱乐产业的历史一样悠久（Barbas 2001；Schmidt-Lux 2010）。其实，自电影在 19 世纪 90 年代中期开始在银幕上展现令人信服的生活影像，世界各地的消费者就把电影工业视作梦工厂，在这里，没有不可能，再狂野的梦也能成真（Gaines 2000）。

　　虽然消费者的热情会随时变化，一开始好奇电影技术①，然后迷上电影制作艺术，而后又沉迷于好莱坞的魔力，但影迷一直以来都被电影呈现的奇幻世界和美学形象深深吸引（Barbas 2001；Cousins 2011）。并且，尽管消费者从好莱坞明星制的早期就开始对表演艺术和影星私生活感兴趣

---

① 在电影发展早期，被称作"吸引力电影"（cinema of attraction）的创作轴心完全是消费者对电影技术呈现"现实"的视觉可能性的兴趣，而不是对影片实际内容的兴趣。虽然当时每月有数千部电影出品，满足日益增长的需求，但早期电影直到 1897 年都非常短（约一两分钟），是对杂耍表演、普通人的非叙事性描绘和有新闻价值事件的再表演。

（Studlar 2016），但百老汇和伦敦西区的大牌戏剧演员在 19 世纪中期就已经拥有一批忠实粉丝和热情追随者的支持。整个 18 世纪和 19 世纪，在意大利、法国、德国和奥地利，小说家、诗人、歌剧演唱家、作曲家或不知名的阉伶歌手（castrati）就受到观众追捧（Gabler 1998；Glass 2016）。然而，电影工业虽尚在初创期，电影观众却激起了社会改革者的特别义愤，比如美国的基督教节制联盟（Christian Temperance Union），当他们竭力阻止伴随工业社会经济发展的社会和文化变革潮流时，电影观众成为被他们选中的"软靶子"。

　　社会改革者谴责电影是腐蚀人类灵魂和道德正义的"邪恶威胁"，为了支持自己的观点，他们援引了众多新闻报道。报道中写到，观看电影诱使年轻女子过上了滥交和淫邪的生活，年轻人不再"做正确的事"（doing the right thing），而这些堕落者在银幕上的现实形象也吓死了"体面人"（Barbas 2001；Gabler 1998）。虽然后来证实，基督教节制联盟在缺乏证据的情况下在许多地方媒体上编造和植入了多数这类故事，但他们之中有哈佛心理学教授雨果·芒斯特伯格（Hugo Munsterberg）这样卓越的心理学家，所以他们的主张有很高的可信度（Barbas 2001）。为了给社会改革者的意识形态观点提供坚实的"科学支持"（scientific support），芒斯特伯格提出并发展了"脆弱的受众"的理论概念，将所有电影受众[1]无差别地描绘为易受影响、未受教育、没有批判意识的消极观众，"就像小孩子一样"，会轻易被电影欺骗，将虚假的电影现实理解为真实世界

---

[1]　直到 1920 年，电影仍主要迎合社会下层的观众，比如美国东海岸城市的工人阶级和新移民（Kochberg 2007）。事实上，早期电影是作为巡回杂耍表演中的一个特别节目存在的，直到 1896~1897 年，电影的放映才转移到更加固定的地点，大多数是城镇中较贫穷的工人阶级区域的镍币影院（nickelodeon）（Kerrigan 2010）。自 1919 年好莱坞电影（以及 UFA 电影制片厂）兴起，对中上阶层而言，看电影才成为有趣和可接受的休闲活动。随后，类似剧院的电影院也发展起来（Barbas 2001）。

（Munsterberg 1916）。这一观点由此主导了关于媒体受众特别是粉丝的意识形态批判话语。

　　芒斯特伯格本人是虔诚的清教徒，他认为电影"就像毒品"，使人情绪高涨、缺乏克制、感知扭曲，在"成瘾"的观众中引发病态妄想。然而，历史证据清楚地表明，即便是第一批电影观众，也很清醒地意识到电影的视觉效果是怎么发生作用的。他们彼此交换关于电影技术的知识，在自助出版的同人志（fanzine，即同好杂志）上讨论如何改进视觉效果和电影制作流程中的其他环节（Barbas 2001）。他们为许多今天享有盛名的电影刊物和电影研究的学术规则奠定了基础。然而，虽然从未有实证证据来支持"脆弱的受众"概念，却并未影响文化批评者继续采纳和重申其中心思想，将其视为"不争的事实"（undisputed fact），这种不假思索的态度让人瞠目结舌（例如，Adorno & Horkheimer 2006；Boorstin 1961；Gabler 1998；Schickel 1985）。由于这些观点持续循环，当下的学术和流行话语也把它们看成"当然事实"（proven fact），进而形塑了我们看待名人和粉丝的刻板印象。

酷爱者与迷狂者：粉丝到底是什么？

　　虽然当今媒体大量使用"粉丝"（fan）这个词概括所有类型的受众（audience）、现场观看者（spectator）或 CD/DVD 的购买者（buyer），以及买音乐会门票和电影票的人，但学术和流行话语在历史上勾勒出的关于粉丝的灾难性图像依然主导着公众心中的粉丝形象。粉丝文化的不光彩形象，自然使消费者常常觉得有必要与它们保持距离（Cusack et al. 2003）。实际上，当被要求解释或合理化自己对某个电视节目、电影和音乐的痴迷，或是对某位名人或某项体育赛事的强烈情感时，许多消费者往往立即声明"我不是那种粉丝……"（I'm not one of THOSE fans who…），以便强调他们是"正常"的，与"其他不正常的粉丝"划清界限（Brooker 2005；Grossberg 1992）。如同第四章中的自传式民族志叙事，我在很多场合也是以同样的方式回应的，尤其在我成为杰娜·马隆粉丝的第一年。即便是我关于自己与电影演员杰娜·马隆间粉丝关系的"告白"，也似乎带有类似"出柜"（coming out）或参加"嗜酒者互诫会"（AA meeting）的暗示。

在做研究的过程中，我也收到了许多人"好心的"（well-meaning）建议，他们对我的研究主题、内容和方法感到不安，建议我"为自己着想"，尽快结束这个研究，放下我的"粉丝取向"（fannish inclination），投身于"得体"和"更有价值的"个人和学术追求。这类反应可以部分地用"粉丝文化"这个词所带有的潜在负面意味来解释。那么有必要辨析"粉丝"到底是什么，以及这个词的词源和历史起源。根据利茨等人的研究，最广为流传、没有争议和被普遍接受的公众观念认为，"fan"这个词是"fanatic"的缩写，而"fanatic"源于拉丁单词"fanaticus"，意为"受神明启迪"（Leets et al. 1995）。另一事实似乎给这个观点增添了可信度，即希腊文对"fanatic"的翻译是"entheos"，它也是现在使用的"enthusiasm"的起源（Smith et al. 2007）。由于"fanatic"这个词自17世纪50年代起便指向一群狂热、不加批判地投身于极端宗教或政治观点的人（Thorne & Bruner 2006），所以无须多少想象力我们也能明白，关于粉丝的不良印象由何而来。

对于"fan"和"fanatic"间这种常见的关联，唯一的问题是，从历史角度看这种联系是错谬的，它由基督教节制联盟构想、提出，并在19世纪晚期传播开，意在先否定新兴棒球运动的观众，而后贬损电影观众（Barbas 2001）。"fan"这个词真正的起源其实是英语短语"to fancy"，意思是"体验一种对某人或某事强烈的喜爱"。18世纪晚期，在英国和爱尔兰工人阶级中涌现的拳击"发烧友"（aficionado）也被称为"fancies"或

"fances"，意指"喜欢观看拳击比赛或给拳击比赛下赌注的人"（Dickson 1989）。19 世纪中期，爱尔兰移民将"fances"这个词带入美国，在这里，这个词慢慢缩短为"fans"。最初，这个词指拳击观众，但很快延伸到指涉所有流行的剧院演出形式的观众群。在流行戏剧的观众群中，有一个被称作"鲍里街男孩"（Bowery Boys）的群体，根据其在 1849 年的阿斯特宫骚乱（Astor Palace riots）中的所作所为推测，它可能是史上最早被冠以"流氓团伙"之名的群体（Gabler 1998）。[①]

当下所说的"fan"这个概念（或作为统称的"fandom"）出现于 19 世纪晚期，最早指新兴的美国棒球运动的热情支持者（Dickson 1989；Leets et al. 1995）。很快，所有全球各地体育团队的支持者尤其是与足球相关的观众群体也被称作"fan"。也就是在这个阶段，像基督教节制联盟这样的社会改革者寻求在"fan"（粉丝）与"fanatic"（迷狂者）之间建立一种精神上的联系。他们成功了，就连牛津词典也接受了这种定义。不经意间的反讽则是，这群社会改革者才是真正的"狂热分子"。伴随 19 世纪 90 年代电影工业的诞生和 20 世纪 20 年代好莱坞明星制的到来，"fan"这个词的含义从体育运动的观众拓展到表演艺术、大众文化和名人的热烈追慕者（Gabler 1998）。今天，公正地说，每个人在其一生中至少要充当一次某种事物的粉丝，不论对象是特定的体育团队、一位运动员、一位摇滚／流行歌星、影星、其他任何一位名人、某档电视节目、某部影片，还是其他形式的休闲活动（Duffett 2013）。

许多消费者是诸如 J.K. 罗琳（J.K. Rowling）或斯蒂芬·金（Stephen King）这类小说家的忠实粉丝，甚至如简·奥斯汀（Jane Austin）、詹姆斯·乔伊斯（James Joyce）或刘易斯·卡罗尔（Lewis Carroll）等已经过世许久的文学偶像，也仍然拥有热忱的粉丝社群（Brooker 2005）。但

[①] 不过，因为"鲍里街男孩"也是 19 世纪纽约的主要帮派之一，并且深度参与有组织犯罪活动，因此将他们的行为等同于"粉丝"是不公平的。

这些文学偶像的忠实粉丝坚持将自己归属于高雅文化范畴，又对大众文化持有顽固、"势利"（snobbish）的鄙夷，他们倾向于将自己称为在严肃社团中相遇的"鉴赏家"（connoisseur）或"发烧友"。不过，虽然他们以这种直白的方式与归属于低俗文化（low-brow culture）范畴、在幼稚的粉丝俱乐部或集会上碰面的"那些其他粉丝"（those other fans）保持距离（Kozinets 2001），但两者的崇拜方式非常相似。比如，都一样乐此不疲地收藏珍爱的作品、手工制品、有关其神圣的欲望对象的纪念品（Belk et al. 1989）；同样如饥似渴地收集和更新相关资讯，甚至前往居处、地标和其他与作者或作品有关的地点朝圣（Brooker 2005；Hede & Thyne 2010）。

因此，索恩和布鲁纳提出的一些定义可资参考，帮助我们区分"粉丝"和"迷狂者"这两个概念（Thorne & Bruner 2006）。索恩和布鲁纳将"粉丝"定义为："对特定的人、群体、活动、艺术品、时尚潮流或观念极为强烈地喜爱和感兴趣的人，通常其行为在旁人看来不同寻常或不合传统，但并不违反通行的社会规范。"与之形成强烈反差的是，他们将"迷狂者"定义为："对特定个体、群体、活动、艺术品或观念极度强烈或过分地喜爱和感兴趣，以至于其极端行为被他人视作功能失调、危险和违反社会规范的。"不过，虽然他们将"粉丝文化"定义为一群兴趣相投的粉丝构成的亚文化现象，但其他学者（例如，Barbas 2001；Kozinets 2001；Wohlfeil & Whelan 2011，2012）并不赞同，相反，他们将这个词看作一个涵盖性术语，包含所有的粉丝活动、实践和个体及群体经验。因此，我将"粉丝文化"定义为："对特定个体、群体、活动、艺术品、时尚潮流或理念的极为强烈的兴趣、喜爱和情感依恋，它展现在个体或群体的消费活动、实践和体验之中。"然而，虽然对粉丝和迷狂者给出了清晰的客观区分，我们依旧面临这样的问题，即为何粉丝持续在学术和流行话语中遭到嘲讽、成见和不良报道（bad press）。因而，更深入地探讨不同的学科如何研究粉丝和粉丝文化，以及这些研究带有怎样的深层设定，也许能提供更多的解释。

作为学术研究对象的粉丝和粉丝文化

尽管粉丝和粉丝文化这一广泛分布于世界各地的消费现象已经存在超过 140 年，但除了偶尔得见的社会学理论文章和文化批评家、心理学家试图将芒斯特伯格"脆弱的受众"概念拓展运用于整个大众消费文化而撰写的那些短文和长篇论述（例如，Adorno & Horkheimer 2006；Baudrillard 1970；Schickel 1985；Thorp 1939），学者们迄今为止一直对切实研究粉丝和粉丝文化缺乏兴趣。不过，总有一些事件会突然吸引社会心理学、社会学、法医科学、体育研究、媒体研究、市场营销或消费者研究等各类学科学者的视线。例如，20 世纪 70 年代英国"足球流氓"行径的抬头；约翰·欣克利（John Hinckley）为了向女演员朱迪·福斯特（Jodie Foster）"证明他的爱"，企图刺杀美国总统罗纳德·里根（Krämer 2013）；20 世纪 80 年代，约翰·列侬（John Lennon）和墨西哥裔歌手塞莱娜·金塔尼利亚（Selena Quintanilla）被自称"粉丝"的人暗杀等（Duffett 2013）。不过，由于学术背景不同，这些学科学者的研究专长和思想流派各异，研究粉丝和粉丝文化的角度与议题也大不相同，采用的研究方法多在其学科领域处于主导地位，探索范围从批判性话语分析到民族志，不一而足。

体育赛事观看行为的历史悠久，因而对体育粉丝的研究成为运动心理学、体育研究和休闲研究学者的首选焦点。早期的研究考察涉足强迫性行为（compulsive behaviour）的体育粉丝和体育流氓，而当下的大多数研究则寻求理解体育赛事现场观众群体的行为动机及社会动力（Murrell & Dietz 1992）。另外，市场营销和商业领域学者的主要兴趣在于确认粉丝作为忠于品牌的消费者能够提供多少经济价值。这并非什么秘密（Thorne & Bruner 2006），所以，市场营销研究者往往将粉丝群体作为同质化、有很高品牌忠诚度和商业上有利可图的细分市场加以研究，在他们眼中，粉丝似乎代表着众多营销活动的理想目标受众（Hunt et al. 1999）。

社会心理学领域对粉丝的研究紧密地承接芒斯特伯格关于"脆弱的受众"的原创工作，因而非常关注名人粉丝的极端类型。的确，根据前述事件，社会心理学家着眼于辨识、调查那些接近、骚扰名人甚至导致名人身体和精神受到伤害的心理机能失调粉丝，剖析其心理机制，目的是防范潜在威胁和攻击（Dietz et al. 1991）。虽然上述原创研究花费了大量精力来区分极少数精神病态、妄想型迷狂者和绝大多数正常粉丝（Dietz et al. 1991；Leets et al. 1995），但其后社会心理学内部对"名人崇拜者"（celebrity worshipper）的研究未能进行上述区分，而是无差别地针对全体粉丝给出笼统的结论（McCutcheon et al. 2003，2006）。事实上，后来的研究甚至提出，做一个粉丝将意味着个体身上存在固有的人格缺陷，而这些缺陷与某种精神疾病有关，甚至可能是先天遗传的（Maltby et al. 2004）。他们明显试图迎合一个世纪以来关于粉丝的流行成见，即这些人是轻信的书呆子和病态沉迷的精神病患者，一如大众媒体（Jenson 1992）与电影工业（Lewis 1992）展现和宣扬的形象。

电影研究这一学科本质上是从 100 多年前电影粉丝群体的话语演化而来的（Barbas 2001），这一遗产本应意味着电影学者对电影或影星粉丝这些兴致浓厚的观众抱有一定程度的兴趣。然而，事实上，电影学者对二者皆视而不见。对于这种漠不关心的态度，一种可能的解释是，电影学者一直以来都在追求让电影得到高雅文化的认可并融入其标准体系，与文学、戏剧、歌剧平起平坐，同时在美学地位和文化价值上跻身各类艺术形式之列。由于粉丝文化传统上一直被看作与"没品位"的流行低俗文化消费紧密相关的工人阶级现象，把兴趣放在研究这群"缺乏教育"的受众上

（Bourdieu 1984），只会与这一总体目标背道而驰。此外，电影研究专注于在电影体验的语境下考察影片本身，而媒体研究则主要关心流行的大众媒体和电视节目。

于是，粉丝研究整体上降格为媒体研究中"备受冷落的孩子"（unwanted offspring）。尽管许多早期的媒体受众和粉丝研究被文化批评家的意识形态观念所左右，这些观念将受众描述为轻信的书呆子、贫困的工人阶级和大众文化的脆弱牺牲品，但霍顿和沃尔提出的准社交互动理论（Horton & Wohl 1956）自 20 世纪 80 年代起启发了许多媒体学者，促使他们探究电视观众与新闻播音员、电视名人（Houlberg 1984；Rubin et al. 1985）、电视节目及其中的虚构人物（Bielby et al. 1999；Rubin & McHugh 1987）之间的情感关系是如何形成和维系的。自 20 世纪 90 年代初，研究重心转向了与特定的邪典电影（cult film）[①]和异类电视节目（cult-TV show）相关的参与性粉丝文化内部的社会动力机制，以及粉丝行为经常彰显的特殊、独有属性。因此，《星际迷航》引发了绝大多数学者的兴趣（Jankovich 2002；Jenkins 1992），能够引起相似效应的其他影片也只有《星球大战》（Star Wars）、《X 档案》（The X-Files）或《神秘博士》（Doctor Who）（Hills 2002；Shefrin 2004）。

然而，尽管名人文化已成为媒体学者研究的中心问题，有趣的是，我注意到，研究名人粉丝的媒体学者仍极为罕见。直到最近，有关名人的文献中对粉丝的讨论仍是片言只语（Barron 2015；Redmond 2014）。取而代之的是，粉丝总是被描绘成醉心于虚构的媒体角色（media character），

---

① 多指非主流、晦涩、越轨的另类电影，往往因挑战文化禁忌（如血腥、大尺度性爱、恐怖、乱伦、同性恋元素等）而遭到禁止、审查或抵制，只在小众市场流行。这类影片又以其忠实、狂热的粉丝群而闻名，有些影片虽不能在影院放映，却成为有线电视台或付费电视台的热播剧，DVD 销售收益不逊于影院票房收入，如《银翼杀手》《搏击俱乐部》和《穆赫兰道》。也有一些略带反传统色彩的影片自冠"邪典"之名制造营销卖点。——译者注

却并不与扮演这些角色的真实演员发生关联（Hills 2002；Jenkins 1992）。好在，虽然电影学者完全依靠批判理论研究电影和影星，媒体学者却已经采用了占据主导地位的批判理论之外的其他方法，常见的一种替代性选择就是民族志。同时，消费者研究沿袭了与体育研究、休闲研究、媒体研究类似的模式，并时常借鉴这些领域的文献，也开始对体育粉丝和媒介粉丝[①]表现出越来越浓厚的兴趣。不过，出于对消费者部落（consumer tribe）的日益重视，该领域研究更关注协同创造（co-creative）和参与性消费亚文化（participatory consumption subculture）（Cova 1998；McAlexander et al. 2002）。不过，除了我的这本书和其他公开出版物之外，在消费者研究中，只有少数个别研究真正关注了影星、流行歌星或其他名人的粉丝（Banister & Cocker 2014；Henry & Caldwell 2007；Hewer & Hamilton 2012a；O'Guinn 1991；Radford & Bloch 2012 ）。

由于对粉丝和粉丝文化的概念性理解是由各领域学者深层的个人议题和学科议题所驱动的（Smith et al. 2007），所以对于粉丝文化的构成这一首要问题，当下粉丝研究的跨学科文献中仍然缺少一致的阐释也就不足为奇了。此外，所谓"跨学科"的说法只有在粉丝是不同学科的共同研究对象这个意义上才成立，但事实上，不同学术机构的文献之间相互参考的情况是非常少见的。多数粉丝研究学者深植于学科特定的研究议题和自身学术领域的传统，其研究视域并未跃出所属学科的边界。

粉丝分类法

本书中呈现的研究虽然定位在市场营销和消费者研究领域，但研究消

---

① 指某种媒介的爱好者，如"剧粉""小说粉""动漫粉""游戏粉"等。这种媒介可能是图书、杂志、报纸、动漫、视频、电视节目、广播节目、电影、戏剧表演、音乐、电子游戏、社交平台等。——译者注

费者对其偶像的情感依恋需要超越自身学科边界，进行真正的跨学科考察，综合各学科关于粉丝文化的已有知识。因此，有必要对不同学科分支的文献中关于粉丝的定义做总体性概览。遗憾的是，少数现有的粉丝分类往往局限于市场营销和媒体研究等特定学科内部，分类方式局限于区别不同程度的粉丝忠诚（fan commitment）或提供特定学科语境和边界内范式发展的历史概述。有鉴于此，我重新回顾了各学科的粉丝研究文献，从中辨识出 7 种不同的粉丝概念，分类陈述如下。

作为目标市场的粉丝

市场营销和商业研究虽然传统上并不重视电影消费、影星和其他名人，但早已认识到粉丝作为消费者的存在及经济价值（Thorne & Bruner 2006）。不过，市场营销从业人员和市场营销学者往往将粉丝仅仅看作一个具有商业潜力、同质化和高度忠诚的细分市场，以及一系列营销活动的理想目标受众（Hunt et al. 1999）。事实上，人们认为，粉丝不仅对其崇拜的对象极其忠诚，而且愿意花费大量的时间、金钱和其他资源来持续追逐及获取任何与偶像相关的物品（Banister & Cocker 2014；Derbaix et al. 2002）。粉丝往往珍视和神圣化这些物质财富，将其作为与所倾慕的名人（Newman et al. 2011）、支持的运动队（Derbaix et al. 2002）或媒介文本之间的物质联系（Brown 2007；Elberse 2014）。因此，对于名人粉丝文化，市场营销研究者主要关注找准时机，以满足粉丝需求的方式来定位名人产品（Brown 2005；Thomson 2006）。例如，在发布新片预告时，某位演职人员或导演的粉丝应该提前从策略性媒体报道（如片花、官网、新闻稿、演员的电视和杂志访谈等）中获知详情，这样就能唤起他们的兴趣和期待，让他们不愿错过影片（Kerrigan 2010）。此外，这些研究显然提醒市场营销人员，永远不要忘记将电影与适当的多渠道衍生品推广结合起来（Brown 2005；Elberse 2014）。

把电影和名人本身看作品牌，而不仅仅是一种便捷的营销工具，对绝大多数市场营销和商业学者来说，要么不可能，要么极其困难。所以，难怪多数以粉丝为目标市场的市场营销和商业研究试图利用粉丝对自己偶像的情感依恋推销其他完全无关的产品（McCracken 1989；Thomson 2006）。这样做的潜藏假设是，既然粉丝对喜爱的影星和其他名人展现出高度、持久的涉入（involve），持续不断、不加区别地搜寻任何有关倾慕对象的信息（Thorne & Bruner 2006），那么他们也会愉快、积极地处理任何产品信息，这些产品可以或直接或间接地与他们的偶像产生关联（Banister & Cocker 2014；Thomson 2006）。将产品与名人联系起来的直接方法是代言（McCracken 1989；Erdogan 1999），间接方法通常涉及电影或电视节目中的产品植入（Russell & Stern 2006；Wiles & Danielova 2009）。仅仅把粉丝定义为目标受众的学术研究，其主要问题是没有解释或真正洞察作为一种消费体验的粉丝文化，以及最初是什么促使消费者对某位影星或其他名人产生情感依恋，或者粉丝文化是如何在消费者行为中自我表达的。市场营销研究人员首要的关注焦点是对粉丝文化的商业开发，所以他们的基本兴趣是将粉丝群体依据一般的人口统计学和心理学变量划分成特定的类别（Hunt et al. 1999）。索恩和布鲁纳（Thorne & Bruner 2006）关于消费者对名人情感依恋的早期研究是迄今为止最早的几个例外之一。

作为观众和支持者的粉丝

公共媒体话语总是习惯于将"现场观众""支持者""粉丝"作为同义词，描述观看体育赛事、摇滚/流行音乐演唱会，欣赏音乐唱片或阅读小说的所有受众。由于体育赛事观众与运动队之间悠久的历史关联，休闲研究、体育研究和体育心理学领域的学者最先将观众等同于粉丝。因此，体育粉丝文化被理解为对某项运动或广义的运动的强烈、持久的兴趣，表现为对职业运动的观看活动（Dietz-Uhler et al. 2000）。虽然流氓行径和暴力体育运动（violent sport）[①]的"支持者"一开始最吸引学术界注意力，但自 20 世纪 90 年代初，重心开始转移到两种更"常规"的体育粉丝文化形式上，即体育参与和赛事观看，后者尤其重要。在此过程中，与赛事观看有关的粉丝文化越来越受到市场营销（Fillis & Mackay 2014；Hunt et al. 1999）和消费者研究者（Derbaix et al. 2002；Richardson & Turley 2006，2008）的重视。

　　抛开极端的流氓行径不谈，大多数体育学者现在感兴趣的是，粉丝出于何种动机支持特定运动项目和团队、性别差异是否影响其支持行为、粉丝文化以何种形式向圈内人和圈外人展现或如何在消费行为中呈现。亨特等人（Hunt et al. 1999）发现，人年幼时对体育活动特别是对运动队的支持，是通过文化适应培养起来的，受到儿童对特定运动的接触度，儿童的运动能力，父母、兄弟姐妹和 / 或朋友的偏好，以及当地媒体对体育运动的关注度等诸因素影响。鉴于体育粉丝文化似乎可以贯穿多数人的一生（甚至持续到年事颇高和退休时），体育学者提出了两种主要理论来解释体育粉丝不同程度的认同和热情。第一种理论将消费者对运动队的情感依恋理解为一种自我的延伸（extension of one's self）（Richardson & Turley 2006）。消费者常常认同自己成长之地的运动队，这种认同本质上是粉丝表达自己归属于某个地区的某个社群的一种方式（例如，"AC 米兰"的支持者来自米兰的中产阶级，而"国际米兰"的支持者来自米兰的工人阶级），以及他们对运动队所代表的家乡的忠诚（Murrell & Dietz 1992；Richardson & Turley 2006）。随后，通过装扮上运动队的衍生品（如队衣、围巾、旗帜的官方复制品和神圣化的团队主打色），他们对运动队的认同又传导给其他支持者和圈外人（Derbaix et al. 2002）。

---

① 指拳击、综合格斗（Mixed Martial Arts, MMA）这类使用暴力攻击对手的运动项目。——译者注

　　对一支运动队的强烈认同彰显甚至强化了一个人的自我概念，其中还包含一定程度的自我监控，由此，粉丝将自己所支持的运动队的成败视为自我认同的镜像（reflection）（Hyman & Sierra 2010；Richardson & Turley 2008）。因此，第二个（广为人知的）理论是交织在一起的"共沐荣耀"（BIRGing）和"割席而逃"（CORFing）理念（Murrell & Dietz 1992）。此处的 BIRG 表示"沐浴于荣耀的映照"（basking in reflected glory），意思是粉丝将自己等同于成功的团队或运动员来增强自尊心。粉丝把自己及其支持看作自我向运动队或运动员的延伸（足球中常称之为"第 12 人"），这给予队员们在赛场上继续战斗和加倍努力的力量及勇气。他们将运动队的积极成果作为个人的成功来体验和庆祝，并将自己与运动队更紧密地联系在一起（Richardson & Turley 2006，2008）。事实上，许多伟大的运动队在取得成功的时候往往会吸引大批支持者，这些人被铁杆粉丝（hardcore fan）鄙夷地称为"荣耀猎人"（glory hunter）（Derbaix et al. 2002；Richardson & Turley 2008）。然而，如果运动队遭遇了失败，那些以增强自尊心为目标的粉丝就会"切断失败的映射"（cutting off reflected failure），这意味着因为期望落空，他们与失利的队伍切割，如同耗子弃沉船而去（Murrell & Dietz 1992）。

　　尽管"共沐荣耀"和"割席而逃"在理论上听起来多少有些道理，但理查森和特利发现（Richardson & Turley 2006，2008），这无法解释那些无论顺境还是逆境都一如既往的、真正的支持者的狂热。事实上，将对运动队强烈的认同视为自我延伸一部分的体育粉丝不可能在运动队失利的情况下"割席而逃"，而是共担责任，与其他铁杆粉丝更紧密地团结在一起。粉丝认同自己喜爱的运动队是为了表达自我认同和社会归属，还是为了通过"共沐荣耀"滋养自尊心，取决于其忠诚的性质和强度。因此，做一个运动队的支持者的过程，不仅受到不同动机的驱动（前一种情况的动机是内在的，后一种情况的动机是外在的），而且体现出粉丝类型的不同。亨特等人区分了 5 种体育粉丝类型，即"临时粉"（temporary fan）、"本地粉"（local fan）、"忠粉"（devoted fan）、"狂热粉"（fantical fan）和"功能失调粉"（dysfunctional fan）（Hunt et al. 1999）。

　　"临时粉"并不认为"做一个粉丝"对他们的自我认同很重要，因此他们只在比赛或竞技（包括媒体报道）期间表现出对运动队或运动的高度情境涉入（situational involvement）（Hunt et al. 1999）。之后，这些支持者回归日常生活，忙于其他事务（Fillis & Mackay 2014）。因此，通过"共沐荣耀"来内化运动队的成功对于这类粉丝来说似乎是自然而然的。同样，当运动队失利时，与之保持距离对他们而言也顺理成章。正因如此，他们被铁杆粉丝强烈鄙视为"荣耀猎人"（Derbaix et al. 2002；Richardson & Turley 2008）。"本地粉"则受限于地域，因为他们把自己对当地运动队的支持首先理解为忠于家乡的表现。不过，亨特等人认为，离开家乡会导致"本地粉"对家乡运动队的热情降低（Hunt et al. 1999）。而我认为，距离家乡越远，离开时间越长，消费者对家乡运动队的认同感也许更强，而这种认同是一个人对故乡怀旧情愫的一部分（Holbrook 1993）。

　　"忠粉"对他们喜爱的运动队有着强烈的依恋感，他们乐于把这种热情传达给别人。由于"忠粉"对热爱的运动队和相应运动的高度持久涉入，他们喜欢与志同道合的伙伴一起寻找和公开讨论新的及旧的信息（Richardson & Turley 2008）。此外，系统地收集并拥有与运动队相关的物品在"忠粉"的生活中至关重要（Belk et al. 1989）。虽然"忠粉"在一定程度上"共沐荣耀"，但在他们身上不可能发生"割席而逃"（Murrell & Dietz 1992）。"狂热粉"比"忠粉"更进一步，虽然"忠粉"也把他们的热情放在运动队和体育之外的日常生活语境下，但对"狂热粉"来说，运动队、体育和粉丝文化是其存在的核心（Hunt et al. 1999）。"狂热粉"不仅购买和收集与运动队有关的纪念品，而且还敬奉他们的运动队或将整个房间装饰得犹如粉丝博物馆（Holt 1998；Richardson & Turley 2006）。

因此，"狂热粉"愿意在追星活动中投入大量时间和金钱，获得与运动队有关的物品或极为稀有的物品（Richardson & Turley 2008）。虽然"狂热粉"的消费行为可以称得上强迫性和超乎寻常的，但除了给他们与不那么热情的家庭成员和朋友的社会关系带来压力外，他们不太可能造成任何伤害（Hunt et al. 1999）。

"功能失调粉"实际上是围绕自己喜爱的运动队建立起自身的整个存在，这是其自我认同的唯一方法，随之而来的是他们在粉丝文化之外的日常生活中遇到严重的困难（Hyman & Sierra 2010）。因此，亨特等人区分"狂热粉"和"功能失调粉"的标准与其说是他们的狂热程度，不如说他们对运动队所表现出的投入状态在多大程度上是反社会的、具有破坏性的、越轨的甚至暴力的（Hunt et al. 1999）。"功能失调粉"很容易以支持团队为借口，为其破坏行为辩解，对其他粉丝和非粉丝都构成了严重威胁（Thorne & Bruner 2006）。界定这些不同的粉丝类别，要么是为了确定具体的细分市场，服务于有针对性的营销目标（Hunt et al. 1999）；要么是为了尽早确定潜在的麻烦制造者，防止类似1985年发生于海瑟尔体育场（Heysel Stadium）的悲剧再度发生。当时，39名意大利球迷因遭到利物浦队疯狂球迷的袭击而丧生，他们被挤到体育场的一面墙下，墙塌在了他们身上。①

---

① "海瑟尔足球惨案"发生于1985年5月29日一年一度的欧洲冠军杯联赛总决赛开赛前。当晚，比赛的对阵双方是意大利尤文图斯队和英格兰利物浦队。前者从未得过冠军，但重金聘请一众猛将组成巨星队；后者则多次夺冠，并决心蝉联冠军。比赛在比利时首都布鲁塞尔举行。赛前，英国警方因担心足球流氓在国外"献丑"，曾严密监视火车、轮渡，但仍有多达2万多名的利物浦队球迷抵达布鲁塞尔。球场上，原本两队球迷的座位分列两侧，中间是中立区，但主办方临时将原属于利物浦队球迷的两个座位区（X区和Z区）变更为中立，而中立区的比利时观众又将一部分门票高价卖给意大利尤文图斯队球迷，导致利物浦队球迷与尤文图斯队球迷直接毗邻。在这种情形下，利物浦队球迷开始挑衅并跨越栅栏袭击尤文图斯球迷，而不明状况的比利时警察则堵住了Z区出口，导致Z区逃跑的尤文图斯队球迷冲向一侧（转下页）

此外，体育研究和休闲研究人员还研究体育粉丝中是否存在性别差异以及不同性别的粉丝如何表达自己。迪茨－尤勒等人发现，尽管男性粉丝认为自己更强，但男性和女性都有可能把自己描述为体育粉丝（Dietz-Uhler et al. 2000）。男性和女性粉丝的潜在动机似乎略有不同，因为男性粉丝对体育运动的兴趣往往来源于在一定程度上参与（或希望参与）所喜爱的运动的积极愿望，而女性更喜欢体育赛事所营造的社会环境和氛围（Dietz-Uhler et al. 2000）。另外，詹姆斯和里丁格发现，男性和女性所支持的运动队与运动项目存在差异（James & Ridinger 2002）。例如，观看男子篮球赛和女子篮球赛的动机因审美偏好而有所不同（James & Ridinger 2002）。男性球迷似乎更多地欣赏男女两性篮球运动的优雅之美，而女性球迷则认为女子篮球在美学上更具魅力。不过，男性和女性球迷都认为篮球动作①是他们对这项运动着迷的首要理由（James & Ridinger 2002）。

不过，尽管对体育粉丝文化的深入研究已经为电影和媒介粉丝文化研究展现了美好蓝图，但一些不足仍限制了这些研究向名人粉丝和粉丝文化研究的可转移性（transferability）。体育学者虽然研究了体育粉丝对其所喜爱的运动队或运动项目的情感支持动机，但仍鲜有研究探讨体育粉丝依恋某个特定的运动或运动队而不是另一个的原因，特别是当运动队并非本地队时。与传统的粉丝文化研究一样，体育粉丝研究同样忽视了个体

（接上页①）围墙，准备翻墙逃生。很多球迷被挤在围墙上，当围墙轰然倒塌，他们被压倒在下面，周围的人群互相踩踏，一些人窒息而死。案发半小时后，利物浦队球迷仍在叫嚣，而尤文图斯队球迷则扬言报仇，100名警察和1000名宪兵赶到现场，形成人墙，阻隔两边的球迷。为了防止局势进一步发展为全场恶斗，比赛按计划开场，最终尤文图斯队以1比0获胜。但这场比赛留在历史记忆里的是一出触目惊心的悲剧。惨案导致39人死亡、600多人受伤。死者中包括32名意大利人、4名比利时人、2名法国人、1名爱尔兰人。伤者多数是没有参加正面冲突的无辜球迷，其中还有妇女和儿童。本书中，作者对数字的记录略有偏差。——译者注

① 如扣篮、补篮、卡位、领接球、错位防守、运球突破、盖帽、协防、紧逼防守等篮球专业技术动作。——译者注

粉丝个人、主观的"实地"（on the ground）经历，而倾向于进行抽象概括。条目和量表（item and scale）通常用来衡量学者从文献中推断出的具有相关性内容，而不能反映实地观察到的内容（Dietz-Uhler et al. 2000；James & Ridinger 2002；Murrell & Dietz 1992）。一些消费者研究者虽然采用了包含参与观察和深度访谈的民族志方法（Derbaix et al. 2002；Fillis & Mackay 2014；Richardson & Turley 2006，2008），但他们经常（出于逻辑原因）用一种局外人短暂观察的视角，在粉丝俱乐部、粉丝博客主页的特殊语境中，或从粉丝热聊板块（fan-block）现场支持运动队的情境中，透视少数更"极端"的体育粉丝群体。

作为大众文化牺牲品的粉丝

自从基督教节制联盟这类社会改革者挑选出粉丝群体作为首要标靶以来，最流行的粉丝概念仍然是把他们描绘成危险而"邪恶"的大众传媒文化操纵下的受害者，一群没有受过教育、好骗、沉闷而脆弱的"傻帽"（Duffett 2013；Gabler 1998；Thorp 1939），而大众传媒文化又常常被视作新自由主义的压迫工具（Adorno & Horkheimer 2006）。有关这种粉丝概念的大量文献主要集中于社会学和传播学领域，其研究被意识形态的社会理论批判话语所主导，而这种话语基于芒斯特伯格的"脆弱的受众"概念，又由紧随其后的文化批评家发扬光大（例如，Adorno & Horkheimer 2006；Boorstin 1961；Bourdieu 1984；Schickel 1985）。正如电影学者眼中的电影和影星一样，媒体学者将粉丝及粉丝文化视为可以阅读、分析和解读的文本，考察粉丝文本（fan text）、作为文本作者的社会文化和作为文本读者的社会（包括学者在内）三者间的动态关系（Sandvoss 2007）。

电影研究与社会学批判方法的不同之处在于粉丝在三角关系中的位置。传统上，粉丝被视为文本的读者和消费者，而研究粉丝文化的批判方法则将粉丝视为文本，就像有关明星的研究文献将影星作为文本一样，而这种文本是由社会中更广泛的文化力量生产出来和赋予意义的（Sandvoss 2005）。因此，除了芒斯特伯格"脆弱的受众"概念外，粉丝文化研究还受到法兰克福学派新马克思主义主张的强烈影响（Adorno & Horkheimer 2006；Baudrillard 1970；Lowenthal 2006；Weber 2006），特别是皮埃尔·布迪厄（Pierre Bourdieu）1984 年出版的关于文化资本（Browne 1997；Fiske 1992；Jankovich 2002）的著作。实质上，布迪厄（Bourdieu 1984）把马克思关于资本、生产和工人异化之间的经济和社会关系的理论移植过来，作为当代文化的假定本质。

布迪厄（Bourdieu 1984）将文化定义为一种资本主义经济，在其中，人们投资和积累资本，而这种资本以社会认可和制度许可的合法（legitimate）文化产品形式存在（Fiske 1992）。然而，文化系统通过该社会的文化机构，如教育系统、博物馆、美术馆、国家剧院和音乐厅，发展和优待某些文化品位和艺术能力（高雅艺术 / 文化），使其凌驾于其他文化品位和艺术能力（"低俗"或流行艺术 / 文化）之上。因此，任何一种文化产品的价值都取决于它是否符合合法的文化品位和能力（Grossberg 1992），以及它是否包含在"正典"（canon）①中，正典则指一套音乐、

---

① 正典和经典（classic）这两个概念相近但不同。就书籍而言，正典指对塑造西方文化产生巨大影响的经典作品。有两本著名的图书《哈佛经典》（*Harvard Classics*, 1909）和《西方正典：历代图书与学校》（*The Western Canon: The Books and School of the Ages*, 1994）是指导文化人阅读正典的指南。一般而言，正典包括苏格拉底、但丁、莎士比亚、弥尔顿、华兹华斯、乔伊斯等。女性作家中，简·奥斯汀、乔治·艾略特、艾米莉·狄金森（Emily Dickinson）和夏洛蒂·勃朗特被视为典范。多年来，正典因缺乏多样性而受到挑战，有人试图在名单上增加一些名字，也有人提出了额外名单，还有人认为正典的概念应该完全取消。一本书可以是经典但不是正典。经典通常是重要而持久的，仅凭文学价值就可以长久流传，不断印刷。但有些经典因为没有足够的影响力和重要性而不被视为正典。这两个概念实际上体现了经典的等级之分，简言之，正典是经历了漫长时间考验的公认不可多得的那部分经典。例如，《指环王》和《小妇人》或许是经典，但未必可以成为正典。——译者注

文学、表演艺术中被认为"有价值"、"宝贵"和"有品位"的特权文本
（Bourdieu 1984；Fiske 1992）。而大众文化被强烈排斥和嘲笑为天生"不
值得"、"无价值"和"无品位"。

　　然而，与经济体制一样，文化体制内的准入和资源分配不均带来享
有特权者和被剥夺者之间的阶级划分（Bourdieu 1984；Duffett 2013；
Jankovich 2002）。因此，只有那些享有特权的人能"得体地接触"（properly
accessed）高雅文化，他们拥有文化品位，因而能够欣赏高雅文化真正的
价值（Browne 1997）。由于拥有品位和接触高雅文化也会产生社会回报，
即提高社会声望、获得政治影响力和更好的工作，布迪厄认为，个人只有
通过投资教育并接受教育，培养文化品位，才能实现社会流动（Bourdieu
1984）。但是，有权获得文化资本的特权精英视自己为"正派"文化品位
的守护者（Fiske 1992），不仅表现出对大众文化的强烈蔑视，而且试图阻
止那些他们认为没有能力欣赏和评判高雅文化的真正审美价值及乐趣的人
接触正典（Winston 1995）。由于文化富足的精英在获得文化资本和接受
教育的同时也会获得经济和社会资本，他们试图利用无意义的大众文化来
压制大众的雄心，从而维护自身的特权（Bourdieu 1984）。

　　讽刺的是，虽然文学、电影、媒体和文化研究学者都持有自己批判性
的马克思主义意识形态（critical Maxist ideology），他们却常常运用布迪
厄的理论，为自己给出的高雅文化和低俗文化划分辩护，甚至强化这种划
分，并借以珍爱前者而鄙视后者。他们认为高雅文化独特、美丽、有品
位和富有审美价值，而大众文化作为二元对立的另一端，是大规模生产、
平庸、无品位和只有功能价值的（Holbrook 1999；Winston 1995）。他
们关于粉丝文化的批判话语大体可以翻译为两种主要观点。第一种观点
从高雅文化的学术角度看待粉丝，因此，依照社会改革者和芒斯特伯格
（Munsterberg 1916）的传统，把他们描绘成一群没受过教育、没品位、没
头脑的"傻帽"，有意或无意地受到资本主义大众传媒文化的操纵（Adorno &

Horkheimer 2006；Baudrillard 1970；Schickel 1985）。

继马尔库塞（Marcuse）运用马克思主义思想将理性工业主义（rational industrialism）批判为没有真正变革前景的单向度社会之后，桑德沃斯（Sandvoss 2005）和温斯顿（Winston 1995）声称，大众文化只会给消费者提供一种错觉，使其误以为在流行文本中可以发现真正的多元意义。然而，现实中，消费者只会因为简单的快乐而远离文化的真正意义和文化资本的丰饶，取而代之的是毫无意义的娱乐（Bourdieu 1984；Sandvoss 2005）。根据这一观点，大众文化被理解为一种把消费者变成被动的、无意识的、经常上瘾的媒体"僵尸"的手段（Munsterberg 1916；Schickel 1985）。因此，媒介粉丝甚至自愿执着于某一特定的媒介文本这一事实，对于秉持高雅文化视角的社会学家、文化批评家和媒体学者来说是挑衅性的。他们对此给出的一般解释是，媒介粉丝受教育程度低，所以缺乏文化品位，他们一定是无辜地掉入大众文化"邪恶陷阱"的牺牲品（Baudrillard 1970；Gabler 1998；Thorp 1939）。

第一种观点在蔑视"资本主义消费文化"（capitalist consumer culture）的基础上，进一步蔑视消费低级大众文化的粉丝。他们指责这些粉丝自愿献身于"乏味的平庸"（tasteless banality），顽固地拒绝"有品位地鉴赏"真正具有文化和美学价值的艺术正典来提升自己（Gabler 1998；Thorp 1939；Winston 1995）。而另一种观点则认为，特权阶层的社会精英故意剥夺了大多数消费者合法获得文化资本的权利（Bourdieu 1984；Fiske 1992；Holt 1998）。于是，粉丝文化被理解为处于文化疏离和无权状态的社会大众的（亚）文化。社会大众通过对世俗大众商品的神圣化和美学鉴赏，在官方文化体系中为自己创造了一种文化上的"影子经济"（shadow economy）（Browne 1997；Duffett 2013；Jankovich 2002）。

社会大众被剥夺了作为真正的文化资本流动中介（mobility agent）的合法受教育机会，于是媒介粉丝文化成为他们表达自我意识以及与他人间社群关系的手段。他们在肤浅的大众媒介文本中构建了另一个文化世界，在某种程度上，这个世界与官方文化体系一样丰富和复杂（Fiske 1992；Jankovich 2002）。在这个过程中，粉丝群体发展并建立了自己的文化价值体系，其结构酷似主流文化体系，也主张某些特权通俗文本（如特定的电影、电视剧、音乐剧、漫画或通俗文学）比其他文本具有更高的美学价值（Browne 1997；Duffett 2013）。虽然无法获得真正的社会流动和社会声望，个体粉丝仍然能够通过对社群中公认具有特定美学价值的某个大众媒介文本的倾情投入、知识储备和系统积累，在同伴中提升自己的声誉和威望（Jankovich 2002）。

　　这听起来像是一个有趣的话语，但这种粉丝概念在现实的日常生活语境中是否成立？我个人认为，粉丝是大众文化无意识的受害者这一整套想法，不论是由文化精英还是个别人的愚蠢所强加的，都是荒谬的且存在严重缺陷，这不仅仅是因为它可疑地起源于基督教节制联盟和其他自封的"社会改革者"的宗教狂热（Barbas 2001）。首先，这种粉丝概念背后的社会学家、文化批评家和媒体学者都未在真正的日常生活语境中实际接触过任何形式的"活生生的"的粉丝、粉丝文化，这一点明显地反映在他们观念先行的理论著作中，这些著作创作于安全的办公桌前，而不是出自身体力行的实地调查。他们的主要兴趣似乎在于将抽象的社会理论如"脆弱的受众"（Munsterberg 1916）运用于特定的当下现象，以就高雅文化和大众文化提出个人的意识形态，而不提供任何来自粉丝、粉丝文化研究的实证证据。

　　其次，认为大众文化在美学和文化上都不如高雅文化甚至对社会构成威胁的观点，不仅显得傲慢，而且对我们的文化历史遗产相当无知。因为今天的高雅文化正典（如莎士比亚、席勒、歌德、拜伦勋爵、莫扎特、贝多芬、舒伯特、凡·高、简·奥斯汀、查尔斯·狄更斯、透纳、瓦格纳、拉威尔）和一般的表演艺术最初只是大众娱乐，在很晚的时候——通常是在这些人过世后——才获得了较高的文化地位。因此，认为对大众文化的消费甚至投入是个人愚蠢的表现或因缺乏教育而难以获得文化资本导致品位低下的观点，在某种程度上来看是相当狭隘的。

最后，虽然粉丝被描绘成蠢笨、幼稚和没文化的人，因为他们热衷于"没有品位"和"不值得"的大众媒介文本，但一些史学（Glass 2016）和民族志研究（Brooker 2005；Hede & Thyne 2010）发现，文化精英对詹姆斯·乔伊斯、刘易斯·卡罗尔或简·奥斯汀这样的高雅文化偶像表现出非常相似的情感投入和消费行为，包括系统地收藏真品和重要物件，以及前往与作者及其作品相关的地点和住址朝圣。尽管如此，文化评论家和媒体学者仍然倾向于称后者为"发烧友"或"鉴赏家"，认为他们对高雅文化偶像及其创造性艺术作品的热爱源于其理性、专业的鉴赏力，而与之相对的"粉丝"对大众媒介偶像和他们的创造性艺术作品的投入是非理、感性、无知和无品位的（Baudrillard 1970；Bourdieu 1984；Winston 1995）。最大的反讽是，今天的社会学理论家和文化批评家对德里达、阿多诺、马尔库塞、巴赫金、鲍德里亚、福柯、布尔斯廷或布迪厄等社会批评家及哲学家作品的热衷，也可以说是粉丝文化的一种表达形式。

作为颠覆性反叛者的粉丝

把粉丝定义为大众文化受害者的观点，将媒介（以及名人）粉丝描绘成满足于粉丝文化折射出的低等社会地位和声望的受压迫消费者。不过，詹金斯（Jenkins 1992）借鉴了德塞尔托（De Certeau 1984）的观点，提出了一个完全不同的具有革命性的粉丝及粉丝文化定义，其观点则在媒体和文化研究领域内造成了巨大分裂。受到后现代主义运动的强烈影响，对粉丝文化的新定义完全摈弃了传统上认为粉丝是被大众媒体操纵的被动、无意识的文化愚人的成见，认为事实可能恰恰相反。于是，粉丝被他们描绘成反对权势商业集团（corporate establishment）、富有创造力和极具想象力的颠覆性反叛者（Hills 2002；Jenkins 1992），他们通过"使媒介文本成为自己的"来参与并创造自己的新文本产品（textual product）（Bielby et al. 1999）。粉丝不只是在预先写好的意义（pre-authored meaning）和语境下消费大众媒介文本，也是积极的生产者，是具有创造性、技术娴熟的大众媒介文本操纵者（Lanier & Schau 2007）。

后现代社会的消费者被描述为用众多品牌的零散意义（fragmented meaning）作为原材料来表现自我的生产者。[①]媒介粉丝文化的动力来自对媒介形象（media image）[②]的分解和重构，而这种分解和重构是与消费者对其自我身份（self-identity）的独特设定（design）相符的（Hills 2002）。于是，这种粉丝文化概念总是与"参与性粉丝文化"（participatory fandom）（Brower 1992；Hills 2002）和"文本盗猎"（textual poaching）（De Certeau 1984；Jenkins 1992）两个术语相联系，二者本质上都指向相同的基本思想，即分解和重构媒介文本。通常认为，粉丝只是无意识地消费媒介文本，充其量不过模仿角色，但这种定义与之相反，认为粉丝实际上将其个人理解的意义赋予媒介文本，并随后对这些文本宣示所有权（Bielby et al. 1999；Shefrin 2004）。粉丝对其喜爱的媒介文本宣示所有权这一观点已经得到众多民族志和结构主义研究的实证支持（例如，Bielby et al. 1999；Jenkins 1992；Lanier & Schau 2007）。

粉丝对媒介文本宣示所有权的两种不同形式都可以在今天的 YouTube 上和（非法的）文件共享文化中看到（Hennig-Thurau et al. 2007；

[①] 这句话的直译是：后现代社会的消费者被描述为用众多品牌的零散意义作为原材料来制造自我表征（self-representation）的生产者。表征（representation）即使用一物表示 / 象征另一物，例如，使用鲜花表示爱情。这里指消费者用各种商品品牌所附带的意义（偏好、品位、地位）来象征、标示自己。——译者注

[②] 这里的媒介形象指媒介文本中的一些构成元素，如人物、时空环境和具体情境等。文本盗猎者最常见的做法就是更改、挪用、重构原文本中的这些元素，服务于自己编创的情节。——译者注

Sinclair & Green 2016）。在基本层面上，粉丝觉得自己对媒介文本投入精力和情感，有权作为"协同创作者"（co-producer）对其内容、结构和叙事进展（narrative development）评头论足（Bielby et al. 1999；Shefrin 2004）。他们的核心主张是，因为粉丝比任何拥有合法权利的电视台高管或电影制片厂都更接近媒介文本、人物和情节，所以他们应该处于一个更有利的位置，可以评判情节发展和新人物的引入 ① 是否真实可信（Brower 1992）。实际上从电影工业的发展初期开始，为了公开表达自己的观点，粉丝之间就彼此互动、与媒介文本的创作者互动。他们给电影／电视制片厂和官方出版物写信，自办同人志，建立粉丝站点，还在网上留言评论（Barbas 2001；Hewer & Hamilton 2012a；Kanai 2015）。

在 1919~1950 年的好莱坞黄金时期，各大电影制片厂都设立部门负责筛选影迷来信，征集他们对电影和明星的反馈以及对新项目的想法与建议。事实上，诸如卡尔·莱姆勒（Carl Laemmle）、杰克·华纳（Jack Warner）、塞缪尔·高德温（Samuel Goldwyn）、大卫·O. 塞尔兹尼克（David O. Selznick）或欧文·塔尔贝格（Irvin Thalberg）等制片厂老板，每周都会花一天时间阅读粉丝来信，与观众保持联系（Barbas 2001；Epstein 2005）。今天的制片厂管理人员最好重新引入这种做法，而不是信奉一些有问题的经济理论和建议（De Vany 2004；Elberse 2014）。然而，媒介文本所有权问题不仅引发了学术界的争论，而且屡屡引发生产方与产品忠实受众之间的法律纠纷。因此，谢夫林曾就《指环王》和《星球大战：幽灵的威胁》两部电影的制作，考察互联网时代不同的电影制片厂处理参与性粉丝文化的方式之别（Shefrin 2004）。《星球大战：幽灵的威胁》的制作方试图阻止粉丝参与除官方网站上举办的比赛之外的其他活动，甚至对个别粉丝提起版权诉讼；而《指环王》的制作者甚至邀请粉丝分享他们

---

① new character introduction，指让新的人物出现在故事中，并将其鲜明而合理的人物设定嵌入整个剧情结构，推动情节的进展。——译者注

对有别于原著的情节线（storyline）的看法，还通过官方网站的链接关联上非官方粉丝网站。

詹金斯的"文本盗猎"概念，甚至比粉丝宣示所有权的说法更进一步（Jenkins 1992）。他对《星际迷航》、《双峰镇》（*Twin Peaks*）的各种粉丝群体进行了深入的民族志研究，发现媒介文本的粉丝在构建自己的文化方面表现出与游牧式盗猎者（nomadic poacher）相似的行为，他们借用商业媒介文本的故事情节、人物角色、思想和图像，创造自己的虚构媒介产品。因此，粉丝不仅会对给定的媒介文本进行阐释，实际上也用零散的媒介形象创造新的文本。新文本的特点是，将已知人物、环境背景和情景语境融入新的自我想象叙事（self-imagined narrative）（Kanai 2015）。最古老的盗猎形式是一种虚构故事写作，可追溯到1900年，取材于一个已经存在、广受推崇的媒介文本中的人物、情节和背景。这类故事通常在特定的非官方同人志上发表，之后则经常刊登在粉丝网站上（Lanier & Schau 2007）。

20世纪60年代和80年代，"超级8"（Super 8）电影摄影机和视频摄影机先后出现，有创意的粉丝可以拍摄自己的同人电影（fan-fiction film）。如今，随着价格合理的数码摄像机，Windows Movie Maker、iMovie、Video Studio、Final Cut、Premiere Pro等视频编辑软件，以及YouTube等免费发布平台的出现，制作同人电影变得更加容易（Turner 2004）。业余编剧和电影制作人要么想补充新的故事构想，要么觉得官方原版的剧情和结局不够完美，需要改动（Jenkins 1992）。由于酷儿理论作为一种媒介研究的分析方法越来越多见，所谓的"同人耽美"（fan slash）文体①近年来引起了一定的关注。"同人耽美"写作是一种虚构的情欲乃至色情故事，这种故事以通俗的媒介文本和其中的人物、情境为出发点，描

---

① 以描写同性虚构人物之间的爱情和性为主题的粉丝小说。——译者注

写主角之间的恋爱关系或性关系（Cicioni 1998）。虽然大多数"同人耽美"作品构想两个男性人物之间的同性恋关系，如柯克（Kirk）与斯波克（Spock）①，但它们的创作者几乎全是女性（Cicioni 1998；Jenkins 1992）。还有一种创造性的粉丝表达方式是"歪歌"（filking）（Jenkins 1992），粉丝在自己的粉丝社群中自创关于媒介文本及其中人物的曲子和歌词。许多歌曲借用熟悉的民歌或流行歌曲的旋律，也有些是自作曲。

作为新宗教式狂热信徒的粉丝

《星际迷航》、《大淘金》（*Bonanza*）、《星球大战》、《双峰镇》、《警戒围栏》（*Picket Fences*）、《X 档案》等美国影视剧吸引了特别忠诚的粉丝社群，这种现象带有强烈的宗教意味，所以一些学者将粉丝文化和群体当作新宗教式狂热信徒来调查研究也在意料之中（Jindra 1994；Rojek 2006）。虽然希尔斯认为这些研究代表了"荒野之声"（voices in the wilderness）（Hills 2002），但消费者研究中的一些民族志研究也同样确认了粉丝社群中存在某种形式的（新）宗教式行为（Kozinets 1997，1991；Schau & Muniz 2007）。此外，将粉丝社群作为新宗教式狂热信徒的研究，并不仅仅局限于电视节目、电影或长篇小说（Hills 2002；Jindra 1994；Kozinets 1997），也是关涉名人研究的粉丝概念之一（Henry & Caldwell 2007；O'Guinn 1991；Schau & Muniz 2007）。

将粉丝定义为新宗教式狂热信徒，意味着与有组织的宗教一样，粉丝社群构建了一套有关其崇拜的媒介文本或名人的文本要素（textual element）正典，这套正典被视为是权威可信的。同时，他们还规定常规的仪式和做法，以便确定爱护媒介文本或名人的"正确方式"，并形成了一套成员等级制度（Rojek 2006）。粉丝通过共享的意义将原本世俗的媒

---

① 《星际迷航》中的两个男性虚构人物在"同人耽美"创作中被演绎为同性恋人。——译者注

介文本和名人神圣化（Belk et al. 1989），将其置于自己生活中的一种特殊地位，甚至借助它们定义自我（Henry & Caldwell 2007）。如同此前描述的体育粉丝文化一样（Richardson & Turley 2008），粉丝对媒介文本或名人的神圣化甚至会达到在生活空间（甚至整个房间）中为喜爱的电视节目、电影或名人供奉一座"神龛"的地步（Henry & Caldwell 2007；O'Guinn 1991）。在这种语境中，有时可以听到粉丝说"崇拜"心爱的偶像，有些时候粉丝甚至相信偶像具有某种神性，正如奥吉恩（O'Guinn 1991）、亨利和考德威尔（Henry & Caldwell 2007）对巴里·马尼洛（Barry Manilow）①及克利夫·理查德（Cliff Richard）②的粉丝俱乐部做民族志研究时所发现的那样。毕竟，我们现在已经习惯把一些电影、摇滚 /流行歌星称为"神"（god），虽然此神非彼神（Rojek 2006）。

　　除了私人领域的讨论，把粉丝社群定义为新宗教式狂热信徒的论述将重心放在粉丝文化的群体性和伪制度化方面。在这种语境中，粉丝俱乐部本质上被视同传统教会（Jindra 1994；Rojek 2006），这或许是虔信宗教的社会改革者公开蔑视粉丝俱乐部的原因。俱乐部和教堂这两种机构本质上都是为了崇拜神而设，这个神是上帝、英雄、名人，还是其他媒介文本，其实并不重要（Hills 2002；Jindra 1994）。通过仪式化的操作，一方面，粉丝社群定义和颂扬了正典，而正典包含真实的信仰（Kozinets 1997）；另一方面，粉丝之间分享着故事，赋予所崇拜的名人或媒介文本神圣的品质（Henry & Caldwell 2007；O'Guinn 1991；Schau & Muniz 2007）。那些购得并加以神圣化的商品和其他经过认证的纪念品受到粉丝集体的珍爱，犹如神圣的遗物。尤其是当名人或一位真实的媒介文本代言人（如电视剧的一位演员）通过其个人在场——如亲笔签名、私人物品或用过的毛巾（Newman et al. 2011）——保佑他们时。

---

① 美国著名音乐唱作人。——译者注
② 英国著名演员、歌手，有英国"猫王"之称。——译者注

奥吉恩（O'Guinn 1991）、亨利和考德威尔（Henry & Caldwell 2007）或绍和穆尼兹（Schau & Muniz 2007）所开展的民族志研究也发现了忠实的粉丝社群成员拥有福传精神的证据。像大多数宗教信徒虔诚地信仰上帝来寻求幸福和救赎一样，粉丝社群认为，招募新成员、保护他们的偶像和媒介文本及信仰不受负面新闻或"坏粉丝"伤害、随时与偶像"同在"是他们的职责。虽然我是一个无神论者，也不喜欢任何形式的宗教，但不可否认，许多粉丝及其社群在某些场景下的行为类似宗教活动。而且，与其他粉丝定义相比，这一界定得到了确凿的民族志研究数据的支撑。不过，大多数这类民族志研究只是用有限的一段时间，在诸如《星际迷航》粉丝大会和粉丝俱乐部等非常特殊的情境下，研究特定的粉丝亚群体，所以其研究结果是否适用以及如何适用于粉丝社群之外的日常生活情境下的粉丝就少有数据可以说明了。

作为社会疏异者的粉丝

作为一个无神论者，我个人很难将自己与"粉丝文化是某种新宗教表达形式"的观点联系起来。但我承认，我比较倾向于将粉丝视为孤独的"怪咖"和社会疏异者，这种界定强烈影响了当下学术文献和大众媒体的粉丝文化话语。德国讽刺作家威格拉夫·德罗斯特曾说，刻板印象和陈词滥调的普遍问题是在一定程度上它们往往是真实的（Droste 1995）。如果考虑到粉丝就像大众媒介文本常常描绘的那样（如《生活大爆炸》中，十分杰出的科学怪人也恰好是幼稚的喜剧迷和科幻迷），被流行观点看作孤独者、书呆子、"怪咖"和其他类型的社会疏异者，那么这种看法似乎很有道理。毕竟，当粉丝在批量生产的媒体产品上投入大量的时间、金钱和精力，比如电视节目（Jenkins 1992；Kozinets 2001）、电子游戏（Cova et al. 2007）、音乐（Herrmann 2012；Holbrook 1987）、文学（Brooker 2005；Brown 2006）、 电影（Barbas 2001；Shefrin 2004）甚至名人

（O'Guinn 1991；Stacey 1994；Wohlfeil & Whelan 2012），而不是"像普通人那样做更有价值的事"时（Jenson 1992）——在这一点上我也被提醒过很多次——他们一定是出了什么问题。

此外，奥吉恩（O'Guinn 1991）、詹金斯（Jenkins 1992）、科济涅茨（Kozinets 2001）或丘萨克等人（Cusack et al. 2003）的民族志研究中的数据提供了惊人的证据，表明媒介粉丝和名人粉丝不同于体育粉丝，在中小学校、大学或工作中通常不是最受欢迎的人。事实上，这些研究中的大多数粉丝说自己"不知为何无法融入主流"，感觉被他人误解、缺少朋友，称有社交孤立和孤独感，频繁经历各种形式的羞辱、霸凌和歧视（Cusack et al. 2003；Kozinets 2001）。也有一些证据表明，他们中的许多人不擅长运动，经常被"小圈子"（in-crowd）排除在外，很少受邀参加聚会、社交活动或约会。流行的成见认为粉丝不聪明、好骗、迟钝和乏味且总是在现实中碰壁，因而在大众文化的幻象中寻求庇护。与这种看法形成鲜明对比的是，民族志研究（Cusack et al. 2003；Hewer & Hamilton 2012a；Kozinets 2001）发现，大多数粉丝实际上非常聪明，他们往往在中小学校、大学和专业领域非常成功（就像《生活大爆炸》中的那些主角一样）。只是在社交生活和私人生活中，他们感到孤独、被孤立，因为他们自感缺乏社交技能和社会关系（Cusack et al. 2003）。在科济涅茨的研究中，一些粉丝甚至说，他们感到自己不断受到他人侮辱和社会排斥，尤其是那些在智力、想象力、创造力方面不如他们，但因在社交技能、地位和外貌方面更优越或幸运而更受欢迎的人（Kozinets 2001）。追星活动可以使他们在一段时间里逃离日常生活的挫折、孤独和疏离，他们可以集中精力专注于收集某些媒介文本（如电影、电视节目、戏剧表演、杂志文章、图书、音乐、游戏甚至名人消息），沉浸于那些故事。

与上述研究相关，早在 20 世纪 50 年代电视发展的早期，霍顿和沃尔就已经观察到，电视观众往往会对主播、电视名人和肥皂剧角色产生情感依恋（Horton & Wohl 1956）。他们还提出，特别是像主播或节目主持人这样的电视人实际上通过摄像机间接地与电视观众互动来鼓励这种依恋，就好像他们是在真实的面对面对话情境下。霍顿和沃尔把这种虚幻和／或模拟的对话称为"准社交互动"（Horton & Wohl 1956）。一旦个别观众将自己与喜爱的电视名人之间的准社交互动延伸到起初的电视节目邂逅（如观看电视名人出演的其他节目或在其他媒体上的活动，阅读杂志上关于他们的文章等）以外，并持续很长一段时间，他们就建立了与名人的"准社交关系"（Horton & Wohl 1956）。

　　从那时起，霍顿和沃尔的理论不仅成为媒体和社会心理学研究领域有关名人粉丝文化和受众研究中（Alperstein 1991；Houlberg 1984；Rubin et al. 1985；Rubin & McHugh 1987）最有影响力的理论之一，也不幸被误解（misinterpreted）得最深（有关内容将在讨论第 7 个粉丝概念的部分看到）。的确，该理论导致一种广泛的信念产生，即粉丝与其喜爱的名人之间形成的准社交关系清楚地证明了个体固有的社会缺陷，甚至证明了他们有病态强迫性精神障碍（McCutcheon et al. 2003）。但霍顿和沃尔实际上说的恰恰相反，他们提出，这种关系是非常健康的，是对正常社会生活的补充（Horton & Wohl 1956）。他们认为，与影星、电视人物、名人甚至肥皂剧角色的准社交关系对一些人有特别的益处，是一种情感补偿替代品。这些人由于各种原因过着非常狭窄的社会生活，比如，在地理或社会关系上隔绝的人，在身体和精神上有残疾的人，胆小、年老而无力建立社会联结的人，感到自己不受欢迎或遭到排斥的人。用霍顿和沃尔的话说：

　　　　没有什么比被隔绝和孤立的人在任何能找到的地方寻求社交与爱更合理和更自然的事了。只有当这种准社交关系变成自发性社会参与的替代品，当它发展为对客观现实的绝对抵制时，才可以被看作病态

的。(Horton & Wohl 1956: 223)

换言之，只要名人和媒介粉丝文化不让人成瘾，不会成为个体生活的唯一目的，就可以为消费者提供一种弥补情感和社交匮乏的健康途径（Leets et al. 1995）。这也正是许多民族志、结构主义和自然主义研究中粉丝自己陈述的个人情感体验（例如，Henry & Caldwell 2007; Kozinets 2001; O'Guinn 1991; Schau & Muniz 2007）。

因此，粉丝文化似乎为许多孤独的人提供了与同类消费者进行社会互动的机会，这些消费者不仅对某个媒介文本或某位名人有着相似的兴趣，而且有类似的社会孤立感、疏离感和被排斥感（Cusack et al. 2003; Kozinets 2001）。随着媒介或名人同好粉丝之间社会互动、媒介文本知识交换和私人体验共享增加，我们称为"粉丝社区"的地方便得以诞生、发展，这些粉丝可以相聚于此，分享兴趣。粉丝社区形式多样，有可以偶尔、非正式聚集的网上聊天室和粉丝网站，也有高度组织化的粉丝大会和制度化的粉丝俱乐部（Henry & Caldwell 2007; Hewer & Hamilton 2012a; Kozinets 2001; O'Guinn 1991）。不论是哪种形式，那些时常感到自己是社会疏异者（"不符合主流"）的媒介文本粉丝和名人粉丝，都可以在粉丝社区中找到他们渴望在日常私人生活中得到的社会接纳、陪伴、地位和赞赏，即便这些社区本质上是暂时和虚拟的（Herrmann 2012; Kanai 2015）。此外，粉丝社区还为个体粉丝提供机会分享自己的创意、自主设计的成果，比如同人志、粉丝网站、诗歌、歌曲、绘画或自导自制的电影，他们也能获得同伴的支持和欣赏（Barbas 2001; Hewer & Hamilton 2012a; Lanier & Schau 2007）。相比其他粉丝概念，在这一概念中，创意产品（包括对商业媒介文本的再创作）的制作、展示和交流不是"对正统说不"（sticking it to the Man）的解放运动（Jenkins 1992），而是通过向共同兴趣致敬，获得其他粉丝的认可甚至钦佩的解放手段（Barbas 2001; Kanai 2015）。

这种行为不是只局限于喜爱大众媒介文本和名人的粉丝社群，在高雅艺术的爱好者身上也有所体现（Chen 2009）。虽然这些人可能自称"发烧友"和"鉴赏家"，欣赏高雅文化文本或偶像，在协会（society）而不是粉丝俱乐部碰面，但归根结底，诸如詹姆斯·乔伊斯、刘易斯·卡罗尔或简·奥斯汀协会的成员入会和参与实践活动的方式及仪式，与媒介、体育和名人粉丝俱乐部成员别无二致（Brooker 2005；Hede & Thyne 2010）。不论这些粉丝社群是围绕着名人、大众媒介文本，还是以高雅文化为中心，本质上都可以视为一个品牌社群（brand community）（McAlexander et al. 2002），或至少是一个消费者部落（Cova 1998）。所以，毫不奇怪，粉丝俱乐部、粉丝大会和粉丝网站里的参与行为和社交动力尤其吸引研究者的视线。然而，遗憾的是，这种将粉丝社区作为重点的研究，其学术话语却十分排他，以致"做一个粉丝"会被自动理解为参与性粉丝文化或仅仅指社群成员间的社交互动，这一点已经被索恩和布鲁纳对粉丝的定义所证明（Thorne & Bruner 2006）。事实上，在我的研究过程中，多次有审稿专家和其他学者提醒，"我可能不算是粉丝"（I cannot be a fan），因为我没有参加一个可以与同好分享有关杰娜·马隆的信息和赞赏之情的专门（在线）粉丝社区。我对她演技的钦佩、对这个迷人的年轻女子的倾心在他们看来并不切题。

作为非理性、病态强迫性、妄想性尾随者的粉丝

很不幸，关于粉丝是孤独的社会疏异者的概念招致了更加极端的把粉丝视为病态强迫性兼妄想性尾随者（pathological-obsessive and delusional stalker）的说法，常见于小报（Jenson 1992）和电影产业的虚构作品（Lewis 1992）。自 19 世纪 90 年代后期诸如基督教节制联盟的社会改革者，制造、植入和普及了粉丝群体受误导、非理性、脱轨和歇斯底里的疯子形象以来（Barbas 2001；Gabler 1998），在有关粉丝和粉丝文化的学

术文献和大众文学里，总能看到流行、耸人听闻的故事和社交低能与离经叛道的狂徒形象，认为他们过度、错乱的举止显然与精神疾病患者相差无几（Jenson 1992）。自 20 世纪 80 年代，这种粉丝概念在社会心理学和媒体学者中重新流行，以回应小报对最热门的青少年流行乐天王／天后引发的粉丝歇斯底里症的高调报道（Jenson 1992）或常被提及的粉丝刺杀偶像的恶劣事件，例如，约翰·欣克利为了给女演员朱迪·福斯特留下深刻印象而企图刺杀罗纳德·里根（Krämer 2003），马克·大卫·查普曼（Mark David Chapman）刺杀约翰·列侬（Gabler 1998），电视女演员丽贝卡·谢弗（Rebecca Schaeffer）遇害，塞莱娜·金塔尼利亚被其官方粉丝俱乐部女主席杀害，以及青年歌手克里斯蒂娜·格里米（Christina Grimmie）遇害事件。

以芒斯特伯格"脆弱的受众"理论（Munsterberg 1916）为强有力依据，加之深受对霍顿和沃尔准社交互动理论的严重曲解的启发，一些社会心理学和媒体学者对粉丝文化的阴暗面和极端面产生了异乎寻常的强烈兴趣（Maltby et al. 2004；McCutcheon et al. 2003，2006），即便它只代表极少数例外，且其中大多数参与者事实上并不是粉丝（Dietz et al. 1991；Leets et al. 1995）。正如我在前面的概念中所讨论的，霍顿和沃尔将粉丝与他们喜爱的名人之间的准社交关系非常清晰地描述为正常社会关系的补充，它为那些由于各种原因在社交生活中遇到障碍的人提供了一种健康的选择。只有当个体过度沉溺于与某位特定名人的准社交关系，以致失去了对现实的掌控，再也无法区分事实和虚构时——也仅在这种情况下，这种粉丝行为才可以被视为病态和妄想的（Horton & Wolh 1956）。然而，尤其是在社会心理学领域，许多学者从一开始就忽视了霍顿和沃尔最初细致的区分，而完全将注意力集中于粉丝文化的病态方面——常常很明显，其首要目标就是想用一个类似"名人崇拜综合征"（celebrity worship syndrome）的术语或概念为其冠名（McCutcheon et al. 2002，2003）。

　　由于基础研究范式和研究议题不同，媒体研究学者和社会心理学者看待病态粉丝文化的方式略有差异。媒体学者确定了两种病态的粉丝类型，可以分别描述为：①人群中的歇斯底里成员（the hysterical member of a crowd）；②强迫性的、独来独往的尾随者（the obsessive，stalking loner）（Jenson 1992），两种定义都清楚地反映出在粉丝定义上的社会改革者遗产。1925 年，演员鲁道夫·瓦伦蒂诺（Rudolph Valentino）[①]的葬礼上发生骚乱，此后随之出现了与狂热人群相关的粉丝病理学研究（Barbas 2001；Hansen 1986）。从此，粉丝病理学总是与电影和摇滚／流行音乐的青春期女粉丝联系在一起。尖叫、哭泣、歇斯底里的少女们成群结队地聚集在电影首映式、宾馆、机场和音乐厅，只为一睹偶像风采（哪怕只有一分钟）。自 20 世纪 50 年代至今，不只是流行小报严丝合缝地将这样的粉丝形象与暴力、酗酒、吸毒、滥性以及（尤其在美国）种族混合（racial mingling）的天然风险联系在一起，意在提醒那些忧心忡忡的父母，防范自家孩子有可能堕入"邪恶的诱惑"（devilish temptation），诸如迷上听摇滚、重金属、朋克、垃圾摇滚（grunge）或说唱音乐，看科幻小说和恐怖片，玩电子游戏或迷恋某位名人（Barbas 2001；Duffett 2013；Jenson 1992）。20 世纪五六十年代，"猫王"和"披头士"引发了青少年群体的大波随机聚集，对于这样的现象，文化批评家和媒体学者的态度也如出一辙。

---

①　鲁道夫·瓦伦蒂诺（1895~1926 年），意大利裔美国演员，被誉为默片时代的"伟大情人"，拥有大量的女性粉丝。1926 年在宣传影片《酋长之子》（The Son of the Sheik）的途中，因患一种症状类似阑尾炎的溃疡穿孔（此症后因他而得名"瓦伦蒂诺综合征"）住院治疗，最终因术后感染诱发腹膜炎去世，享年 31 岁。他住院期间，数千名粉丝在医院外守夜等待消息。他去世的消息引起了集体歇斯底里情绪，据说，两名女性试图在他死亡的医院外自杀，伦敦的一名女性手持瓦伦蒂诺的照片喝下毒药。据报道，一名自杀的年轻男子被发现躺在一张覆盖着瓦伦蒂诺照片的床上。瓦伦蒂诺去世后第二天，约有 10 万人聚集在停放遗体的纽约弗兰克·坎贝尔殡仪馆外，人群绵延了 11 个街区。在随后的混乱中，一些人试图强行进入殡仪馆，砸碎窗户，引发了持续一天的骚乱，100 多名警察前往维护秩序。——译者注

　　早期的几乎所有研究都是自我实现的预言，旨在为流行的偏见提供"科学支持"，就如同芒斯特伯格为基督教节制联盟所做的一样。不过，后来的研究，如埃伦赖希等人对"披头士热"（Beatlemania）的研究，在当时的文化语境下，考察了这类歇斯底里行为对于青春期女孩们意味着什么。他们的结论是，歇斯底里的粉丝文化让她们打开了内在压力阀，释放了性压抑的文化负担。这种性压抑是社会为了不必面对女性失贞的风险而施加在她们身上的（Ehrenreich et al. 1992）。新近关于少女迷恋男孩乐队（boyband）或年轻男演员所表现出的歇斯底里行为的研究，得出了类似的结论，认为年轻女孩群体的粉丝文化显示出向性感觉（sexuality）和女性气质（womanhood）的情感转变，但这种状态是暂时的，需要父母提供"恰当"的指引和道德支持（Giles & Maltby 2004）。

　　虽然粉丝病理学的研究用善意的怜悯看待少女群体（Jenson 1992），但尤其吸引小报与社会心理学者的想象力和好奇心的是那些怪异、疏离、痴迷、狂热的孤独者（常被描绘成"男性"）形象，这类人已经"精神错乱"（lost his marbles），并威胁说要不顾一切地满足其与（女性）名人之间的恋爱关系、性关系或"友好"关系的妄想（Leets et al. 1995；McCutcheon et al. 2006）。然而，由于研究者拥有扎实的（新）行为主义哲学基础，加之前人文献稀缺，他们的大多数研究假设和研究设计以大众媒体制造的成见和文化批评家（未经检验）的意识形态主导的理论为基础，而不是基于对现实生活中粉丝的实地观察。事实上，大多数社会心理学研究无视了以往民族志研究的洞察（例如，Jenkins 1992；Jindra 1994；Kozinets 2001；O'Guinn 1991；Stacey 1994），将其视为"次等的"和"没有学术价值的"，却以大众媒体和小报的报道为"可靠信源"。这并不是说不曾有扎实、有见地的研究，只是最近有太多的研究（客气地说）显然是在"相当站不住脚"的概念和方法论基础上进行的，而且往往由意识形态驱动或至少受到意识形态影响。

由于前述针对约翰·列侬、丽贝卡·谢弗或塞莱娜·金塔尼利亚的谋杀案，以及全世界名人每年收到的成百上千封由精神状态明显不稳定的个体发出的恐吓信，20世纪80年代早期，人们认识到有必要进行研究来了解强迫性尾随者的心态，识别各种类型的病态强迫性粉丝以及其妄想的性质和程度，防止未来针对名人的任何潜在攻击（Dietz et al. 1991）。最全面的研究是迪茨等人（Dietz et al. 1991）与好莱坞一家大型专业安全咨询公司合作开展的纵向研究，该研究对214人①写给不同名人的1800封不得体或威胁性信件做了深入分析，包括信的内容以及"有接近危险"（approach risk）和"无接近危险"（non-approach risk）两种情况间的差异。有趣的是，尽管确定了16个描述病态强迫的变量（主要是在其极端或过度的变异状态中），迪茨等人并没有真正发现"接近者"（approacher）和"非接近者"（non-approacher）之间的任何典型差异。

与流行的刻板印象形成鲜明对比的是，研究证据显示，那些沉迷于与一位名人的恋爱关系或性关系幻想的粉丝，实际上最不希望在现实中与其幻想对象邂逅。而在接近者和非接近者中，最极端和危险的病态强迫性个体似乎不迷恋某个名人，而是更关注名人的名气，因此会在任何特定的时间，同时给不同名人写信（Dietz et al. 1991）。此外，他们对名人的痴迷往往只是更广泛的精神妄想的延伸，这种妄想主要表现为激进且总是心血来潮的宗教式狂热或政治式狂热。但最重要的是，迪茨等人毫不含糊地指出，他们研究的只是一小部分人，绝不能将他们与绝大多数日常生活中普通、精神上"正常的"媒介粉丝和名人粉丝混淆。因此，他们的研究强化了霍顿和沃尔最初的结论。不过，虽然该研究非常透彻、详细和耳目一新，但仍然无法确定危险的病态强迫性少数个体就其实践和体验而言究竟在哪些方面不同于普通的名人粉丝。

---

① 107名研究对象被认定为"无接近危险"（non-approach risk），而另外107名研究对象实际上已经接近他们的"目标"。

于是，利茨等人（Leets et al. 1995）随后将"正常的"消费者写信或联系名人的动机与迪茨等人的早期研究结果（Dietz et al. 1991）进行了比较，这些动机的收集通过两种方式，一种是面向一些大学生的调查，另一种是对一位不具名的名人收到和提供的粉丝来信做内容分析。在学生样本中，利茨等人发现，其主要动机首先是好奇心或信息搜寻，而后是表达对名人及其作品的钦佩（或批评），以及尝试将自己或自我认同与名人联系在一起（常常是"共沐荣耀"）。这些发现也被对粉丝来信的内容分析所证实——只有一个例外。根据对真实的粉丝信件的内容分析，粉丝最大的动机是请求或期望得到名人的帮助，比如出席写信者的重要私人活动（生日聚会、婚礼和周年纪念）或社交活动（派对、舞会、粉丝俱乐部活动或粉丝大会）、探望身患绝症的亲属、留下个人签名、捐赠金钱或实物，或将写信者的作品转交给名人的经纪人或制作人（Leets et al. 1995）。[1]对比迪茨等人的研究，利茨等人的研究结论与其有细微的相似之处，但并未发现任何不寻常之处。两组研究对象都表达了对名人的景仰与忠诚，请求某种帮助，也经常随信附上一件或多件物品作为礼物（如诗歌、磁带、照片或小物件）。

正常粉丝与病态强迫性粉丝的差别在于投入的程度和是否过度，以及他们看待与名人关系的态度。虽然正常粉丝也会遐想与某个名人间的爱情或性关系（尤其是当真实生活中的两性关系空缺时），但他们始终清醒地意识到，遐想就是遐想，而且在回答利茨等人的调查问题时，常常为自己的"痴心妄想"感到尴尬。相反，迪茨等人（Dietz et al. 1991）的研究对象中，多数人抱有一种错觉，以为他们真的与名人处于一段恋情中，毫无疑问，他们也要求获得情感回报，这常常意味着他们将名人在现实生活中的伴侣视为私通的闯入者。此外，两类粉丝附在信中的物品大为不同。正

---

[1]　研究结果再次凸显，反映假设意图的数据（即学生样本）与真实生活中的实地观察数据（即粉丝信件）之间在体现或描述调查现象方面存在质的不同。

常粉丝多放入圣诞卡和生日卡、个人照片、自己写的诗、自己混合的录音带、CD或自制的影片（Leets et al. 1995）；而病态强迫性粉丝附上的物品，有的无伤大雅，有的则极其怪异，诸如吃了一半带着口红的糖果棒、床上用的便盆、粪便、血液注射器、"用于受孕的新鲜精子"、贴上名人脸的尸体医学照片（好吧，你知道状况了！）等。

利茨等人观察到，除了写信（或者如今在Facebook或Twitter上发送消息），出席名人的演出、首映式，获得公开签名，或单纯的街头偶遇之外，正常粉丝不会真的不顾一切接近自己最喜欢的名人（Leets et al. 1995）。然而不可思议的是，虽然迪茨和利茨等人的研究从精神和行为方面为区分极少数的病态强迫性妄想的个体与绝大多数精神健康的正常粉丝给出了这样好的整体性见解，2001年以来，却仍有一群社会心理学者，刻意寻求用经验证据来证实流行的粉丝成见。他们在很大程度上忽略了或者说"随意地"（liberally）重新解读了所有先前的研究发现，以便提出他们自己相当不诚实的议题，绘制出关于名人粉丝的截然不同的理论画像（McCutcheon et al. 2002，2003）。

在关于"名人崇拜者"的研究中，麦卡琴（McCutcheon）、阿什（Ashe）、赫安（Houran）、莫尔特比（Maltby）和他们的合著者提出，如果一个人崇拜特定的名人及其作品或一般意义上的名人，无疑患有一种先天性心理障碍，他们称之为"名人崇拜综合征"，这种症状甚至可能遗传（Maltby et al. 2004）。事实上，他们甚至提出，名人粉丝文化作为一种准社交互动形式，代表了一种心理异常行为，显然可以归类为一种情爱妄想性障碍（erotomanic delusional disorder）。于是，他们相信，粉丝在名人崇拜活动中，不仅是强迫性和病态妄想的，而且必然会"显示出影响灵活性和联想学习能力的语言、视觉空间、智力和认知缺陷"（McCutcheon et al. 2003）。

换句话说，莫尔特比等人（Maltby et al. 2004）提出，对自己最喜爱的名人的钦慕和恋慕本身就可以清楚地证明，粉丝群体明显不同于"正常"人，他们通常智力更低下、更缺乏想象力、更乏味，更没有能力适应和改善自己的日常生活，甚至面临潜在的学习障碍（McCutchen et al. 2003）。其基本思想显然源自芒斯特伯格（Munsterberg 1916）首创的"脆弱的受众"理论，并延续了社会改革者和文化批评家将粉丝通俗地理解为被剥夺的（但这次是被剥夺了智力能力而不是文化资本）、好骗的和没头脑的傻瓜的思路（例如，Boorstin 1961；Cashmore 2006；Thorp 1939）。正因如此，虽然来自实地考察的提法、观念和真实的经验证据指出，粉丝文化实际上为孤独和社会隔绝状态下的正常个体提供了与同好互动的平台且充当其自我表达的渠道——无论是颠覆性的（Jenkins 1992）还是协同创造性的（Kozinets 2001），但这些研究始终被故意忽略或不假思索地否定。

尽管麦卡琴、莫尔特比和他们的同事提出的理论是非常值得怀疑的，但是如果他们在迄今为止发表的至少一篇论文中明确提供一些有效的科学证据，也有可能值得进一步研究。遗憾的是，他们为支持其假设提供的数据实际上证明了完全相反的事实，并且不支持其任何一个命题，更不用说他们所宣称的发现了（例如，Maltby et al. 2004；McCutcheon et al. 2003，2006）。所以让人思之恐极的是，本应遵循逻辑经验主义和科学探究的研究人员，不仅将民族志研究和真实名人粉丝的口头陈述视为"不可靠"和"不科学"的数据，而且缺乏正确解读多变量数据分析结果的必要经验。唯一可以找到的解释是，麦卡琴、莫尔特比等人一直渴求为假设找到实证支持，以致他们误解了其数据的真实结果。这话听起来可能有些刻薄，所以我现在要开始讨论其研究中最为严重的错误，并且敦促读者仔细审视，做出自己的评判，特别是因为他们的一些研究结论已经不加质疑地被大众媒体所采纳了（Cashmore 2006；www.irishhealth.ie）。

首先，作为忠实的新行为主义者，麦卡琴等人认为，研究对象的口头陈述通常是不可靠、不可信的（McCutcheon et al. 2002，2003）。因此，他们拒绝所有基于民族志和内容分析的前人文献，以便发展自己的假设和衡量工具。奇怪的是，芒斯特伯格（Munsterberg 1916）、其他批判理论家和大众媒体的报道中缺乏证据支持的那些说辞却没有被以同样的方式质疑过。但是，麦卡琴等人（McCutcheon et al. 2002）确实对早期的名人吸引力量表（Stever 1991）提出了质疑，认为这些量表"不适合"确定和衡量名人崇拜的程度，尽管事实证明这些量表具有很高的建构效度（construct validity）和信度评级（reliability rating）。在他们看来（McCutcheon et al. 2002），这些量表要么过于"专业化"地针对特定类型的名人，如电视名人和播音员（Rubin et al. 1985；Rubin & McHugh 1987），要么把重心"太多地放在情感上"而不是"理性"维度上，其中包括一些涉及喜欢、性吸引或恋爱吸引力的"无关和干扰"条目。（Stever 1991）。

于是，麦卡琴等人（McCutcheon et al. 2002）使用 Rasch 测量方法，提出将名人态度量表（Celebrity Attitude Scale，CAS）作为更优越和普遍适用的替代选择。但他们对以往研究中提出的关于粉丝的任何知识都不屑一顾，而且几乎没有其他文献可供借鉴，于是便从流行的成见中提取了最初的 32 个条目，由研究人员根据"常识"选择，然后缩减为 17 个条目，目的是涵盖粉丝文化的 3 个理论层面。在初级层，名人崇拜对个体有"娱乐社交"价值，个体被名人吸引力所俘获且感到快乐。在中间层，名人崇拜以"强烈的个人"（intense personal）价值为特征，粉丝对名人产生了强烈、难以抑制的情感，并受到这种情感的驱使。在最高层，"濒临病态的"（borderline pathological）行为是名人崇拜最极端的表达，在这种情况下，个体对自己喜爱的名人十分痴迷，以致他 / 她愿意将自己的全部财产花在名人曾拥有或使用过的物品上，为了名人，甚至可以去犯罪，去参与反社会行为（McCutcheon et al. 2002）。

由此，麦卡琴等人暗示，个体越是崇拜其倾慕的名人，他／她在心理健康、认知灵活性和智力功能方面的衰退就越严重。然而，尽管有内在效度和信度报告，但名人态度量表的性质意味着，将其应用于任何样本都会自动产生自我实现的预言。此外，麦卡琴等人还提出，名人崇拜在任何情况下都与个人的孤独感、隔绝感和羞怯感无关 [①]（Maltby et al. 2004；McCutcheon et al. 2003，2006），而这几乎与迄今为止所有的民族志研究发现（见本章前面的论述）都相抵触。然而，尽管名人态度量表是以麦卡琴等人所说的方式建立起来的，论文的作者们却在其他每篇论文中坚称，这3个因素（心理健康、认知灵活性和智力功能）会在因素分析（factor analysis）过程中从数据中浮现出来，而不是出自量表本身的设计（Maltby et al. 2004；McCutcheon et al. 2003，2006）。如果名人态度量表真的如研究人员在每篇文章中所声称的那样，在更大的样本范围内也可以提供一致的结果，这个"小"问题可能是可以接受的。但奇怪的是，情况并非如此。虽然名人态度量表对佛罗里达大学的主要学生样本中提取的数据是有效的（McCutcheon et al. 2002，2003，2006），但从英国工薪阶层样本中收集的数据要么呈现出非常不同的因素组合，要么杂乱无序（Maltby et al. 2004）。奇怪的是，每当他们称赞名人态度量表的普遍适用性时，都顺带忽略了这些不规则之处。但是，当应用名人态度量表并讨论其研究结果时，这个有缺陷的研究设计就变得很有问题。

既然论文作者们声称已经提供了强有力的经验证据，证明名人崇拜者的固有认知缺陷是由钟情妄想（erotomania）所引发的，那么麦卡琴等人就为我们提供了完美的范例（McCutcheon et al. 2003）。由此，名人态

[①] 缺乏相关性并不令人惊讶，因为名人态度量表首先未能测量或解释上述或其他任何情绪变量。

度量表据称与各种相关心理学研究中采用的言语创造性、晶体智力[①]、空间能力、创造思维、认知需要（need for cognition，即解决智力题的乐趣）的 6 个认知测量维度密切相关。问题是，论文中的表格清楚地表明（McCutcheon et al. 2003：317），"算术技能"和"认知需要"在二元回归分析（bivariate regression analysis）中没有统计上的显著性[②]（$p > 0.05$）。因此，尽管麦卡琴等人（McCutcheon et al. 2003）明确指出，粉丝不如"正常人"聪明和有创造力，在联想学习方面有严重困难，但十分有趣的是，从论文所提供的数据中可以得知，粉丝实际上与其他人并没有不同，他们也"善于解决复杂的难题和享受智力题带来的挑战"（McCutcheon et al. 2003：314），而这一点是"认知需要"或"算术技能"的基本特征。并且，尽管其他 4 个维度可能具有统计上的显著性，但它们中的每一个都只能解释 9.6%~17.6% 的"名人崇拜"方差，其实际显著性（practical

---

① 流体智力（fluid Intelligence）和晶体智力（crystallized intelligence）是心理学家雷蒙德·B. 卡特尔（Raymond B. Cattle）于 1963 年首次提出的基于心理测量的基础理论，他认为流体智力和晶体智力是一般智力的两个类别。流体智力是指快速思考和灵活推理以解决新问题的能力，它不依赖过去的经验和积累的知识。它是一种感知关系的能力，使我们能够感知和推断变量之间的关系，并将抽象信息概念化。人们一般认为流体智力在 20 多岁时达到高峰，然后开始逐渐下降，但也有新近的研究表明，流体智力的某些部分甚至要到 40 岁才会达到峰值。晶体智力是指利用先前习得的技能和知识的能力。晶体智力是知识积累的结果，包括如何推理的知识、语言技能和对技术的理解。这种类型的智力与教育、经验和文化背景有关。晶体智力逐渐提高，并在整个成年期保持稳定，其达到顶峰的年龄仍有待确定。两类智力常常合作完成一项任务，例如，在参加数学考试时，一个人可能会依靠自己的流体智力来制定一个策略，在规定时间内回答问题。同时，他还必须利用自己的晶体智力来回忆各种数学概念和理论，找到正确答案。——译者注

② 统计学上的显著性仅仅是用 p 值表示的"置信度度量"（confidence measure）。要达到"温和的"统计学上的显著性，p 必须小于 0.05，这意味着研究人员有 95% 的信心相信两个变量之间的相关性不是随机的。

significance）[①] 意味着几乎没有任何相关性[②]。

此外，虽然多元回归分析（multiple regression analysis）与解释了25% 方差的调整后的 $R^2=0.25$ 相关，但更奇怪的是，6 个认知测量维度的 β 值[③] 都不具有统计上的显著性（更不用说实际显著性了）。多元回归分析在预测作为独立分量表的 3 个因素时也显示了类似的结果，3 个因素调整后的 R^2 值分别为 0.17、0.23 和 0.16，达到了统计上的显著性（$p<0.1$），但缺少具有显著性的 β 值。唯一的例外是，在"濒临病态"的分量表（$\beta=-0.34$）中，言语创造性达到了温和的显著性（$p<0.05$），这实际上意味着"濒临病态"的名人崇拜者的言语创造性水平比正常人略高，而不是更低。即便如此，虽然明显违背自己数据显示的事实，麦卡琴等人（McCutcheon et al. 2003）仍毫不犹豫地将这些发现解释为支持他们的假设和理论的"有力证据"，这一倾向在他们的每一份出版物中都重复出现。他们对完全没有任何统计显著性和实际显著性的 β 值的缺席给出的官方解释是"6 个认知测量维度只对名人态度量表及其分量表有'集体'贡献，而不是单独贡献"（McCutcheon et al. 2003：319），此做法与任何关于统计分析的标准教科书相左。

---

① 实际显著性表示两个变量之间的相关性强度，用 R 值来衡量。R 值为 0.6 或更高表示具有很强的实际显著性，而 R 值介于 0.3 和 0.6 之间则被认为具有轻微的显著性。R^2 值表示因变量（＝变量）的变化是在多大程度上由自变量的变化引起的。因此，$R=0.6$ 将转化为 $R^2=0.36$ 或 36%。任何低于 0.09（$R=0.3$）的 R^2 值都意味着不具有实际显著性。

② 这意味着，6 个认知测量值所显示出的自变量和因变量之间的相关程度并不支持其理论假设。——译者注

③ 回归分析中的 β 值（beta value/coefficient）是标准化的回归系数，用来衡量自变量与因变量的正向相关和负向相关程度。——译者注

需要重新定义粉丝

前述关于粉丝的多学科分类，细致、全面地回顾了目前各学科给出的粉丝和粉丝文化概念。考虑到关于粉丝的不同看法甚至灾难性看法，在本书中承认自己对女演员杰娜·马隆的痴迷，冒着被贴上上述学界和大众话语中加诸粉丝的成见标签的风险，看上去确实不够聪明（Wohlfeil & Whelan 2012）。不过，前述分类也指出了 7 种粉丝概念各自的局限和不足，而这些欠缺则源自各领域学者自身的研究议题和偏见（Smith et al. 2007）。的确，如果你将单个实例、消费体验和实践（即兴致勃勃地欣赏媒介文本或名人及其创造性作品，倾慕对象在粉丝私人生活中的崇高地位，或热情地收集并珍藏相关物品）从其整体语境中抽离出来，通过意识形态理论的棱镜孤立地考察它们，那么你可能会在第四章我与杰娜·马隆之间粉丝关系的自传式民族志消费故事中，为 7 种粉丝概念中的每一种都找到一些实证支持。

然而，与此同时，我的自传式民族志研究数据似乎同时确认和反驳了前述多学科文献中每一种粉丝和粉丝文化概念包含的预设，以至于每种概念都无法解释我对杰娜·马隆的大部分情感依恋。由于这些粉丝概念都没有完全描述或解释我自己在日常生活中的粉丝消费经历的许多方面，我不禁要问，消费者与名人（或任何其他媒介文本）间的粉丝关系有没有可能比以往研究所揭示和讨论的更多。一个事实加深了我的怀疑，即前述 7 个粉丝概念的理论基础在本质上有 3 个共同特点。第一，如前文提到的，过去的研究对粉丝和粉丝文化几乎完全是从局外人的视角考察、探究的，研究者将预设的抽象概念和观念强加给现象（Smith et al. 2007），而这些预设又演化自共享的原始资料，如芒斯特伯格"脆弱的受众"理论。除了一些民族志研究之外，多数粉丝研究文献是在研究者没有直接接触研究对象的情况下完成的，许多预设的概念和理论未经任何现实的挑战和论争就传承下来。

第二，以往着眼于现实粉丝的研究几乎都把研究对象锁定在特定、更极端的粉丝亚群体上，也常常在非常特殊、不寻常的环境下展开，如《星际迷航》大会、粉丝热聊板块、足球或名人粉丝俱乐部大会或专门的粉丝网站／博客主页（Jenkins 1992；Richardson & Turley 2008；O'Guinn 1991）。这样做有两个原因：一是粉丝容易辨认，也是学者观察的现成样本；二是他们的"极端"、不寻常举动使研究者更容易将他们描述为社会中"偏离的他者"。不过，这也说明，粉丝研究者并没有真正留心"正常"粉丝日常生活中的鲜活体验。第三，所有的早期研究要么着眼于消费者本人与其他粉丝在各自的消费亚文化语境下所体验到的社交动力和符号关系的意义和性质（Henry & Caldwell 2007；Hills 2002；Lanier & Schau 2007），要么关注粉丝的心理健康和精神状态（Jenson 1992；Leets et al. 1995）。因此，7 种粉丝概念和已有研究都未能首先探讨粉丝对其倾慕对象的情感依恋的本质。事实上，在所有粉丝研究文献中，倾慕对象都被当作与粉丝之间没有更深关联、可互换和可替换的商品。

这也解释了为什么有几位学者告诉过我很多次，尽管我对杰娜·马隆有着强烈的情感依恋，但我不参加任何粉丝社群，所以我根本不是一个粉丝。因此，我认为，重新定义粉丝是有必要的。这种粉丝定义应该将重心放回到一般来说在任何消费者粉丝文化中都最重要也最有意义的因素上，即粉丝建立、体验和寻求维护的与倾慕对象之间的特别情感纽带（emotional bond）。因此，我的粉丝文化现象研究之旅转向了自传式民族志，以解决制约前人研究的概念和方法论局限。我的目标是透过一个货真价实的真实粉丝的视角，观照一名消费者在日常生活中体验到的与名人间的粉丝关系及其在日常消费实践和消费经验中的呈现，以期获得全方位的整体洞察。这样我们就可以在整体的复杂性中提炼和解释粉丝与影星、运动员或其他名人间（乃至运动队和媒介文本）的情感依恋的诸多方面，也可以更深刻和更诚实地理解这种粉丝关系在一名普通消费者日常生活中的意义。因此，现在该开始深入考察作为本书核心的粉丝文化对象——影星和其他名人了。不过，由于粉丝研究文献很少触及消费者形成、培养和珍视的与最喜欢的影星或其他名人之间的情感依恋，有必要在下一章对有关明星和名人的文献做详尽的回顾。

第三章　明星之书
——消费人类品牌

电影之爱

一个多世纪以来，电影工业一直是世界上商业规模最大、最成功的产业之一（De Vany 2004；Eliashberg & Sawhney 1994；Ravid 1999），它还催生了从浮夸的八卦杂志到衍生产品和主题公园这一系列核心子产业，消费者得以不知疲倦地沉迷于大牌影星、刚出道的女星乃至小有名气的名人的魅力（Gabler 1998；McDonald 2003；Turner 2004）。无论如何，自19世纪90年代草创之初，电影工业就与其受众建立了共生关系（Barbas 2001）。尤其是在1919~1950年的好莱坞制片厂时期（Hollywood studio era），影星的基本作用就是鼓励消费者作为电影观众、热情的电影粉丝或影星的忠实拥趸积极与电影工业产生联系（McDonald 2000；Stacey 1994）。这意味着，电影工业和电影消费"为市场营销和其他领域的学者提供了丰饶的研究沃土"（Eliashberg et al. 2006）。

当我于2005年启动研究时，很失望地发现，市场营销和消费者研究文献很少关注电影和演员自身作为艺术（art）或品牌的营销及消费。这种状况在2006~2007年一些顶级期刊的少数精选特刊出现后略有改观。市场营销学界直到最近才意识到电影、影星和观众的经济潜力，而电影学者传统上则借助社会学透镜，考察观众个体或群体对影片的感知和反应以及电影体验（Jenkins 2000；Mulvey 1975；Phillips 2007）。影星如同其参演的影片一样，本质上是电影工业的产物（Luo et al. 2010；Watson 2007a），过去的30年里，他们受到电影学者的社会学理论观照。既然学者将主导电影研究的方法论应用于影星研究，那么我们有必要首先了解学者是如何研究电影消费的，然后再梳理明星研究文献。

市场营销学中的电影研究

过去30年，电影消费和享乐在全球范围内前所未有地兴盛（Eliashberg et al. 2006；Kerrigan 2010），然而直到最近，市场营销和消费者研究仍没有太多关注电影与影星作为艺术品牌的营销及消费（Batat & Wohlfeil 2009；Wohlfeil & Whelan 2008）。甚至当市场营销学者将兴趣转向电影时，也只是将其视作营销传播框架内推广和售卖其他产品的中介，而不是产品本身（Wiles & Danielova 2009）。对于这种简单而直接的忽视，一个可能的解释是，电影不同于传统消费品和服务品牌，本质上是浓缩其他各类艺术形式和人类品牌的复杂织锦，是一种综合艺术品牌（O'Reilly & Kerrigan 2013；Wohlfeil & Whelan 2008）。

事实上，参与影片制作的演员、导演、制片人、摄影师、剪辑师、编剧和作曲家都是独立的人类品牌（Thomson 2006），他们共同创作了作为一种艺术品牌的电影，在整个电影制作过程中，又对彼此在公众和媒体中的品牌形象和价值产生积极或消极的影响（Albert 1998；Luo et al. 2010）。如果一部影片改编自小说、漫画或是脱胎于另一部电影的衍生作品（spin-off），那么这个艺术品牌就是另一个艺术品牌的子品牌（Basuroy & Chatterjee 2008；Brown 2002，2005）。精确应对电影品牌复杂性和不可预测性的难度，让许多市场营销和消费者研究人员却步，他们宁愿待在舒适区，关注更简单、更一目了然的传统大规模生产的消费品、工业品和服务。少数研究电影消费和电影观众的学者往往选择不同的出发点，市场营销学者偏好经济和管理视角，而消费者研究人员偏好探究消费和欣赏电影的不同动机及方式。

正如我在前文提到的，直到20世纪90年代末，市场营销和商业学者在电影消费领域主要关注的还是怎样开发电影的大众吸引力，以在消费者心目中建立对特定品牌的偏好。特别是广告植入目前作为营销传播组合中的"新鲜事物"吸引了许多市场营销学者的研究兴趣（Russell & Stern 2006；Wiles & Danielova 2009）。唯一的问题是，广告植入根本不是什么新事物！事实上，早在好莱坞制片厂时期，主要的电影制片厂就与时尚、汽车、饮料和电子产品等领域的消费品牌生产商建立了稳固的商业合作关系，这种做法可追溯到 1918 年（Barbas 2001；Epstein 2005；Gabler 1998）。虽然大片时代（blockbuster age）（Elberse 2014）把这一做法推向极致，但自 20 世纪 80 年代早期，电影制片厂的高管们就把广告植入视为给昂贵的电影制作筹集额外资金的好机会（De Vany 2004；Obst 2013；Wasko 2008）。尽管从那时起，广告植入就一直是好莱坞电影工业的常规做法，但市场营销学者仍然热衷于调查消费者能否记住和回忆起电影中的植入品牌、消费者如何评价电影艺术装饰中的植入产品以及什么形式的广告植入对品牌最有利（Marchand et al. 2015）。电影本身则被视为无关紧要和可替换的东西，许多市场营销学者和从业者时至今日依然觉得，就传统消费品的市场营销而言，很难找到电影除单纯充当媒介载体之外的其他价值。

继埃利亚什伯格和索尼的开创性研究（Eliashberg & Sawhney 1994）之后，电影的市场营销与商业这一"丰饶的研究沃土"（Eliashberg et al. 2006）直到 20 世纪 90 年代后期才开始引起少数市场营销学者和经济学者的注意，他们发现，除了将电影作为广告植入媒介加以研究外，广义的媒体管理领域和狭义的电影工业领域都蕴含着巨大的研究潜能（例如，Basuroy & Chatterjee 2008；Eliashberg et al. 2007；Kerrigan 2010；Swami et al. 1999）。很明显，迄今为止与影片相关（与影星相关的更少）的有限的市场营销研究，主要兴趣仍在电影消费的经济维度上。所以，这些研究通常着眼于票房表现（Basuroy & Chatterjee 2008；De Vany 2004；Henning-Thurau et al. 2004）、录像带（VHS）和 DVD 或媒体文件的销售或租赁状况（Hennig-Thurau et al. 2004；Lehmann & Weinberg 2000），测量和评估影片的盈利能力。

因而，学者们特别关注如何通过有效运营电影制作流程与分销渠道，在国内和全球市场提高影片的盈利能力（De Vany & Walls 2002；Eliashberg et al. 2007；Ferguson 2009）。致力于解释影评（Basuroy et al. 2003；Eliashberg & Shugan 1997）及口碑（Liu 2006）如何影响一部电影的短期和长期盈利能力的研究也在不断升温。虽然大多数研究只着眼于好莱坞和美国的电影工业，但也有一些研究探讨了欧洲（和除美国之外其他国家的）电影工业如何在不牺牲艺术价值的前提下，在国内和全球市场定位自己（Jansen 2005；Kerrigan & Özbilgin 2004）。

在这两种情况下，电影消费被化约为特定细分市场的消费者购买的单个、可见的媒体文件，如在影院观看，购买录像带、DVD，下载数字影片（Basil 2001；Cuadrado & Frasquet 1999；Lehmann & Weinberg 2000），电影本身并未被视为一种无形的品牌（Batat & Wohlfeil 2009；O'Reilly & Kerrigan 2013；Wohlfeil & Whelan 2008）。此外，影片常被看作消费者基于知情、经济理性的决定而挑选的一次性观看品，它们是相同的和可互换的产品（De Vany 2004；Eliashberg & Sawhney 1994；Hennig-Thurau et al. 2007），而不是独一无二的文化艺术品（Kerrigan 2010；Wohlfeil & Whelan 2008）。这显然意味着，事实上所有的学术研究都以纯粹的票房表现等经济标准来衡量电影的成功，而忽略了文化、艺术、娱乐价值等标准。大数据的发展加剧了而不是缓解了这个问题。

合乎逻辑的结果是，许多这样的研究提出了一些对于影迷和业内人士（Obst 2013）来说十分可疑、狡诈和非常有问题的操作建议（De Vany 2004；Elberse 2014）。可悲的是，细察主要的好莱坞电影制片厂过去 10 年的产品，似乎其中一些——有时非常荒谬的——建议（Elberse 2014）已经被接纳了。毕竟，那些对电影制作心怀热情又拥有实践经验的高管和经理人领导的电影制片厂时代——好莱坞制片厂时期之前、其间和之后不久（Epstein 2005，2012）的一段时期，抑或纳粹接管 UFA 电影制片厂之前（Kreimeier 1996）——已然流逝（Obst 2013）。物换星移，如今许多电影制片厂的高管是会计师、经济学家或律师，他们由持有制片厂相当部分股份的对冲基金公司从外界引入业内，这些人通常对电影业务和电影生产缺乏亲身体验和兴趣。

例如，德瓦尼和沃尔斯在对票房数据的经济分析中发现，典型的家庭友好型 PG 级影片（PG-rated film）[①]收入是 R 级影片的 3 倍（De Vany & Walls 2002）。由此，他们得出一个铿锵有力的结论，即电影制片厂高管继续批准将 R 级影片产量提高 4 倍"在经济上和管理上都是不负责任的"。[②]现在，对于不了解情况的经济分析师来说，这个结论似乎是正确的。但如果各大电影制片厂（继续）听从德瓦尼和沃尔斯的建议，那么实际上意味着科幻片、惊悚片、恐怖片，以及绝大多数扣人心弦、烧脑和更具挑战性的电影，包括过去 50 多年的大多数奥斯卡获奖影片和提名影片，都不再出现（Obst 2013）。取而代之，留给观众享用的是爆米花电影，由沿袭典型的家庭友好型浪漫喜剧《歌舞青春》（*High School Musical*）套路的迪士尼家庭电影、当前众多类似超级英雄影片的电脑动画制作的家庭友好

---

① PG 级（Parental Guidance Suggested），美国电影分级的一种，意指此类影片建议在家长指导下观看，一些内容可能不适合儿童观看。电影分级制度是 1968 年美国民间组织"美国电影协会"（Motion Picture Association of America, MPA）制定的自愿分级制度，意在既规避政府审查又帮助家长决定影片是否适合儿童观看。目前由宽松到严格依次有 5 个等级，即 G 级（大众级，所有年龄皆可观看）、PG 级、PG-13 级（需要家长特别留意，一些内容可能不适合 13 岁以下儿童观看）、R 级（限制级，未满 17 岁青少年必须由家长或成年监护人陪同观看）、NC-17 级（只准成人观看，17 岁或以下青少年不得观看）。——译者注

② 到 2016 年，好莱坞各大电影制片厂的 PG 级影片确实比 R 级影片多得多。它们的策略是获得 R 级影片的发行权后，交给独立制片公司制作或与独立制片公司联合制作（Obst 2013）。

型系列大片一统天下，而这就是埃尔伯斯提倡和庆祝的"未来"（Elberse 2014）。换言之，电影已经空前乏味无聊和缺乏想象！

但是，如果电影的经营持续落在经济学家和对冲基金经理手中，现在看上去似乎是噩梦的情形有可能很快成真。有关本研究的一个例子是杰娜·马隆参演的电影《美少女特攻队》在欧洲发行的失败运作。该片是一部激动人心的视听杰作，叙事不同于流俗，剧情复杂性显然不适合15岁以下观众。然而，华纳兄弟并没有瞄准合适的受众，而是在最后一刻做了删减，让这部影片得到PG评级。再加上瓦妮莎·赫金斯（Vanessa Hudgens）担任配角，影片发行还瞄准了她在《歌舞青春》中收获的前青春期（prepubescent）女性观众。结果可想而知，疏离的观众，震惊的家长，相对糟糕的票房表现。如果你仍觉得我可能有点夸张，那么就了解一下另一位常使当今电影制片厂高管洗耳恭听的权威商业顾问的箴言。因为制作一部影片是一门投资密集型生意，若票房成功，则回报丰厚，但失败风险也相当之高（Eliashberg et al. 2007；Wasko 2008）。所以，电影制片厂高管更倾向于降低影片项目的财务风险，这也在情理之中。

真相是，10部影片中只有3部的发行可以直接从国内票房收回成本，大多数电影的盈利能力取决于DVD销售、租赁和合法下载等辅助收益（Epstein 2012；Kerrigan 2010）。于是，为了降低票房失败的风险，一些学术研究借鉴了大规模生产的快消品行业的品牌延伸（brand extension）这个旧概念，随后心急火燎地提议更倚重于熟悉的故事、面孔、名称（title）和电影品牌特许经营（film brand franchise）①的策略性开发。过去

---

① 特许经营是过去十余年间在好莱坞占据主导地位的生产机制与产品策略。特许经营权拥有者以契约和授权方式，允许被特许方有偿使用其名称、商标、知识产权、商业模式等。电影品牌特许经营，不仅包括生产系列电影（film series/film franchise），如漫威电影宇宙（Marvel Cinematic Universe）的超级英雄系列、詹姆斯·邦德系列、"星球大战"系列、"哈利·波特"系列、"侏罗纪公园"系列、"蝙蝠侠"系列、"加勒比海盗"系列、"饥饿游戏"系列、"速度与激情"系列、（转下页）

10 年，我们越来越多地目睹了这一切的发生（Basuroy & Chatterjee 2008；Sood & Dreze 2006）。品牌延伸概念暗示，消费者在不得不选择某部电影消费时，总面临做错决定的内心恐惧，因此要设法尽可能降低这种不确定性（Eliashberg & Sawhney 1994）。品牌延伸概念的使用，据信能够打消观众的疑虑，使他们相信影片质量符合预期，从而降低做出错误决定的风险和焦虑（De Vany 2004；Sood & Drèze 2006）。

　　问题在于这个概念暗含两个假设：一是假定消费者选择影片时纯粹基于理性的成本收益标准，他们寻找熟悉的事物，避开新异事物；二是以为一部影片消费者只会看一次，从不看两次。这两种假设情况在现实的消费者行为中都不太可能出现，因为电影的刺激和享受来自其新奇性、独特性和令人惊讶的情节转折。按照标准公式制造的电影是乏味无聊的（Batat & Wohlfeil 2009）。然而，现今着迷于给成功大片拍摄续集和前传的情况愈演愈烈，翻拍的外国电影或经典片与日俱增，衍生影片的生产势头不减，这些清楚地表明，一些好莱坞主要制片厂的高管听从了学者的建议。所幸，一些较大的独立电影制片厂的高管如哈维·温斯坦（Harvey Weinstein）或已故的贝恩德·艾兴格（Bernd Eichinger）仍然选择逆势取胜。

（接上页①）"X 战警"系列等，而且常常包括同一主题下的续集、衍生作品、电视真人秀、动画片、网剧、移动视频、消费产品、电子游戏、主题公园等不同形态的产品和其他业态，以开掘品牌的最大化价值。华特迪士尼公司（Walt Disney Company）及其旗下的迪士尼影业是好莱坞进入特许经营电影时代的主要推手。该公司在电影制作方面着力开发特许经营大片，打造环环相扣的产业链条，不仅占据了北美票房份额的 1/3，而且特许经营产品涵盖消费品、电视节目、动画续集、真人电影续集、戏剧表演和迪士尼景点等。在以特许经营为主导战略的电影公司，制作片单的选择不仅仅取决于电影产业的投资回报，更取决于电影产业以外娱乐产业的投资回报，这导致中等成本原创电影的空间受到挤压，因此，特许经营战略在一定程度上导致了电影原创性的衰减。另一个结果是，好莱坞越来越多的电影人士转战电视领域，电视内容生产的原创性因此发力，进入了一个巅峰时期。——译者注

消费者研究中的电影研究

从人本主义角度观照，一小撮消费者研究人员于 20 世纪 80 年代中期发现，研究电影是从总体上增进我们对消费者行为理解的一种手段（Holbrook & Hirschman 1993）。受米克（Mick 1986）有关运用符号学理解广告的著作启发，学者也将电影作为消费者象征意义的载体（Hirschman 1987，1988；Holbrook 1988）而不是消费对象本身来研究。霍尔布鲁克和格雷森在其开创性研究中考察了电影《走出非洲》（*Out of Africa*）中所描绘的消费形式是如何描述电影中人物的成长以及在视觉上推进电影叙事的（Holbrook & Grayson 1986）。在承认艺术作品是我们社会的一面文化镜子因而可以教给我们一些消费知识的同时，作者提出了一个使用消费符号从整体上理解艺术作品特别是电影意义的案例。事实上，霍尔布鲁克、贝尔和格雷森很快就在对戏剧《海岸风波》（*Coastal Disturbances*）的研究中重复了此方法，以证明符号学方法可以比任何传统的定量方法更深刻地洞察审美的消费体验（Holbrook et al. 1989）。

赫希曼（Hirschman 1988，1992，1993；Hirschman & Stern 1994）持有相反的观点，并将从电影中更多地了解消费在社会中的意义作为其毕生工作的一部分，尤其是与性别角色、物质主义、成瘾或性交易有关的内容。在这个过程中，赫希曼也尝试揭示电影叙事符号学如何反映和传播一个社会中潜藏的神话（underlying myth）及文化（Hirschman 1987，2000a，2000b）。同样，霍尔布鲁克（Holbrook 2011）展示了爵士乐在电影中的刻画和运用如何反映当代消费文化中的生存价值观（existential value）和问题。在这两种情况下，受过文艺批评或批判理论训练的专家观众（expert viewer）观看和解构电影，从特定的意识形态视角（如马克思主义、女权主义或酷儿理论）分析其符号内容，提炼出批判性思想，解读影片所蕴含的有关社会与人类境况的深层意义（Hirschman 1988，1999）。

　　然而，我启动研究之时，这些消费者研究人员还没有解决的问题是，消费者是怎样将电影作为一种体验性产品来消费的，以及对于个体的生活质量而言，电影提供的主观贡献（subjective contribution）到底是什么。一些研究关注消费者在选择体验性产品（如电影）时如何做出购买决定（Cooper-Martin 1991）以及他们对某些类型电影的偏好（Cuadrado & Frasquet 1999；Gazley et al. 2010）；一些研究则侧重于比较，例如一种媒体格式（media format）是否比其他格式更吸引电影消费者（Basil 2001；Hennig-Thurau et al. 2007）。此外，霍尔布鲁克比较了普通消费者与电影评论家各自如何判断电影的质量和大众吸引力（Holbrook 1999）。因此，我觉得有必要采取一种完全不同的方法观察自己在观看电影《傲慢与偏见》时的动态消费体验（Wohlfeil & Whelan 2008）。

　　虽然自传式民族志数据已经清楚地显示，相互关联的诸多因素错综交织，从整体上刺激个体消费者的观影快感；但我的研究还发现，一个人对电影叙事的精神沉浸和对故事人物的同理心是至关重要的。这种个人参与不仅可以使观众暂时从日常生活逃离到电影的想象世界，而且可以强化文本外的互文性（Hirschman 2000b；Wohlfeil & Whelan 2008），从而使消费者将电影与自己的私人生活体验相连。在一项后续研究中，我和我的朋友威迪德·巴塔特（Wided Batat）比较了各自对影片《荒野生存》的消费体验，我们不仅确认了早前的研究发现，而且发现消费者体验到的沉浸于电影叙事的本质和程度是由一个人的个人动机及欲望所决定的（Batat & Wohlfeil 2009）。如果你怀疑此结论的通用性，一项关联不大的近期研究（Hart et al. 2016）也得出了相似的结论。

　　虽然一些定量研究也在同时探究消费者的沉浸和认同体验如何带来观影快感（Fornerino et al. 2008），但由于霍尔布鲁克等人所指出的方法论缺陷（Holbrook et al. 1989），研究往往流于表面。值得肯定的例外情况是阿迪斯和霍尔布鲁克（Addis & Holbrook 2010）的缜密研究，其中的一些结论与我早期的研究发现不谋而合。

电影研究中的影片

如果消费者研究人员使用批判理论方法考察、分析和解读影片的符号内容所蕴含的意义听起来耳熟，那是因为赫希曼、霍尔布鲁克和其他学者已经在电影研究这一学科领域使用这一方法。电影研究的卑微起源是电影工业发端初期的影迷话语（film fan discourse）（Barbas 2001；Gabler 1998）。20世纪30年代，电影研究作为一门单独学科从传统的文学和艺术研究中独立出来，这也意味着文艺批评已经确立为其首要的研究方式。文艺批评或话语分析是一种来自人文领域的语言学方法，着眼于探讨作者、文本与读者三者之间的动态关系，考察不同的文本元素如何反映和影响受众（Stern 1989）。因为任何文本都是其所产生的当下社会文化结构的一面镜子（Dyer 2000；Sandvoss 2007），所以研究者从特定的意识形态角度细察文本，揭示和辨识其所呈现的文化语境中隐蔽的权力关系（Duffett 2013；Hirschman 1988，1999）。最流行的意识形态同时也是电影和媒体的批判学者与文化批评家特别感兴趣的是，法兰克福学派的哲学家（如阿多诺、霍克海默、马尔库塞、洛文塔尔、布尔斯廷、福柯、鲍德里亚、哈贝马斯、布迪厄）提出的马克思主义理论、融合了弗洛伊德精神分析的女性主义理论，以及越来越受到瞩目的借鉴女性主义理论并将其转移到同性恋语境的酷儿理论。

20世纪30年代也是垂直整合（vertical integration）①的好莱坞制

---

① 指制片厂掌握了从制作、发行到放映的全部产业环节。这种体制出现于20世纪的第一个十年，当时，由于托拉斯拒绝提供电影给独立放映商和独立发行商，促使后者直接进入制片行业。全国性的发行公司与制作公司合并，并很快收购院线，由此产生的新公司便成为掌握电影制作、发行和放映的垂直一体化公司。代表性的八大电影公司是派拉蒙、二十世纪福克斯、华纳兄弟、米高梅、雷电华、环球、联艺和哥伦比亚，它们垄断经营，形成了集制片、发行、放映于一体的产业格局。——译者注

片体系（studio system）的全盛时期，其特点是通过强有力的分工实现电影的工业化大规模生产，这种分工更像工厂的流水线（Epstein 2005；Kochberg 2007），而不是艺术创造的天堂（Cousins 2011；Jaeckel 2003；Kreimeier 1996）。因此，电影学者认为"电影是门艺术，要欣赏其艺术价值，而艺术价值作为艺术创造力的体现，需要普通个体按照自己的需要消费"（Dyer 2000：7）。与此同时，电影被视为一种通过工厂式大规模生产无限复制的艺术形式，因而也要迎合被认为被动的广大观众（Adorno & Horkheimer 2006；Benjamin 2006）。虽然电影工业本身已历经若干次重大的结构变迁（Kerrigan 2010；Obst 2013），但电影研究的早期传统与遗产至今依然对电影学者考察、分析、解读电影和电影消费发挥着重要影响（Dyer 2000；Phillips 2007）。

电影研究的这一传统也产生了在外人看来"怪异"的另一种结果。虽然电影研究作为一门学科意图涵盖广阔的研究领域，从作为艺术表现形式的电影到其对观众的影响。但我发现一种怪现象，即电影学者目前很少关注电影制作的实际过程（Jaeckel 2003；McDonald 2000），而是通过意识形态批判理论来识别和审视电影作为艺术作品的深层文化意义（Dyer 2000；Nowell-Smith 2000）。其结果是，电影研究的批判方法非常类似于文艺批评，因此电影研究也可依据侧重点划分为3个主要思想流派，即侧重于电影文本（film text）、作者导演（auteur，即创造性作者）或受众（Watson 2007b）。

电影文本研究

电影研究自20世纪30年代出现以来持续关注对"电影文本"的专业批评，这些批评也为新电影发行时的媒体评论和关于电影品质的专业评价奠定了基础（Dyer 2000；Holbrook 1999；Perkins 2000）。于是，电影的内在品质和形式品质受到特别重视，如表演、叙事流（narrative flow）、场景布置（道具和艺术装饰）、摄影构图、灯光、音响、剪辑等，通过剖析和精读（实际上是观看）这些元素，研究者解构和检视在叙事发展中，影片是坚持还是违背了视听传统和文化期待（Nowell-Smith 2000；Speidel 2007）。不过，由于广大的公众坚信流行话语的说辞，认为电影将对受众的社会信念、价值观和消费行为产生强烈的影响（Adorno & Horkheimer 2006；Munsterberg 1916；Thorp 1939），而这种看法又被社会改革者、文化批评家和媒体强势推广，所以电影研究的批判理论已经被不同的意识形态渗透和主导（Dyer 2000；Perkins 2000；Speidel 2007）。

　　鉴于好莱坞制片体系本质上高度工业化且与资本主义消费文化紧密相连（Gabler 1998；Nichols 2000），很自然的，许多电影研究（尤其是20世纪70年代之前）遵循新马克思主义的意识形态，其主要思想来源是阿多诺、霍克海默、马尔库塞、阿尔都塞、洛文塔尔、布尔斯廷、鲍德里亚、哈贝马斯或布迪厄的著作。由于好莱坞电影似乎倡导一个白人男性主导的社会，女性主义意识形态自20世纪80~90年代以来成为分析电影的一个非常引人注目的透镜。两者的目标都是揭示特定电影的叙事和人物塑造如何反映甚至合理化社会文化规范、价值和作为现状维持手段的深层权力结构（Hirschman 1988；Nichols 2000；Perkins 2000）。

电影创作者研究

　　围绕电影文本展开研究在电影研究领域相对普遍，并且已经由霍尔布鲁克和赫希曼（Holbrook & Hirschman 1993）引入消费者研究领域，但将重心放在"作者导演"上对电影学者而言则是棘手和费力的，因此，学界对作者导演的关注更少。主要原因首先是确认"作者导演"的难度。的确，艺术、文学或音乐领域的原创作品很容易归于相应的艺术家、作家、作曲家或音乐家（Schroeder 2005；Winston 1995）。但鉴于电影的复杂性，即电影是合作性艺术作品，它的制作结合了多方的贡献，当电影学者试图将一部电影的创作与任何一个特定的个体相联系的时候，都面临一系列复杂因素（Watson 2007b）。没错，谁能理直气壮地宣称自己是一部电影的作者呢？

在过去的好莱坞制片体系时期，也就是 1919~1950 年（也许可以追溯到更早期那些隶属于 MPPC①的电影公司），所有关于一个电影项目的创意决策无一例外皆出自制片厂高管，这也是奥斯卡最佳影片奖至今仍要颁给电影制片人的原因（Epstein 2005；Puttnam 2006）。毕竟，制片人负责让影片获批，先选择合适的剧本，再融资并控制预算（Eliashberg et al. 2007；Wasko 2008）。但是，这些就足以使制片人有资格充当创作者吗？想法、情节和剧本起码是编剧的脑力劳动产品（Ferguson 2009）。然而，一旦批准启动影片制作，编剧对剧本的视听实现和最后成品的作用就微乎其微了（除非编剧自己做导演）。电影摄影师通常负责影片的视觉元素，在"最佳美学照明"中，使用摄影机捕捉、定格场景和演员的表演（Speidel 2007）。然而，在此过程中，电影摄影机实际上是在实现导演的想象和意图，听从导演的调遣，如同男演员、女演员在导演指导下让虚构的人物获得生命（Pollack 2006）。

所以，大多数电影研究中的作者导演理论（auteur theory）将导演作为电影作者也非巧合，学者尤其注重解构和细读诸如谢尔盖·艾森斯坦（Sergei Eisenstein）、弗里茨·朗（Fritz Lang）、约翰·福特（John Ford）、比利·怀尔德（Billy Wilder）、阿尔弗雷德·希区柯克（Alfred

---

① 总部设在纽约的电影专利公司（The Motion Picture Patents Company，MPPC）是一家准垄断企业，它是 1906~1915 年美国的十大电影公司之一，掌握所有的电影技术专利。该公司迫使镍币影院只上映其制作或批准的库存影片，以及那些进入其分销和展映渠道的独立电影制作公司的作品，企图以此控制从制作、分销到放映的美国电影工业和市场。讽刺性的反转是，正是独立电影制作公司于 1914 年打败了MPPC，而仅用 5 年时间就发展为主要电影制片厂，建立了好莱坞制片体系，并从那时起在很大程度上引领着全球电影工业的发展（Kerrigan 2010）。

Hitchcock)、伯纳多·贝托鲁奇（Bernardo Bertolucci）、克洛德·沙布罗尔（Claude Chabrol）、塞尔吉奥·莱昂内（Sergio Leone）、马丁·斯科塞斯（Martin Scorsese）、史蒂文·斯皮尔伯格（Steven Spielberg）和昆汀·塔兰蒂诺（Quentin Tarantino）等知名导演的作品，寻找某种"创作指纹"（creative fingerprint）作为其艺术天赋的证明。这种方法的问题是，在好莱坞制片厂时期，导演不过是电影工业制作流程中的一个劳动分支，他们由制片厂高管指派去完成某个项目（Kochberg 2007）。自 20 世纪 50 年代以来，虽然很多导演因为自己的创作广为人知，但时至今日，大多数导演依然是由电影制片人通过经纪公司雇用。与其说他们是自己电影的发起人和创作者，毋宁说他们是作为特定电影项目的创造性劳动力而受雇的（Kerrigan 2010；Pollack 2006）。这一规则的唯一例外大概是越来越多的低成本独立艺术电影和外语片（world cinema film）近年来博得了评论界的喝彩，日益受到电影节观众和普通电影爱好者的欢迎（Batat & Wohlfeil 2009；Unwin et al. 2007）。于是，年轻的电影制作人（新晋导演）或艺术电影导演尝试完成一个自己真心喜爱和符合自己创作设想的电影项目（Kerrigan 2010；Watson 2007b）。不过，将导演作为电影文本的创作者进行解读的典型做法也带来了电影研究中一些需要商榷的严重问题。

第一，将导演视为影片的唯一创作者贬低了其他所有参与电影创作流程的个体的艺术创造和贡献（Watson 2007b）。例如，《指环王》中动人心魄、美不胜收的风景镜头在多大程度上可以归功于彼得·杰克逊（Peter Jackson）而不是电影摄影师呢？对于《荒野生存》的导演肖恩·潘（Sean Penn）也是同理。第二，电影学者的研究常常局限于一些非常特别的导演的精选作品。不出意料，总有批评说，作者导演理论常常是带有偏见的，因为有关的电影学者也是某种程度的追星一族（Lovell 2003；Watson 2007b）。例如，许多电影学者倾向于将影片《好人寥寥》

（*A Few Good Men*）中著名的法庭质证那场戏的创作归功于杰克·尼科尔森（Jack Nicholson）和汤姆·克鲁斯（Tom Cruise）两名主演而不是导演罗布·莱纳（Rob Reiner）。但很奇怪，没人怀疑过马丁·斯科塞斯对电影《好家伙》（*Goodfellas*）的创作者身份是否站得住脚，毕竟该片有一众杰出的方法派演员，如罗伯特·德尼罗（Robert De Niro）、雷·利奥塔（Ray Liotta）和乔·佩西（Joe Pesci）。到底为何电影研究者现在认为马丁·斯科塞斯相比于罗布·莱纳等其他导演更应该被认定为电影作者？出于这些类似的问题，电影研究者在很大程度上倾向于回避电影创作者问题，他们绕开电影制作的实践，落脚于前述电影文本的批判理论分析，或用批判理论考察电影的现场观众和其他受众的反馈（Phillips 2007）。

影片的受众反应研究

自第一批图像开始动起来、第一批电影在 1895 年的歌舞杂耍表演间隙以及之后的镍币影院放映以来，试图理解电影对受众的影响的学术兴趣就萌生了（Barbas 2001）。早期研究基于芒斯特伯格"脆弱的受众"思想（Munsterberg 1916），直到 20 世纪 80 年代早期，伴随文艺批评的相似发展，关于受众如何通过与电影文本的私人对话，在共创意义中发挥作用的真正思考才缓慢发展起来（Phillips 2007；Stern 1989）。因此，电影学者试图借助受众反应理论（audience response theory）的概念方法（conceptual approach）[1]来批判性地解释电影对受众的影响（Hirschman 1999）。但在回顾关于受众反应理论的电影研究文献之前，我要指出，电影学者似乎有一种将电影消费仅对应于影院观看体验的习惯，完全忽略一个基本事实，即消费者也通过电视、DVD 乃至把电影下载到平板电脑和

---

[1] 指运用抽象的概念和观点分析现象的研究方法，不涉及任何形式的实验证明，最常见于哲学领域。与之对应的是实证方法。概念方法和实证方法是科学研究的两种路径。——译者注

手机上的方式观看同一部影片。

受众反应理论着重从理论上分析电影观众如何与电影文本互动。作为一种批判性理论方法，它可能引起消费者研究人员的特别注意，用来解析电影消费现象。巧的是，斯科特已经将该理论用于营销研究（Scott 1994），将它作为一种概念方法，从文化批判角度考察、分析和解读广告对消费者的影响。赫希曼（Hirschman 1999）紧随其后，运用受众反应理论的原初含义，考察消费者如何将电视节目本身作为消费对象进行解读。研究中，赫希曼所指的电影受众并非如同你我这样被称为"共同文化读者／观众"的人，而是挑选出来的一组"专家读者／观众"，他们接受了正规的马克思主义和／或女性主义批判理论训练，被要求批判性地审视观众会怎样阅读或观看一个试播的电视节目。

然而，姑且不论运用这个批判方法生成的有趣理论见解，我十分怀疑，对于真正的消费者作为"共同文化观众"怎样对电影做出反应、与电影互动并将其作为日常消费体验的一部分这个问题，受众反应理论能否提供真正的理解、有没有操作价值（Batat & Wohlfeil 2009）。实际上，受众反应理论只反映了接受过意识形态批判理论训练的专家观众的看法，他们试图在理论上证明，一个想象的、理想的观众个体如何对电影文本和整体的影院观看体验做出反应（Jenkins 2000；Phillips 2007）。一方面，这些受过专业学术训练的专家观众基于其观念先行的深层批判议题，假设其想象的受众[1]可能拥有什么样的先验知识、动机和可能的期望（Hirschman 1999；Mulvey 1975；Stern et al. 2005）。于是，语言学、符号学、马克思主义、女性主义思想特别是精神分析学的思想合唱，创造并时常（反复）确认被动、好骗的观众形象，这种观众总是容易受到观影体验的操纵性影响，不加质疑地接纳带有意识形态倾向的"镜头注视"（look of the camera）。

---

① 想象的、虚构的受众通常是批评家的另一个自我，也是其个人观点的代言人，其观点则往往被抽象和概括为给定的事实（Kirkland 2003；Mulvey 1975）。

另一方面，他们认为，带有意识形态倾向的"镜头注视"也使消极的受众（通常是男性）满足了个人的"窥视快感和欲望"（Hansen 1986；Jenkins 2000；Mulvey 1975）。由于受众反应理论最初兴起于美国社会动荡时期，这一理论的问题是，它实际上成了一种以电影为中介的意识形态研究（Lovell 2003）。在这样的研究中，专家观众常常假想受众的反应，只是为了借此提出自己的政治意识形态议题（Hirschman & Stern 1994；Phillips 2007）。20 世纪 70 年代初，受美国妇女解放运动的影响，女性主义与精神分析批评紧密结合，成为当今电影和媒体学者批判研究的主流模式，也影响了当今的受众反应理论。

例如，马尔维关于"男性凝视"（male gaze）在观影快感中的假定作用的著名论文（Mulvey 1975），主要目的是支持她个人极端女性主义的意识形态观点，而不是探索电影享受本身。通过很"自由地"借用弗洛伊德的精神分析，马尔维提出，在影院观看的全部快感都来自（男性）观众对银幕上女性人物的"性剥削"（sexual exploitation）。按照她的说法，不仅女性人物因其搔首弄姿的张扬角色而充当"陪衬的性（色欲）对象"，满足"他的"窥视欲，而且男性观众将男主角作为"他的"银幕代理人，与女性人物进一步实现了"性圆满"（sexual consummation）。

姑且不论上述观点完全没有基于真实的电影受众的反馈与直接观察的定性和定量证据可以佐证，马尔维理论的主要问题是，自电影诞生，超过半数的全球观众是女性。马尔维简单地忽视了女性电影观众整体的存在（Hansen 1986），没能解释女性电影观众为何会产生观影快感以及如何体验观看电影的乐趣。如果马尔维的观点是对的，那难道不意味着，所有女性观众要么是同性恋，要么是受虐狂？难道女性观众不可能通过对男性人物的"性剥削"获得观影快感？或是通过将女主角作为自己的银幕代理人而实现与男性人物的"性圆满"？然而，女性主义学者不假思索地接受了马尔维的研究，往往快速忽视了上述可能性。

有趣的是，汉森（Hansen 1986）在对老年人的访谈中发现，从 20 世纪 20 年代早期开始，女性观众就乐于通过对诸如鲁道夫·瓦伦蒂诺、埃罗尔·弗林（Errol Flynn）、克拉克·盖博（Clark Gable）等男影星的视觉意淫满足自己的恋爱幻想和性幻想。在没有现实替代品的情况下，男明星似乎为女性观众提供在道德严苛的社会中唯一可为文化所接受的性生活方式（Hansen 1986）。斯泰茜对 20 世纪 50 年代以后的粉丝书信做了回顾性研究，也得出了相似的结论（Stacey 1994）。虽然我的自传式民族志数据（Wohlfeil & Whelan 2008）显示，在特定情况下，男演员、女演员或其塑造的人物会对观众产生某种形式的性吸引，并使其产生性结合愿望，但这通常是电影消费之后产生的短暂暧昧情绪、非剥夺性的遐想。

霓虹恶魔

在回顾了有关电影消费的学术文献之后，我们现在终于可以转向电影工业中有关粉丝文化的部分，也就是本书研究的核心——电影演员。不过，虽然本书给予电影演员特别的关注，但研究发现也适用于摇滚／流行音乐明星、运动员或其他名人。如前所述，电影演员尤其是电影明星[①]，不仅是将消费者与电影密切联系的一个职业，而且在本质上如他们参演的电影一样，也是电影工业的产品。有时，影片甚至首先让他们名噪一时（De Cordova 1991；Gamson 2006；McDonald 2000）。虽然历史上最早的电影制片厂和电影专利公司试图让演员不为人知，以此作为把薪酬和成本压到最低的手段（Barbas 2001；Gabler 1998），但好莱坞制片厂从垂直整合制片体系的早期起，就寻求将主要演员作为资本投资加以管理，以

[①] 根据戴尔的说法，电影明星和电影演员之间有着巨大的概念差异。前者是"欲望对象"，后者则是"电影工业的无名银幕劳动力"（Dyer 1998）。

吸引大批电影观众，从而确保电影票房的盈利能力（De Cordova 1991；McDonald 2000）。

因此，1918年到20世纪40年代末，好莱坞电影公司就设立了完整的公关部门，其唯一责任就是为有潜力的影星塑造魅力形象，满足观众需求（Barbas 2001；Gamson 2006）。即使在强大的制片体系被强制拆分几十年后，演员和其他明星为自身塑造、挖掘、定位、维持富有辨识度的公众形象，或由"全能的经纪公司"帮他们打理，以期在现今的娱乐工业中分一杯羹，仍是常见操作（McDonald 2000；Tuchinsky 2006）。于是，对影星的研究和我刚才讨论的电影研究一样，是由同样的学术兴趣和研究方式决定的。到了20世纪80年代，虽然电影研究中出现了明星研究文献，考察电影明星作为文本图像在影片中的符号象征意义，但市场营销和消费者研究还是主要关注这些"人类品牌"（Thomson 2006）作为代言名人在其他商业品牌营销中可以发挥的作用（Erdogan 1999；McCracken 1989）。

市场营销和消费者研究中的影星

当早期的独立电影公司于1912年和1918年先后在洛杉矶地区落脚，建立垂直整合的制片体系，它们也孕育了好莱坞明星制（De Cordova 1991；McDonald 2000）。从一开始，电影演员就基本上被当作"人类品牌"管理。他们的戏内外形象、个人身份和彰显的价值观，过去由好莱坞制片厂现在则由强大的经纪公司精心设计和定位，以适应市场需求（Gamson 2006；Levin et al. 1997；Thomson 2006）。影星、摇滚/流行歌星、运动员甚至小有名气的名人都是可观的生意，他们攫住消费者的想象已长达一个多世纪（Geraghty 2000），而直到最近，市场营销和消费者研究人员才把他们当作"人类消费对象"（human consumption object）略加关注，这实在相当奇怪。这种聊胜于无的关注更令人失望，因为许多市场营销和消费者研究人员似乎仍然觉得，除了作为消费品代言人的潜力（Erdogan 1999；McCracken 1989）或对票房的贡献外（Albert 1998；Elberse 2007；Luo et al. 2010），很难在影星和其他名人身上看到其他作用。

　　这样一来，不出所料，市场营销领域关于消费者在现实中如何消费、如何与影星和其他名人产生联系的有限认识仍然来自简单化的名人代言研究文献，而这些文献几乎仅关注名人代言与商业消费品牌之间的正面形象传递，但实际上其中也存在负面的情况（Erdogan 1999；Misra & Beatty 1990；Spry et al. 2011）。因此，名人被概念化为静态、一维的实体，具有同质的形象，但没有开展进一步的探讨。这助长了一种肤浅的认识，即将重心放在形象的一致性、相似性和契合性上，传达一种名人和代言品牌之间可以进行直接、自上而下的意义传递的观念（Erdogan 1999）。麦克拉肯的研究是个例外（McCracken 1989）[①]，他将影视明星定义为"文化建构意义的复杂和个性化的符号集"，这个符号集是通过在银幕上塑造几乎相同的虚构人物来积累，而后经由代言品牌传递给消费者。

　　少数商业研究自 20 世纪 90 年代后期开始关注影星，主要兴趣是测量他们的品牌价值（Levin et al. 1997；Luo et al. 2010；Wei 2006）或他们对影片票房商业成绩的经济贡献（Albert 1998；Beckwith 2009；Elberse 2007）。这些研究整体上结论不确定和彼此矛盾，通常是因为在关键概念上出了问题。例如，未能首先辨明谁是影星，或者更明确地界定在什么时候一名演员是影星，而在什么时候不是。华莱士等人（Wallace et al. 1993）将赢得奥斯卡金像奖作为主要遴选标准，有的研究文献则依据演员以往的电影票房成绩追踪记录（Albert 1998；Elberse 2007；Ravid 1999；Wei 2006）。尽管这些通用标准都是为定量建模服务的一种方便的间接测

---

①　虽然麦克拉肯未借助或参考电影研究中关于明星的研究文献，但他对影星的观点和定义几乎与戴尔（Dyer 1998）的不谋而合。

量指标，但很明显，这些标准中的任何一个都无法用来实际分辨影星及其对影片商业成功的个人贡献与任何其他演员和创造性人才的同类贡献究竟有何不同。

第一，奥斯卡金像奖嘉奖一名演员塑造特定角色时的艺术水平，它代表一个人的职业成就，而不是影片的商业成绩（Wallace et al. 1993）。实际上，大多数奥斯卡金像奖得主和提名者是因为他们在影片中的表演而受到嘉奖，获奖影片赢得了评论界的赞赏，但常常只有中等的票房成绩（McDonald 2000）。再者，许多演员是在其职业生涯后期才获奖的，这是否意味着这些演员在职业生涯的大部分时间里不是影星，只能说是被补赠了"明星身份"（starhood）？而且，众所周知，这个奖项由电影艺术和科学学院（Academy of Motion Picture Arts and Sciences）颁发，时常并非因为真正的艺术成就，而是出于国内政治的原因。

第二，侧重于演员票房成绩的追踪记录的方法也存在一系列概念缺陷。首先，这种狭窄的聚焦又将我们带入了创作归属的浑水，如果一部电影的商业成功归功于一两名主演，那么就无视了其他演员和整个影片创作团队的贡献。这种方法也未能认识到许多著名演员时常选择在一部影片中扮演配角而不是主角。第三，参与一部成功的大片未必能成名。比如，研究文献通常将威尔·史密斯（Will Smith）当作明星讨论，因为他参演的《独立日》（*Independence Day*）和《黑衣人》（*Men in Black*）等影片的商业成功记录。虽然杰夫·戈德布卢姆（Jeff Goldblum）出演了《侏罗纪公园》（*Jurassic Park*）、《侏罗纪公园2：失落的世界》（*Lost World: Jurassic Park*）和《独立日》，但总是不能得到相同的认可。况且，近年来的许多大片，如《侏罗纪公园》、《哈利·波特》、《蜘蛛侠》、《阿凡达》或《霍比特人》根本不是以明星领衔主演而著称，其票房成功也难归功于此。

过去几年，一小拨消费者研究人员开始对考察名人在当代消费文化中的作用感兴趣（Eagar & Lindridge 2014；Hewer & Hamilton 2012b）。通过解构作为偶像品牌（iconic brand）的个体名人，这些研究人员试图深究资本市场上个人身份神话（personal identity myth）的创造（Cocker et al. 2015；Hackley & Hackley 2015；Mills et al. 2015）。虽然个别消费者研究人员近些年有兴趣了解消费者与名人关系的本质，但在市场营销领域有关名人代言文献的主导地位对其产生了巨大束缚，以致尝试探索日常生活中消费者与名人关系本质的少数研究（Banister & Cocker 2014；Hewer & Hamilton 2012b；Thomson 2006）仍然不得不将侧重点放在名人如何通过直接或间接（通常是无意的）与商品和品牌发生关联，而作用于消费者的个人身份和文化身份投射。

　　例如，汤姆森（Thomson 2006）从消费者与品牌关系研究的窄小视角识别消费者对名人情感依恋的性质和程度，其核心目的是利用这种情感依恋，服务于有针对性的名人代言。他的研究显示，当名人不压制消费者的"胜任感"（feeling of competence）但增强了"关联感"（feeling of relatedness）和"自主性"时，消费者会感受到与名人之间更强的情感依恋，而消费者强烈的情感依恋意味着其与名人之间满足、信任和忠实的关系（Thomson 2006）。不过，在我与女演员杰娜·马隆的粉丝关系中，胜任感和自主性没有发挥什么作用。而且，汤姆森没有区分非常不同的各种关系类型（即职业关系、社会关系、家庭关系、恋爱关系和性关系），他根据有关消费品品牌化的文献中以交易为导向的经济成本效益标准来衡量消费者与名人间的关系。

　　只有一小拨像我这样的消费者研究人员真正探索消费者如何在同好社区内分享意义和价值，表达对特定名人的倾慕（Henry & Caldwell 2007；Hewer & Hamilton 2012a；O'Guinn 1991），在钟爱的名人死去后感到悲痛（Radford & Bloch 2012），抑或通过在恋慕的名人身上投射自己的梦想和欲望，与其发展一种私人的甚至爱恋的准社交粉丝关系（Wohlfeil & Whelan 2011，2012）。

媒体研究中的名人

直到几年前，市场营销和消费者研究仍仅关注影星和其他名人的消费品代言能力和贡献票房的潜力，除此之外则兴趣寡淡，这种现实令人失望。不过，影星和其他名人对受众的号召力自 20 世纪 80 年代以来一直吸引着电影和媒体学者，并产生了两类重要的文献，即电影研究领域对明星的研究和媒体研究领域对名人文化的研究。尽管明星研究和名人文化研究通常可以互为补充，但这两个学科的学术议题截然不同，其概念出发点也因之各执一端。明星研究文献几乎全部围绕作为电影文本的影星展开（Dyer 1998），而关于名人文化的文献传统上重点关注"更大的问题"，即名望和名人在当代文化中的意义（Barron 2015；Redmond 2014）①。

早期的文化批评家或是受过新马克思主义社会意识形态议题（sociological ideological agenda）的强烈影响（例如，Adorno & Horkheimer 2006；Boorstin 1961；Lowenthal 2006；Weber 2006），或本身是类似基督教节制联盟的社会改革者。媒体学者吸收了他们的思想，并直接以他们的成果为基础，审视"媒体对名人的描绘和建构如何塑造受众理解社会世界的方式"（Barron 2015）。在此过程中，媒体研究领域将名人作为反映我们的名望追求和出人头地欲望的抽象概念（Giles 2006），而不关心消费者如何与名人个体产生联系。因此，媒体学者和文化批评家数十年争论不休，到底名人文化会造成学术和流行话语中预测的那种严重的文化降格（Boorstin 1961；Giles 2006；Schickel 1985），还是实际上代表着真正的通往社会公平的民主进程（Alberoni 2006；Marshall 1997；Turner 2004）。

---

① 你也许已经注意到，在过去的五六年中，一些使用消费文化理论范式的消费者研究人员一直采用类似的方法，只不过研究重点局限于消费。

　　传统的"名人即文化降格"（celebrity as cultural decline）观点的支持者（Cashmore 2006；Gabler 1998；Giles 2006；Schickel 1985）受到了芒斯特伯格"脆弱的受众"思想影响，认为消费者是媒介文本被动、毫无防备的接受者，无力区分虚构媒体形象和真实现实。洛文塔尔（Lowenthal 2006）、索普（Thorp 1939）、鲍德里亚（Baudrillard 1970）等文化批评家继而进一步细化了芒斯特伯格的理论，并指出，创意产业乃至名人文化的唯一目的是让人们将视线从生活中真正重要的事情上移开，投注到精心策划、肤浅的伪事件上。尤其是布尔斯廷（Boorstin 1961）丰富了"名人即文化降格"话语（Barron 2015），并激发卡什莫尔（Cashmore 2006）、加布勒（Gabler 1998）、席克尔（Schickel 1985）等当代媒体学者走得更远。

　　布尔斯廷认为，在过去，名望只是对一个人的特殊技能和英雄成就的公开认可（通常是死后），因此也就有了稀缺价值（Boorstin 1961）。与之相反，名人获得名望却不需要天赋或勋业。因此，布尔斯廷提出，名人代表了一种追求即时满足的文化，这种文化将"表面形象"（surface image）、自恋、"为出名而出名"（fame for its own sake）的价值置于实质内容（substance）和个人为"更大的善"（greater good）奋斗之上。他接下来的结论——名人只是"因出名而著名的人"——自此主导了媒体研究和大众媒体上有关名人的话语。不过，尽管他给名人下的这个时常被援引、含有贬损性的定义在某些情况下可能是贴切的，比如当下的真人秀热潮（Giles 2006；Redmond 2014），但总体上有失偏颇，因为名人各自成名的原因千差万别。实际上，名人会因艺术创作才能出名，因职业成就出名，因与其他知名人物的私人关系（如配偶、子女、亲属或情人）出名，或者仅仅因"不堪"和"无耻"的公共生活方式而臭名远扬，比如过度的社交派对生活、婚外恋情、裸照上小报或将自制的性视频"泄露"到网上（McDonald 2003）。

"名人即文化降格"观点的支持者,将名人首先视为腐化人们内心、思想和灵魂的过度资本主义消费文化的邪恶表现(Gabler 1998;Schickel 1985),而新近的"名人即社会公平"(celebrity as social levelling)观点(Hills 2016;Kanai 2015;Levy 1989;Marshall 1997)的支持者则以阿尔贝罗尼(Alberoni 2006)的著作为概念出发点,持有更加乐观的看法。他们认为,名人文化代表资本主义消费文化漫长民主化进程的自然终点(Turner 2004)。虽然阿尔贝罗尼论述说,影星和其他名人仍然代表"无权的精英"(powerless elite),他们可以引起受众与媒体的瞩目和景仰,但并没有真正的政治权力。利维(Levy 1989)和马歇尔(Marshall 1997)则争辩说,虽然名人可能没有做出政治决策的权力,但他们仍然处于可以将民众注意力导向某项事业或动员大众争取或反对某项政策的位置上。

马歇尔还提出,在民主社会中,名人是社会动员的视觉表征(visual representation),而名望则是对一个人自我完善努力的终极回报(Marshall 1997)。于是,名人彰显了资本主义消费文化通过广泛可用的数字媒体技术和消费品,赋予每个人的民主价值和个人自由,具体表现为电视真人秀和博客(blogger)尤其是将自己打造为社交媒体达人的视频博主(vlogger)的增多(Marwick 2016;Turner 2004)。我们作为消费者,即使并不千方百计让自己出名,也依然拥有一种权力,即作为受众通过消费偏好来决定在一个高度竞争的市场中什么样的名人获得成功还是落败(Marshall 1997),不论是通过购买音乐专辑或下载歌曲,在影院、影碟机或电视上看电影,还是为某个电视真人秀节目的参赛者投票。消费者甚至被赋予了制造或摧毁名人的权力,他们可以通过大众媒体或社交媒体议论八卦,从而让自己沉湎于名人私生活(Hermes 2006;Hermes & Kooijman 2016)。

尽管媒体研究中这两种主导视角可能在看待名人对于当代文化的意义问题上存在分歧,但两者的重心都围绕着一个基本共识,那就是名人的存在反映了人类出人头地和需要认同的欲望(Giles 2006;Marwick 2016)。

但这两种视角都未能真正解释为何消费者会对某位名人产生情感依恋，对其他名人却并不如此（Hills 2016）。

电影研究中的影星和演员

既然市场营销和消费者学者在研究对电影演员的消费问题（consumption of film actor）上兴趣寥寥，那么我们最好更仔细地了解一个你或许期望能专心研究演员的学科——电影研究。但很奇怪，虽然电影（如同戏剧）作为表演艺术从一开始就依赖于职业演员的创作（De Cordova 1991；Gamson 2006；McDonald 2000），但在电影研究领域，关于影星的研究也只是较近期才得以推进。其实，如若没有演员，就根本没有电影——除了纪录片和动画片。然而直到 20 世纪 80 年代早期，电影学者还是对表演艺术（De Cordova 2006；Thompson 1991）和演员本身（Dyer 1998；King 1991；Staiger 1991）的研究漫不经心。

电影学者从一开始就疏于关注演员和银幕表演，这种现象或可用这门学科过度着迷于对电影文本的批判性审视而忽视了整体上观照电影制作的现实操作来解释。实际上，长期以来，电影研究只是把演员当作影片制作流程中的一个工种，所以不屑一顾（De Cordova 1991，2006）。自然，演员的表演只是作为电影文本中另一个无法规避的部分被考虑，就如同场面调度、音效、照明和取景一样（Dyer 1998；Thompson 1991）。虽然存在一些更早期未被注意到的研究，但这种传统的看法直到理查德·戴尔（Richard Dyer）开创性的著作《明星》（Stars）在 1979 年出版后才出现改观。这本著作在概念和意识形态层面确定了（少有例外）电影研究学科内部（甚至之外）对影星的研究和理解，影响持续至今（King 1991；Lovell 2003）。即便如此，直到 20 世纪 90 年代早期，影星研究才最终确立为一个学术上的亚学科（sub-discipline）。

戴尔对影星概念的解释

也许你此刻已经注意到，我总是试图区分"影星"（film star）、"电影演员"（film actor/actress）和"名人"（celebrity）这几个术语。我这样做是为了解决一些概念内涵上的难点，即什么时候一个演员可以称为"影星"，什么时候又不可以。就我个人而言，影星只是普通的演员，只不过他们碰巧因为身为一个表演者的商业和艺术成功而为人所知。我相信，你和许多消费者多半也会同意我的定义。但是，电影学者传扬对"影星"这一术语非常不同的理解，他们完全以戴尔早期的解释（Dyer 1998）为基础，对"影星"、"演员"和其他"普通名人"几个概念给出非常清晰的区分（King 1991；Staiger 1991）。第一，电影学者普遍习惯于将明星视为电影圈独有的现象（Dyer 1998；Haskell 1999；King 1991），而这种现象首先与好莱坞的魔力相关。出于这样一种定义思维，明星身份实质上不再适用于其他创意产业的著名表演者，诸如摇滚／流行音乐家、舞台演员、电视名人、运动员，尤其是那些主要在电视电影和肥皂剧中扮演角色的演员（Lacey 2003；Watson 2007a）。所以也就不奇怪，电影学者总是习惯性地抱怨说，"明星"这个术语在公共话语中总是被滥用，已经变得无意义（Dyer 1998；King 1991）。然而，这种说辞的一个重要问题是，其实明星制起初并不是电影工业的发明（Barbas 2001；De Cordova 1991；Studlar 2016）。

例如，早在一个多世纪以前，意大利歌剧就产生了大批明星男高音歌唱家，他们因出色的嗓音以及对角色的诠释蜚声国际，至少在文化教育水平普遍更高的欧洲社会中广为人知（Gabler 1998）。18～19 世纪，他们的名望被名声不佳的阉伶歌手①盖过，然而，后者成名所付出的代价之沉重

---

① 阉伶歌手一开始都是有天分的唱诗班男孩，为了永久保留他们美妙的女高音，在只有 7～9 岁的时候，他们的睾丸被严重破坏。

是我们绝不提倡的。再者，在风气开化的 18 世纪和 19 世纪早期，一些英国戏剧演员凭借个人表演风格和舞台表演声名大噪，他们在美国各地举办常规巡演，门票总是一售而空（Gabler 1998；McDonald 2000；Studlar 2016）。因此，在电影出现很久以前，美国本土戏剧工业就形成了明星制（Barbas 2001）。于是，纽约百老汇成为美国戏剧工业当之无愧的中心且在今天依然拥有这样的地位，那时一些被称为"保留剧目剧团"（stock company）^① 的演出公司还在美国广袤的乡村游荡（Gabler 1998；Studlar 2016）。有趣的是，最早一批电影演员通常是戏剧演员，常由戏剧公司安排担任次要角色或合唱角色，甚至只是临时客串，也就是说，没有被正式雇用（Barbas 2001）。

　　由于当时电影专利公司的营销重点仍是其专利电影技术，在 1897~1913 年的早期故事片中，演员甚至不在演职员名单里（Barbas 2001；De Cordova 1991）。这种状况直到 1913 年后才缓慢改变，当时，独立电影制片人卡尔·莱姆勒和他的公司 IMP（现在的"环球影业"）开始推

---

① 又称"repertory company"，指常驻于一家保留剧目剧场（repertory theatre/stock theatre），在一个演出季轮番上演多个剧目的剧团。这种剧团比较专业，常常由擅长各种戏剧人物类型的演员组成，如悲剧演员、领衔男女主演、反派主角（heavy lead）、老妇人扮演者、年轻恋人和英雄扮演者、轻浮女子扮演者、女二号和喜剧演员等。剧团成员总是不断排演新剧。它的出现使戏剧演出的品质得到了很大提升，年轻演员得以在这类剧团中接受良好的表演训练，从学徒成长为主演。这些剧团也为后来兴起的电影业提供了大量优秀演员。19 世纪初，美国的主要城市，如纽约、费城、波士顿便出现了这种剧团。一些剧场老板为了保证演出的质量，也同时供养自己的保留剧目剧团，但常常面临较大的经营压力。"stock company"这个名称直到 19 世纪中叶才开始使用，从而将常驻剧团与其竞争对手巡回演出公司（touring company）区分开来。到 19 世纪末，多数大城市的这类剧团已经被有明星领衔的巡回演出公司的常演热门剧目所淘汰，因为这些剧目对大城市的剧院来说更有利可图。当巡回演出公司从首都扩张到外围地区时，地方性的专业保留剧目剧团也难以与之抗衡。——译者注

广"比沃格拉夫女孩"（Biograph girl）①弗洛沦丝·劳伦斯，作为该公司电影的主要卖点。从那时起，那些后来成为主要的好莱坞制片厂的独立电影公司开始凸显电影演员，以此区别于竞争对手（McDonald 2000；Studlar 2016）。不过，在半垄断的电影专利公司拆分以及独立电影公司在1916~1920年逐渐发展为主要的全球影业玩家后，好莱坞明星制的根基才算奠定（Barbas 2001；McDonald 2000）。

第二，更有意思的是，戴尔（Dyer 1998）提出，影星"绝不能"是演

---

① "比沃格拉夫女孩"，20世纪早期美国最早致力于电影生产、在黑白默片时代最重要的电影制片厂比沃格拉夫制片厂（Biograph Studios，1895-1916）当红女星的代称。由于当时的制片厂不希望演员出名以抬高身价，加之一些演员觉得出演默片并不荣耀，所以演员是匿名的。于是，当时的观众和媒体用这个词指称该公司的领衔女主演弗洛沦丝·劳伦斯（Florence Lawrence，1886-1938），她也常被视作美国第一位明星。劳伦斯自幼跟随作为戏剧演员兼导演的母亲登台表演，1906年起在维塔格拉夫电影公司（Vitagraph Film Company）和爱迪生制造公司（Edison Manufacturing Company）出演了几十部影片，由于她骑术精湛、容貌可人、一头金发，被比沃格拉夫制片厂最著名的导演D.W.格里菲斯（D.W.Griffith）相中，在影片《女孩与逃犯》（*The Girl and the Outlaw*）中担纲主演而一炮走红。1908年，她出演了格里菲斯执导的60余部影片中的绝大多数，也越来越受到追捧，不少影迷给制片厂写信询问她的身份，但即便她出演的《复活》（*Resurrection*）获得了巨大成功，制片厂仍拒绝透露她的姓名，粉丝只是简单地称她为"比沃格拉夫女孩"。1909年，劳伦斯加盟卡尔·莱姆勒创办的独立制片公司IMP，后者策划了一起"传媒伪事件"，使劳伦斯成了有名有姓的大明星。具体做法是：先散布劳伦斯死于车祸的谣言，而后登报辟谣，借机宣传预热她正在拍摄的影片《破碎的誓言》（*The Broken Oath*），并在密苏里州的圣路易斯举行一场劳伦斯与粉丝的见面会，这次活动使劳伦斯成为该公司的标志性人物。在卡尔·莱姆勒精明的运作下，"明星制"（Star System）就这样诞生了，劳伦斯也成了家喻户晓的影星。当时美国的电影发行体系主要被电影专利公司把持，如果影院被发现放映了并非该公司会员的IMP公司的影片，则不能放映电影专利公司的影片，在这种情况下，IMP的生存在很大程度上归功于劳伦斯的知名度。1915年，劳伦斯在拍片现场被意外烧伤，脊柱骨折，其后病情多次反复，甚至一度瘫痪，她的事业从此滑坡，再未回到巅峰。1929~1931年的"大萧条"时期，她多年积累的财富也所剩不多。1938年，身患罕见骨髓绝症的劳伦斯最终选择服毒自杀。——译者注

员，因为他们是独特的！在他看来，影星是光芒四射的艺术精英，本质上
与普通电影演员不可同日而语，后者只是电影工业里的职业劳工，除此之
外什么也不是（De Cordova 1991，2006）。这种区分基于一种稳固的理念，
即演员只是电影制作流程中的一个劳动分支，电影研究作为一个学科对此
并无兴趣，但影星被视为另一种形式的电影文本，因此也可以采用研究电
影文本的批判方法或受众反应理论加以分析（King 1991；Krämer 2003；
Staiger 1991）。当然，1918 年至 20 世纪 40 年代晚期垂直整合的好莱坞制
片体系的组织结构助长了这种明星话语。在这种体系中，雇员在片场的住
宿按照层级高低分配，只有制片厂的领衔导演、制片人、影星住在靠近制
片厂的自家别墅里。尽管如此，在电影研究中，将影星视为文本进行解读，
与麦克拉肯（McCracken 1989）对名人的定义或汤姆森（Thomson 2006）
将名人视为人类品牌的概念仍然非常相近。在上述 3 种定义中，影星都被认
为有别于其他演员，因为他们"不是"那种从事表演艺术的专业人士，而
是活的符号形象，他们所表征的意义是通过多种多样的媒介文本和公共话
语来实现的（Dyer 1998；Haskell 1999；Hollinger 2006；King 1991）。

　　尽管戴尔承认影星是活生生的人类，但他认为，我们不太可能亲自遇
见或了解私下里真实的他们（Dyer 1998）。相反，我们实质上被迫接受银
幕内外各类媒介文本中的影星，换句话说，就是他们展现给受众的公共形
象和私人身份。出于这个原因，戴尔将影星描述为符号形象系统，使资本
主义消费社会中关于成功、魅力、杰出甚至神圣的文化理念人格化。戴尔
论证说，真实的人通过名字、外表、声音和演技来展现，但我们接触影星
只能通过银幕内外形形色色的电影和其他媒介文本中的符号学显现来实现。
在电影和媒介文本中，影星们塑造了一群大同小异的人物（文化原型），这
些人物身上体现出一种牢固、稳定和可识别的正统标准，并使特定的文化
价值和欲望人格化（Hollinger 2006；Kirkland 2003；Williams 2006）。

　　此外，依据20 世纪20 年代至50 年代初好莱坞制片厂时期的一些例子，

戴尔还指出，影星总是被视为"完美、卓越"的人来崇拜，公众以为，他们塑造的人物反映他们自己私生活中的"真实"人格和生活方式，因而他们在银幕内外的公众形象是一致的（Hollinger 2006；King 1991）。因此，他确定了两种意识形态取向作为研究影星的主要原因，他宽泛地将二者描述为社会学的和符号学的。前者将影星作为资本主义社会的消费文化现象，在这样的社会中，电影之所以吸引人，只是因为影星在其中担纲角色（Dyer 1998；Haskell 1999；Staiger 1991）；后者则把影星看作文化符号的表征系统，影星和其表达的东西只存在于电影和其他媒介文本的语境中（Dyer 1998；Hollinger 2006；Krämer 2003）。结果，影星研究的批判方法大体上发展出 3 个主要思想流派，分别侧重于"作为商品的明星"、"作为文本的明星"和"作为欲望对象的明星"（Watson 2007a）。很明显，这 3 个主要流派实质上反映了 3 个传统的电影研究流派，分别对应作者导演、电影文本和受众。

作为商品的影星

关于影星最早（也是最古老）的批判学派思想本质上将影星视为电影制作和市场营销的经济语境下的商品（Watson 2007a），因而与近期关于电影和影星的市场营销研究异曲同工（Albert 1998；Elberse 2007，2014）。在这种思路下，影星只不过代表了一种向放映商和观众销售电影的机制，通过确保特定的观影快感和制定宣传电影的商业策略起作用（McDonald 2000，2008）。不过，这个本身缺乏证据支持的批判学派在 1979 年戴尔的著作出版后更加黯然失色，直至 20 世纪 90 年代后期才得以复兴，尤其是在麦克唐纳（McDonald 2000，2003，2008）的著作发表之后。

在 1918 年至 20 世纪 40 年代后期的好莱坞制片厂时期，任何创作和技术人才都被长期合约束缚，成为特定电影制片厂的劳工。而电影制片厂拥有所有的法定权利，独家控制影星身份和形象（Barbas 2001；McLeod

2006）的塑造、管理和商业开发（包括名人代言）。于是，好莱坞制片厂
根据特殊的市场需求塑造、推广和管理明星身份，而处于问题核心的个
体演员实际上没有任何话语权（Barbas 2001；Gamson 2006；McDonald
2000）。事实上，好莱坞明星制的目标就是通过一套具体化、人格化、明
确定义的特定期待和"许诺的快感"（promised pleasure），提供给观众
"可预测的保证"（guarantees of predictability）（Watson 2007a）。为了
精准地实现这一目标，好莱坞制片厂安排影星持续扮演特定、可以清晰
辨认的相似角色，有时甚至在同样的电影类型中扮演角色（De Cordova
1991；McDonald 2000），这一过程后来被称为"定型"（typecasting）①。
但电影制片厂并未满足于此，而是走得更远。它们试图要求影星（公众知
晓的）私人生活与其剧中的人格面具保持一致（Barbas 2001；McDonald
2000）。这样一来，影星银幕内外人格的独家创作权就完全掌握于电影制
片厂高管手中，而不在演员个体的控制之内（Gabler 1998）。

　　自从垂直整合的好莱坞制片体系在 20 世纪 50 年代初强行拆分②，

---

① 定型（扮演），即演员反复饰演同类角色，从而使观众形成了固定的心理预期，同
时，角色特性与演员本人的品性之间发生了某种程度的混淆，角色的魅力投射在演
员身上，引发观众的痴迷和膜拜。比如，克拉克·盖博让人联想到玩世不恭的男
人，而格利高里·派克则代表了风度翩翩的绅士。这种策略是好莱坞制片厂时期大
公司操纵演员以创造最大效益的做法，往往牺牲了演员对自身演技的追求。——译
者注

② 一个反转是，曾经是独立电影公司的好莱坞五大制片厂在 1914 年推翻了电影专利
公司的准垄断地位，但到了 1947 年，它们因自身的反竞争行为被告上法庭。作为
垂直整合的公司，它们不仅控制着电影产业链的 3 个环节（制作、发行和放映），
而且通过"包档发行"（blockbooking，即为了放映一部特定电影，独立影院必须
在一段时间内预订和放映 12~20 部这家制片厂的电影），使独立电影制作公司无法
进入院线（Epstein 2005）。1948 年的《派拉蒙法案》勒令好莱坞各大电影公司剥
离这 3 个产业部门中的一个，同时，禁止电影公司与创作人员签订长期雇佣合同。
但是，自 20 世纪 80 年代以来，许多好莱坞电影公司被更大的集团公司并购，这些
集团公司也在各大电影院和音像制品零售商中占有相当比例的股份，因此这些大型
电影公司再次获得了对主流放映院线的控制权（Epstein 2012）。

电影演员便以项目为单位作为自由劳动力受雇于制片人（McDonald 2008）。演员与制片人、制片厂之间的利益关系交由经纪公司代理和打理（McLeod 2006；Tuchinsky 2006），但银幕内外人格的主创者主要是演员自己，或者至少也是他们的私人经纪人（Epstein 2005；McDonald 2003,2008）。当今的电影制作依照"打包单位制"（package unit）①运作，"打包单位"通常由各大经纪公司组合（Kerrigan 2010；Obst 2013），作为其重要组成部分的影星已经从以往的商品升级为一种资本投资，从而增强了制片人的回报确定性，这一点也体现在领衔明星如今可以索要的高额片酬上（McDonald 2000,2008；Wasko 2008）。制片人往往在当红明星出演的电影中投入更多资金，所以影星可为一部电影吸纳运用其他方法无法筹集的资金，还可以通过自己的参与和银幕内外的露面确保对电影的必要宣传（Epstein 2012；Kerrigan 2010）。

于是，影星的产业角色起初是商品，其后是资本投资，触及和凸显了电影产业中与权力结构相关的一系列问题，从而吸引了许多电影学者研究影星的这一特殊方面，首先是从新马克思主义视角切入，而后从女性主义意识形态视角展开。通过借鉴阿多诺、阿尔都塞、马尔库塞、葛兰西、洛文塔尔或韦伯的著作，电影学者试图揭示关于影星的培养、管理和消费如何体现电影产业中与影星文本的创作者和所有权有关的深层权力结构和斗争并使之合理化（Beltran 2006；Geraghty 2003；Krämer 2003；Williams

---

① 20世纪50年代中期以后好莱坞主流的电影制片管理制度。在这种制片模式中，制片人从制片厂独立出来，自己组织一个电影项目，开发剧本，筹集资金，把必要的参与人员（编剧、导演、演员等）和相关制片工具（如技术设备、摄影场景等）组合打包成制片团队。与之相应的是好莱坞电影制片厂的传统角色发生变化，成为给"独立"制片公司提供资金、摄影棚和发行服务的公司。同时，好莱坞电影制片厂发现和培养电影创意人才的任务也让渡给经纪公司，经纪公司依托其拥有的大量明星等资源，逐渐发展为与好莱坞大制片公司相互抗衡和博弈的一支重要力量。参见肖怀德《中美电影制片管理机制比较研究》，博士学位论文，北京大学，2012。——译者注

2006）。而近些年媒体研究的视线落在了将影星视作民主精英（democratic elite）的观念上（Levy 1989），这一研究取向提出了一个假定悖论，即影星构成了一个社会精英阶层，相比于大多数演员而言，他们既可以为自己的创作谋求高报酬，又可以推进心仪的电影项目。尽管如此，他们还是缺乏真正的政治和社会权力（Dyer 1998；Levy 1989；McDonald 2000）。

当你兴致勃勃地带着观念先行的眼光观察好莱坞梦工厂的产业侧面时，影星本身常常被视为一个相当总括性的抽象概念来考察。只有当个体影星（多数来自好莱坞制片厂时期）银幕内外人格的某个侧面适用于特定研究时，才被当作例子来佐证特定的意识形态命题。因此，涉及影星文本创作者的问题，只是用相当简单化的术语讨论谁拥有权力，而忽略了电影剧本、导演、小报新闻与私人生活方式等大量可能影响影星身份和形象的其他因素（Lovell 2003）。

作为电影文本的影星

作为另一种取向，第二个思想学派发端于戴尔（Dyer 1998）关于电影粉丝文化的原创著作并深受其影响。戴尔将符号学、社会学和批评理论相结合，将影星视为一个文本，并将其理解为一个符号系统，或者更准确地说，理解为一个各种电影和媒介文本的互文网络（intertextual network）建构起来的形象（Dyer 1998；Watson 2007a）。这一批判学派的核心观念是，不能把影星看作活生生的人，因为受众不可能在私下里亲自遇见或了解他们。相反，必须把影星视为由其出演的电影文本和银幕外的媒介文本共同建构起来的复杂的符号化人格（Dyer 1998；King 1991）。虽然表面上看影星是具体、真实的人，通过名字、外貌、个性、声音和独特的表演技巧显现，但实际上我们只能通过他们在电影中的表演以及官方（媒体访谈、公共事件、新闻发布、官方网站、Facebook 官方账号、Twitter 官方账号、传记等）或非官方（小报新闻和八卦媒体、同人志、粉丝网站和社交媒体动态）媒介文本接触他们（Hollinger 2006；McDonald 2003）。因而，戴尔（Dyer 1998）将影星区别于其他"普通电影演员"，后者存在于电影文本中，但在其他外部媒介文本中鲜有露面，后续的隐没状态也使其未得到受众瞩目。

基于戴尔给出的定义以及此后其他电影学者对其路径的追随（例如，King 1991；King 2003；Kirkland 2003；Krämer 2003；Williams 2006），明星研究的目标便成了：

> 不是对文本抽丝剥茧，揭示明星的真实自我，而是分析媒介化的明星形象的显性与隐性意义，并在更广泛的意识形态和社会话语语境中解读。（Watson 2007a:130）

于是，影星研究特别注重探究一位影星的银幕人格和银幕外人格的双重性，重点在于确定二者的同质性和不连续性（Dyer 1998；Hollinger 2006；Staiger 1991）。不过，虽然这是明星研究的主流模式，但从一个像我这样的电影研究局外人角度观察，这一批判学派暴露出一系列明显缺陷。洛弗尔（Lovell 2003）在对最近30年这一亚学科成果的批判性回顾中也提到了这些问题。

首先，这一概念学派认为，影星作为文本在各类电影文本中都可以清晰识别，因为影星塑造了一系列相似的人物、一种经典的角色类型（一个原型），而这种角色带有某种个体特质和同类人物的典型特征，而它们也代表了影星自己的银幕外私下人格（Beltran 2006；Dyer 1998；Hollinger 2006；Kirkland 2003）。于是，电影学者往往重点讨论那些挑选出来的最匹配这种概念的影星，以便为这种观点提供证据。而这个概念恰好反映了好莱坞明星制的真实状况，所以许多电影学者便将注意力放在好莱坞制片厂这一特定时期的影星身上，或者至少放在20世纪50年代该体制崩溃之初的那些影星身上（例如，Dyer 1998；Haskell 1999；Staiger 1991）。

　　而面对讨论当代影星的需要，从 20 世纪 80 年代开始，电影学者试图通过观察被选中的当代影星来证实他们的批判方法和概念，而这些被选中的影星本质上与好莱坞明星体系中的同行一样，塑造了相同的原型（Hollinger 2006；King 2003；Kirkland 2003）。例如，在好莱坞制片厂时期，浪漫英雄原型的人格化先是由富于魅力的鲁道夫·瓦伦蒂诺、埃罗尔·弗林、克拉克·盖博等人担纲，之后由加里·格兰特（Cary Grant）、罗克·赫德森（Rock Hudson）在 20 世纪 50 年代接班，现在则由沃伦·贝蒂（Warren Beatty）、李察·基尔（Richard Gere）和乔治·克鲁尼（George Clooney）继续传承，而西尔维斯特·史泰龙（Sylvester Stallone）和阿诺德·施瓦辛格（Arnold Schwarzenegger）代表着约翰·韦恩（John Wayne）式性冷淡动作英雄的现代版本（Huffer 2003；King 2003）。除了高度选择性地挑选合适的影星作为文本之外，电影学者过去和现在都高度选择性地讨论与特定影星有关的电影文本及媒介文本（Beltran 2006；Hollinger 2006；Kirkland 2003；Williams 2006）。由此，他们在讨论中往往只谈及那些支持其意识形态观点的电影角色，同时排除其他所有不支持其意识形态观点的角色（King 2003；Kirkland 2003；Williams 2006）。

　　由此，最终这一批判学派常被引用的一个隐含论点是，影星相对于"普通、无足轻重的角色演员"（Dyer 1998），不能真正地扮演角色，相反，只能表演他们自己（Lovell 2003）。事实上，戴尔本人认为，一个"真正的"影星不可能扮演自己以外的任何角色，因为电影观众出于对影星其他电影文本的了解，总是把他或她视为影星。然而，这一批判学派及其论证未能直面以下重要现实：一是大多数影星在"成为"影星前，实际上拥有丰富的专业背景，即作为有经验的舞台剧演员和／或电影演员；二是电影观众可能会真正享受和欣赏影星的演技及令人信服的角色扮演，而不仅仅是消费他们的文本存在（Lovell 2003）。此外，这一批判学派没有意识到，无论电影演员是不是明星，基本上都是在导演的监督和指导下按照事先写好的剧本来塑造角色的。

作为欲望对象的影星

第三个批判学派将影星视为欲望对象，这种思想本质上是受众反应理论的产物，因而根植于女性主义精神分析的意识形态，当然，酷儿理论自 20 世纪 90 年代中期以来也获得了一定的发展（Hansen 1986；Huffer 2003；Weiss 1991）。不过，这一批判学派的明星研究虽然受到马尔维（Mulvey 1975）理论中"男性凝视"和银幕女性角色作为（视觉）"性对象"被剥削这一观点的强烈影响，但与汉森（Hansen 1986）、哈斯克尔（Haskell 1999）和斯泰茜（Stacey 1994）的研究联系最为紧密。这一学派申明，其目标是审视电影观众通过解读影片和媒介文本在（重新）建构文本中明星形象的意义方面发挥的明确作用，以及观看政治学（the politics of spectatorship）和"明星凝视快感"（Hansen 1986；Stacey 1994），论证影星与观众关系的意识形态本质（Watson 2007a）。

于是，影星被当作"欲望对象"，研究涉及观众如何通过与他们的互动、对他们的认同、从其文本形象中获得满足感甚至通过他们感受情欲快感，参与明星文本，发现其意义（Dyer 1998；Hansen 1986；Stacey 1994）。就我在本书中的研究历程而言，乍一看，这一批判学派似乎注定要为女影星、她们的影迷以及生动的粉丝体验三者间的关系如何在日常消费行为中展现提供一些理论基础。然而，很遗憾，对这个明星研究的重要流派中的许多研究而言，借助对影星文本的社会学理论考察，学者们提出各自的意识形态议题似乎比提供任何真正的洞见来理解电影观众与影星个体之间的实际关系重要得多（Beltran 2006；Kirkland 2003；Lacey 2003；Weiss 1991）。

　　基于马尔维关于性别角色与观众反应之间关系的女性主义精神分析思想，女影星的作用首先表现为"性化奇观"（sexualized spectacle），其角色设计完全是"'用性感展示的时刻'扰乱电影叙事"（Haskell 1999；Stern et al. 2005；Williams 2006），除了博眼球，与故事推进几无关联。而男影星通过扮演英雄主人公，完全支配影片叙事（Watson 2007a），为观众提供了认同的核心机制。为支持其意识形态论证，电影学者再次讨论具有高度选择性的领衔影星、电影文本和媒介文本，作为论述实据。这些挑选出来的影星、电影文本和媒介文本，大多数来自好莱坞制片厂的全盛期，因此非常便利于提出揭露女性剥削的基础女性主义议题，而不是真正考量观众与影星的实际关系（Haskell 1999；Mulvey 1975；Williams 2006）。

　　自20世纪90年代中期以来，批判的酷儿理论在电影研究中兴起，为女性主义精神分析的批判方法增添了一个新的转折。通过研究观众与影星的关系，研究者在更广阔的社会语境下，对隐藏在影星文本中的同性恋意义加以明确阐释（Huffer 2003；Weiss 1991）。但坦率地说，作为一个电影学界的局外人，在我看来，大多数纯意识形态驱动的研究及发现像是一大堆伪精英主义的废话。借由这些研究，电影学者将各自的意识形态议题、理想和假设当作普遍真理，投射到个体影星身上，即使缺乏任何现实生活或经验证据支持这些意识形态的定义。事实上，就像马尔维（Mulvey 1975）的女性主义精神分析理论给我的感受一样，我经常感觉这些电影学者（例如，King 2003；Kirkland 2003；Williams 2006）一定是在讨论非常不同的影星（或电影），而不是我所了解的那些同名影星（或电影）……

　　有别于一般的影星和电影研究，令人耳目一新的是汉森（Hansen 1986）、斯泰茜（Stacey 1994）和巴尔巴斯（Barbas 2001）采用了不同的方法论和概念。巴尔巴斯采用历史结构主义方法，汉森和斯泰茜则沿用民族志方法，在真实的电影观众日常生活语境下，从整体上探索和定义影星、观众和快感之间的关系。所以，这些是近年来我在电影研究中见到的极少数基于实地观察和包括深度访谈、粉丝来信、日记和新闻报道影像在内的经验数据而得出结论的研究。这些研究发现，女性观众认同女影星并享受（更直接地）对银幕上男影星的性客体化，她们实际上表现出女性主义精神分析电影学者出于纯粹的意识形态原因而完全归于男性观众的行为，只不过她们的行为是逆向的（Barbas 2001；Hansen 1986）。

斯泰茜（Stacey 1994）不仅将女性电影观众对文本中影星形象的反应和认同方式加以分类，而且区分了不同的认同模式以及由此产生的快感体验类型。此外，斯泰茜和巴尔巴斯还批判性地检视了粉丝来信的细节，这些信件的跨度从 1898 年到 20 世纪 60 年代后期，由电影观众寄给制片厂或直接寄给他们喜爱的影星。他们的发现不仅证实了汉森（Hansen 1986）与斯泰茜（Stacey 1994）的民族志研究中的数据和观察，而且发现运用批判理论的电影学者过去信奉的假说和概念对于演员的真实世界、电影观众以及二者间的真实关系鲜有实证支撑。因此，巴尔巴斯（Barbas 2001）和洛弗尔（Lovell 2003）特别批评，文化批评家、电影和媒体学者在缺乏任何实证与方法论上的确凿依据的情况下，滥用自己作为有影响力的学者的精英权力，歧视粉丝与明星之间正当的兴趣和关系，只为推进他们自我陶醉的政治意识形态议题、提高其在学界的地位以及宣扬其文化观点。

杰拉蒂对影星的另一种理解

在详细地回顾了电影和媒体研究中传统的影星文献之后，我不太确定这些研究到底在多大程度上提供了真正有帮助的见解，用来解释一些现象，比如，我对杰娜·马隆有十分浓烈的情感依恋、景仰其表演才华、喜爱其影片的原因。如果我采用戴尔（Dyer 1998）关于影星和普通角色演员的区分，即影星之所以出名，既因其银幕上的人格，又因其光芒四射的公开私生活，而普通的角色演员则完全隐没在其人格化的角色后面。那么，杰娜·马隆绝对"仅仅是"一个角色演员，而非影星。也就是说，按照戴尔的说法，我不可能在电影中注意到她，也不可能对她有任何关注，更别说被她迷住了。但正是她扮演各种不同角色的灵活性，以及她让每一个角色看起来都像"真人"的能力，让我特别钦佩她作为演员在银幕上的表现。

事实上，洛弗尔（Lovell 2003）精辟地指出的，许多电影明星，如奥森·韦尔斯（Orson Welles）、马龙·白兰度（Marlon Brando）、阿尔·帕西诺（Al Pacino）、罗伯特·德尼罗、达斯汀·霍夫曼（Dustin Hoffman）、肖恩·潘、凯瑟琳·赫本（Katherine Hepburn）、梅丽尔·斯特里普（Meryl Streep）、苏珊·萨兰登（Susan Sarandon）、茜茜·斯派塞克（Sissy Spacek）、朱迪·福斯特或珍妮弗·劳伦斯，往往也是优秀的性格演员（character actor），他们成为著名影星，首先和最重要的原因是他们的演技。而且，对他们的私生活，公众知之甚少，这显然与戴尔（Dyer 1998）的定义相矛盾，戴尔强调银幕内外人格的双重性对于影星概念的重要性。而一些平庸（如果不是很差）的影星之所以出名，首先是因为他们广为人知的媒介化银幕外人格，而非任何实质性的银幕表演（Gabler 1998；Geraghty 2000；McDonald 2003）。这些能让他们成为真正的影星吗？琳赛·洛汉、凯瑟琳·海格尔（Katherine Heigl）的走红更多是靠戏外的各种噱头和丑闻，而不是任何一次戏里的表现，而杰娜·马隆、埃伦·佩奇（Ellen Page）①或珍妮弗·劳伦斯等女演员，常常选择在颇受评论界称道的低成本独立影片中饰演角色，而非出演俗气老套的青春喜剧片和那些主流电影制片厂流水线制作和销售的大片。

———————

① 2020年12月，埃伦·佩奇发表声明自称为跨性别者，并更名为艾略特·佩奇。——译者注

并且，由于杰娜·马隆在很大程度上抵制好莱坞的光环、派对生活和八卦炒作，将表演当作艺术，拒绝迎合预先设定的时尚和美貌模式把自己性感化（Brink 2008；Lyon 2008；Pachelli 2011），所以与她戏外私下人格相关的媒介文本寥寥无几。虽然有很多更受欢迎、更热门、更美貌和更性感的女演员，但杰娜·马隆仍然迷住我、俘获我，而不是其他女星，如妮可·基德曼（Nicole Kidman）、安吉丽娜·朱莉、琳赛·洛汉、西恩娜·米勒（Sienna Miller）或凯瑟琳·海格尔。简言之，传统的明星研究未能解决一个重要问题，即最大限度地接受一个事实：许多影星和其他演员出名是因为饰演了一系列迥异的角色，而这些角色与该演员的公众形象相距甚远，同时这些影星和演员也不符合关于影星的定义（McDonald 2008）。正如洛弗尔（Lovell 2003）所论述的，电影明星首先是专业演员，他们在导演的指导下按照事先写好的剧本来扮演主角或配角。

基于此，杰拉蒂（Geraghty 2000）呼吁重新思考影星，以及在现代（数字）媒体融合的背景下研究影星。她提出一种新的方法，既采纳戴尔（Dyer 1998）将影星视作戴着银幕内外人格面具的符号学文本的原创思想，又同时考量其表演职业和表演艺术水准。后者在过去的电影研究中被严重忽视，但如今已经逐渐受到一些电影学者的重视。杰拉蒂区分了"作为名人的明星"（stars as celebrities）、"作为职业人的明星"（stars as professionals）和"作为表演者的明星"（stars as performers）3 个类别。这对我来说更有实际意义，也更接近我个人对影星的朴素理解。概言之，3 个类别有一个共同点，即第一次将影星描绘成真正"活生生"的专业演员。杰拉蒂不再从概念上区分明星和其他演员，而是一视同仁，只在知名度上有所区别。这样一来，3 个类别反映的不是他们不同程度的表演才华和能力，而是他们最初获得名气和普遍认可的本质原因（Geraghty 2000；Lovell 2003）。

作为名人的明星

虽然"作为名人的明星"是基于戴尔（Dyer 1998）传统上关于演员的戏内、戏外二元人格划分，重点完全放在演员"私人"生活记叙上（Turner 2004；Watson 2007a），但杰拉蒂不再沿用影星和其他演员之间的经典区分，并且建立了通向名人文献的概念桥梁。在她看来，影星就是那些碰巧在某个特定时期比大多数同行更为出名和成功的专业演员。因而名人被界定为一种明星模式，这种模式与作为一名电影演员的职业成就、表演才华、评论赞誉和商业成功无关（Geraghty 2000；McDonald 2003），完全由个体在私人领域所展现出来的声名狼藉程度来维持，这种坏名声可以保证在小报上尤其是其重要头版上的常规曝光率（Barbas 2001；Barron 2015；Hermes 2006）。

因而，名人的特权受惠于其作为一名演员真真假假的生平资料（biographical information），以致其明星身份完全根植和建立在八卦、纸媒新闻和电视报道、杂志文章和公开作秀上（Geraghty 2000；Watson 2007a），这意味着其名气与作为演员的职业表演关系不大（Geraghty 2000；Turner 2004）。实际上，即便经历了一系列票房失败和／或对其表演的负面评价，许多电影演员尤其是（过气的）影星仍然能作为名人为自己赢得公众和媒体的关注（Geraghty 2000；McDonald 2003）。通常，名人通过真人秀提高其名气，只有这样，一些演员如琳赛·洛汉或科里·费尔德曼（Corey Feldman）才能留在公众视域，拿到新戏里的角色。

作为职业人的明星

第二个"作为职业人的明星"类别明显将重心转移到戴尔（Dyer 1998）所定义的影星二元人格中的戏内人格方面。杰拉蒂（Geraghty 2000）认为，当一个特定的影星形象被有意与特定的电影文本相联系时，作为职业表演者的影星就有了特殊的意义。这种将影星形象与特定文本建立关联的做法在好莱坞制片体系中是一种常规操作，当下也依旧是特定电影类型（如动作片、喜剧片、恐怖片）的普遍特征。在实践中，这使影星被认定归属于特定的电影类型，也使消费者预设了同样程度的期望，即演员在电影中的存在符合他 / 她作为演员的职业角色和文本形象（Beltran 2006；Geraghty 2000；Huffer 2003）。换言之，每名电影演员在同一种电影类型的相同或至少相似的故事情节中，只刻画了一系列非常具体且几乎完全相同的电影人物，电影人物的性格和体格似乎与演员自己的私人特征相匹配，虽然有时候电影类型交叉、混合，可能有些许变化 [例如，一部类似《亡命之徒》（*Desperado*）、《墨西哥往事》（*Once Upon a Time in Mexico*）或《杀死比尔》（*Kill Bill*）的现代意大利西部片，或一部类似《全面回忆》（*Total Recall*）或《第五元素》（*The Fifth Element*）的科幻动作片]。

一些这类影星实际上是才华出众的演员，如克林特·伊斯特伍德（Clint Eastwood）、西尔维斯特·史泰龙、哈里森·福特（Harrison Ford）、布鲁斯·威利斯（Bruce Willis）、奥黛丽·赫本（Audrey Hepburn）、梅丽莎·吉尔伯特（Melissa Gilbert）、杰茜卡·阿尔芭（Jessica Alba）或瓦妮莎·赫金斯，他们只是常常被制片人、媒体和选角经纪人定型去扮演某类人物（Geraghty 2000；Huffer 2003；Lacey 2003）。但大多数属于"作为职业人的明星"这一类别的演员来自其他公众感兴趣的领域（如音乐、体育、模特，或通过家庭关系入行），他们欠缺表演天赋，或者几乎没有接受过正式的演技培训，如约翰·韦斯穆勒（John Weissmuller）、查克·诺里斯（Chuck Norris）、阿诺德·施瓦辛格、德韦恩·约翰逊（Dwayne Johnson）、扎·扎·加博尔（Zsa Zsa Gabor）、帕梅拉·安德森（Pamela Anderson）、米拉·乔沃维奇（Milla Jovovich）或米莉·赛勒斯（Miley Cyrus）。

尽管在好莱坞电影制片体系中，"作为职业人的明星"曾是电影明星的常见形式，但在当代电影产业中，这一类别重获重要地位则基于 3 个原因。第一，20 世纪 80 年代早期影片租赁店的出现给电影发行和推广带来了一个重大的变化。由于影片 /DVD 租赁店和现在的奈飞（Netflix）、爱电影（LoveFilm）等视频点播供应商往往根据宽泛的类型来展示电影（Geraghty 2000），故而，电影的类型而不是产品差异化作为产品识别的手段得到特别重视。"作为职业人的明星"的这种明星分类非常有利于进行这类划分，便于为销售商和用户提供简单明了的指引（Watson 2007a）。第二，虽然按照戴尔的传统区分，"作为职业人的明星"算不上影星，但在动作片、恐怖片、科幻片（Huffer 2003）以及电视电影领域（Lacey 2003），一些电影演员已经在低成本的 B 级电影（B movie）①市场获得了大量的追随者。第三，20 世纪八九十年代和 2006~2007 年以来的大片产生了一大波影星，他们与特定的电影类型联系在一起，主要是动作片、冒险片、奇幻片，还有情色惊悚片。这样，演员通过实质上扮演自己的虚构象征人物，保障了电影制片厂一定程度的票房成功（Elberse 2014；Watson 2007a）。通常被引用的这类演员的例子有阿诺德·施瓦辛格、史蒂文·西格尔、西尔维斯特·史泰龙、威尔·史密斯、黛米·摩尔（Demi Moore）、莎朗·斯通（Sharon Stone）、珍妮弗·洛佩斯（Jennifer Lopez）或米莉·赛勒斯（Beltran 2006；Huffer 2003；King 2003）。

于是，连贯、同质化的影星形象对于"作为职业人的明星"就至关重要（Geraghty 2000）。但这种一贯的形象也连带产生了严重问题，那就是他们的观众几乎不能容忍其形象的任何改变或发展（Huffer 2003），这意味着这些明星的走红期非常有限，常常是爆火又爆冷。这类演员伴随年龄增长和身材走形，失去在特定类型片中的吸引力，常常面临职业生涯的衰落。实际上，只有其中的少数演员——通常确有演技傍身——如简·方达（Jane Fonda）、克林特·伊斯特伍德、肖恩·康纳利（Sean Connery）等

---

① 相对于 A 级电影而言的概念。A 级电影指高预算、高推广度的故事片，品质优良。B 级片指低成本的常规影片，通常质量平平。——译者注

设法借助形象变身而重新走红（Geraghty 2000）。

作为表演者的明星

最后，第 3 个明星类别"作为表演者的明星"特别关注所有电影演员的实际工作，那就是"表演"！因此，重点在于电影演员以真实、令人信服的方式扮演任何特定角色的能力和演技（Geraghty 2000；Hollinger 2006）。杰拉蒂（Geraghty 2003）认为，"作为表演者的明星"与方法派表演（method acting）①之间的密切联系并非巧合，因为方法派表演被描述为一种卓越的现实主义、自然的表演风格，强调角色内心情感的重要性以及演员真实的表达（Geraghty 2003）。因此，方法派表演凸显并看重电影演员将自我与角色相融合的技法、才华和艺术（Watson 2007a）。所以，这一明星类别尤其关注演员选择特定电影项目的事业成长履历，这些电影项目使主角和配角都得以塑造出色和可信的人物形象（Geraghty 2000，2003）。而这个方面是戴尔（Dyer 1998）在提出影星概念时轻忽的。

影星与其他演员之间的等级结构在好莱坞电影制片体系内非常清晰和明显（如片场的住宿分配情况所显示的），由此，电影明星被较少的伙伴

---

① 一种表演技巧和表演类型，由俄罗斯演员兼戏剧导演康斯坦丁·斯坦尼斯拉夫斯基于 20 世纪初发明，当时他创造了一种帮助演员塑造可信人物的模式，鼓励演员从个人经历和记忆中汲取灵感，以获得真实的情感，与角色产生联系。这是一种情感导向的技巧，与传统的戏剧化、以动作为主的古典表演（classical acting）形成鲜明对比。20 世纪 30 年代，李·斯特拉斯伯格（Lee Strasberg）和伊莱亚·卡赞（Elia Kazan）将其引入美国演艺工作室。李·斯特拉斯伯格进一步发展了这项技术，他的操作理论是，演员即使不在舞台上或镜头前，也应该生活在角色中。这就是许多方法派演员拒绝在电影杀青之前走出角色的原因。他们栖身角色之中的时间之久往往使他们沉溺于其中，常常表现为体重减轻、睡眠和饮食习惯改变等。著名的方法派演员包括马龙·白兰度、罗伯特·德尼罗、希拉里·斯旺克（Hilary Swank）、达斯汀·霍夫曼、阿德里安·布罗迪（Adrian Brody）、凯特·温斯莱特（Kate Winslet）、丹尼尔·戴－刘易斯（Daniel Day-Lewis）、希思·莱杰（Heath Ledger）等。——译者注

包围，而方法派演员则往往将自己更多地视为一个剧组成员。如果这个角色具有足够的创作挑战性，他们愿意给不太知名的演员当配角（Geraghty 2000）。此外，与"作为名人的明星"相反，对"作为表演者的明星"来说，戏外人格和私生活对其获得明星地位作用甚微（Watson 2007a）。事实上，似乎属于"作为表演者的明星"一类的演员，尤其是方法派演员，寻求通过明确表达对"名人的浮夸"和低俗商业化的蔑视，追求艺术价值和评论界的赞誉（Geraghty 2000，2003），重拾杰出的文化声望。好吧，尽管杰娜·马隆可能还没有被正式训练成一名方法派演员（Brink 2008；Miller 2006），她无疑符合"作为表演者的明星"类别，但她可能会拒绝"明星"标签，相反，自称艺术家和 / 或演员（Lyon 2008；Pachelli 2011）。

借助叙事迁移理解一位消费者的名人粉丝活动

在电影工业和电影研究学科语境下对当下的明星研究文献做了一番细致的回顾和讨论之后，我不知道读者有何感受。但我依然不认为既往研究能够真正帮助我们理解消费者为何和怎样经常体验到对其喜爱的演员（或其他名人）的强烈情感依恋，以及在电影和演员上的消费对消费者日常生活的意义何在。虽然我不得不承认，戴尔的著作（Dyer 1998）确实是开创性的，因为它最终成功地将电影学者的注意力引向了影星，使之成为学术研究中令人兴奋的课题，也带来了一些有趣的阅读。但是，正如我在前面已经概述的，他的影星理论中的见解及深层理念仍然是有缺陷的。

由于戴尔和其他电影学者同行以狭隘的意识形态理论在社会学和符号学维度上关注影星，影星与消费者关系的重要人性维度一直没有得到回应。不仅影星被"去人性化"而成为"文化意义的符号容器"，而且观众被贬低为主要适配各种文化批评家和电影学者的不祥意识形态议题的抽象概念（Dyer 1998；Mulvey 1975）。即使批判性电影学者声称要讨论

个别影星和 / 或观众，也只能对所有影星和观众进行概括（Krämer 2003；Williams 2006）。对电影演员、名人及其受众的"去人性化"更明显地体现在一个基本假设上，即消费者对所有影星都有相同的兴趣，因此对他们的反应也都是相同的（Dyer 1998；King 1991）。

尽管杰拉蒂（Geraghty 2000）对影星的另类理解提供了更人性化的视角，但明星文献仍然无法解释为什么消费者会对一名特定的影星或其他名人产生情感依恋，而不是另一名代表相似形象或类型且同样有吸引力和才华的明星。因此，作为本书中我对影星和其他名人粉丝文化研究的一大贡献，我提出借用叙事迁移理论作为另一种方法，以获得对消费者与其所倾慕的影星或其他名人之间的实际情感关系的真正洞察，并解释为何他们对其他一样有才华的影星或其他名人的感受往往大相径庭。

叙事迁移理论最早由社会心理学家理查德·格里格（Richard Gerrig）提出，用来解释消费者在阅读虚构文学时经历的心理意象过程。特别是，他的目的在于解释过去无法解释的"迷失在书中"（getting lost in a book）现象，即读者变得十分入迷，以至于不知自己身处何地。因此，格里格（Gerrig 1993）非常关注读者如何让自己沉浸于虚构故事，追踪具体人物的命运，与他们情意相通。格里格将这个情感沉浸过程类比为一次出国旅行，读者"迁移"到书中的虚构世界里，于是便称其为"叙事迁移"。近年来，叙事迁移理论也作为一种激动人心的替代方法来理解文本语境和视觉印刷媒体语境中的媒介愉悦（media enjoyment）（Green et al. 2004；Rapp & Gerrig 2002）和广告效果（Escalas 2004；Escalas & Stern 2003）。尤其受到关注的是一个深层理念，即"通过认知、情感和意象卷入，沉浸于叙事世界之中，这种沉浸及其效果都能够滋养媒介愉悦感"（Green et al. 2004：311）。

但叙事迁移如何发生呢？本质上，格里格（Gerrig 1993）将叙事迁移概括为一种心理过程，通过某种迁移（比如一本书中的一个虚构故事）和积极采取某种认知、情感上的行动，如在大脑中想象描写的故事、人物和背景，读者试图脱离平淡的真实生活，在精神上到一个遥远的叙事世界里探险（Green & Brock 2000）。由此，读者会到远离日常生活的某个地方"旅行"，甚至会变得暂时无法进入日常生活，从而体验到不同的自我，并与虚构人物产生共情，如同他们是真实的朋友一般（Argo et al. 2008；Cohen 2001；Oatley 1999）。但同去国外旅行一样，过了一段时间，读者最终又回到家。"旅行中"经历了情感体验，"多少有些改变"（Gerrig 1993；Green et al. 2004）。

不过，截至目前，叙事迁移理论的最大问题是，只在严格遵循行为主义范式的研究人员进行的控制实验中得到了经验上的"检验"（Argo et al. 2008；Green & Brock 2000；Rapp & Gerrig 2002）。他们对控制实验研究的人为设置不仅与真实的阅读体验几无相似之处，而且与霍尔布鲁克等人（Holbrook et al. 1989）具有讽刺意味的伪事件研究（pseudo-study）惊人相似（如果不是完全相同），该研究凸显了定量方法在研究审美和情感消费体验方面的普遍缺陷，以及研究生成的无意义发现。例如，拉普和格里格（Rapp & Gerrig 2002）为两组参与者提供了一个自编的 8 句话文本，实验组首先关注的是文本格式而不是内容。两组之间的差异是，对照组文本中的两句话做了修改，看起来比原文"更理性"，以"防止沉浸体验"（prevent the immersion experience）。

这种研究设计特别奇怪，因为格里格（Gerrig 1993）自己论述说，读者必须首先"随着时间的推移"了解人物，才能产生沉浸体验，但仅仅用 8 句话肯定是很难做到这一点的！而格林和布罗克（Green & Brock 2000）则试图通过给对照组布置一个没有什么意义的任务来避免他们"迷失"在一篇短篇小说中，比如数数某些单词。人们能不能"迷失"在一个故事中只是取决于研究人员直接或间接地让他们这样做，我个人觉得，这种实验方法如果不是可疑的，至少也是很难让人接受的。不过，在我看来，早期的研究虽然存在方法论上的缺陷，但格里格的叙事迁移理论实际上有很多概念价值和潜力。

　　格里格（Gerrig 1993）提出叙事迁移理论来解释"迷失在书中"现象以来，原本有一个观点认为，这个理论只适用于长篇小说、短篇小说或诗歌等书面文本，因为沉浸体验强烈依赖于读者对虚构人物产生的私人关系（Green et al. 2004；Oatley 1999）。根据科恩（Cohen 2001）的研究，宽泛地说，读者对文学人物及其故事的个人融入程度是通过 3 种不同的形式体现出来的逐渐增强的叙事沉浸趋势。在最弱的层次上，读者只是作为外围参与者喜欢文学人物，对角色有共鸣（＝体会到他们的感受）。在第二个层次上，读者感受到与自身个人生活经历的相似性，而对角色产生共情（＝分享角色的情感）。最后，消费者认同角色并与其"融合"（＝感受人物的情感），扮演角色的方法派演员也是如此。

　　由此，科恩（Cohen 2001）明确区分了"认同"（identification）和"模仿"（imitation）。"模仿"意味着一个人通过复制一个角色的行为和外表来扩展自己的身份；科恩将"认同"阐释为暂时的心理角色扮演，消费者（像演员一样）把自己想象成一个故事人物，一旦故事结束，他／她将继续体验下一个角色。虽然将认同视为"迷失"在书中的终极目标，格里格（Gerrig 1993）和奥特利（Oatley 1999）还是断然否定了消费者在欣赏电影的过程中存在这个层次的沉浸体验。两人都争辩说，观众总是清楚另一个演员正在扮演这个角色这一事实，所以他们只会作为外围参与者对角色或演员产生共鸣。

　　因此，在我的部分研究中，我不仅采用了不同的概念视角，而且使用了迥异的方法，探索与电影欣赏（Batat & Wohlfeil 2009；Wohlfeil & Whelan 2008）和名人粉丝文化（Wohlfeil & Whelan 2011）有关的叙事迁移体验。在概念层面上，我提出，实际上，消费者"迷失"在影片叙事中且将沉浸于剧情作为其电影消费的重要部分是很有可能的，就像消费者会"迷失"于其他类型的媒介文本一样。毕竟，电影学者总是将电影作为文本来研究（Phillips 2007）。于是，为了揭示作为叙事迁移体验的电影观赏，我做了一次局内人视角的自传式民族志观察，探究我自己对影片《傲慢与偏见》的个人体验性消费。虽然我识别出影响一个人电影消费体验的一系列错综复杂、相互交织的因素，但这个研究最主要的发现是，我从影片中获得的愉悦更多地来自我完全"迷失"于影片的视听想象的能力。因此，自传式民族志数据确实提供了强有力的支持，说明叙事迁移理论可以应用于电影叙事研究。

尽管我必须承认"变成"（become）电影人物是困难的，但自传式民族志数据仍然显示，我对几个人物产生了强烈共情，有时甚至在这些人物身上感受到自我认同①（Wohlfeil & Whelan 2008）。我的个人融入通过一个能够感知到的文本外互文性（Hirschman 2000b）过程进一步强化，而借助这种互文性，我将电影与我的个人生活体验联系在一起（Wohlfeil & Whelan 2008）。这些发现在随后的研究中也得到确认，在这个研究中，我与我的朋友威迪德·巴塔特对《荒野生存》的个人消费体验进行交互式内省，比较各自体验的异同（Batat & Wohlfeil 2009）。这个研究最主要的发现是，消费者的观影快感取决于影片使消费者"迷失"于其叙事世界的潜力。在这个叙事世界中，消费者可以体验一个不一样的自我，与虚构角色成为"朋友"，暂时逃避寡淡的日常生活。同时，虽然消费者个人对电影故事、角色和深层哲学的融入特别重要，但我们还发现，消费者沉浸于影片的本质和强度并不像阿尔戈等人（Argo et al. 2008）所认为的那样，取决于年龄、性别，而是取决于一个人非常私人化的兴趣、希望、梦想和欲望（Batat & Wohlfeil 2009）。

然而，虽然可以生成一个有力的案例，采用叙事迁移理论深刻、全面地观照消费者融入影片、戏剧性情节、主要和次要人物甚至其深层哲学和

---

①　见第四章。

意义的个人体验，对本书的研究之旅而言，一个至关重要的问题依然是我如何用叙事迁移理论解释一名消费者与一名电影演员或其他名人之间的日常粉丝关系？这绝对是一个好问题！毕竟，演员或其他名人是一个活人而不是一本书、电影或其他媒介文本。但也许她／他确实是文本？好吧，让我们回顾一下我在本章刚刚讨论过的影星和其他名人文献。也许你还记得，电影和媒体学者往往将影星和其他名人作为实质上的活的文本形象和人类品牌加以讨论，他们戏内外的人格、个体身份和反映出的价值观被精心设计，以适应特定的市场需求（Dyer 1998；Geraghty 2000；Thomson 2006）。

在第一章中，我已经提到存在主义现象学视角，我借此巩固了本研究的基础。这一视角认为，尽管人本身并非文本，但"人的存在具有某种类似文本的品质"，可以诉诸解释学分析（Thompson 1998）。这意味着，消费者和其生命历程可以作为自动生成的文本加以研究，可将特殊的个人经历、行为和生活事件置于更宽广的自我认同叙事语境中研究并建构文化意义（Gadamer 1989）。因此，一个消费者对自己喜欢的演员或其他名人的崇拜，可以解释为一种将自我"浸入"（immersing）真实的戏剧性叙事的方式。这个真实的戏剧性叙事就是各类媒介文本所描述的影星或其他名人的公共生活和"私人"生活，可能包括访谈、杂志文章和八卦消息。因此，消费者可能对所倾慕的演员产生共鸣（＝作为观察者感受影星或其他名人）、共情（＝依据相似的个人体验体会影星或其他名人的感受）甚至认同（＝将影星或其他名人的感受当作自己的感受），就如同他／她自己是一个媒介文本中的人物一般（Wohlfeil & Whelan 2012）。同样的，消费者和电影研究学者将自己沉浸于粉丝的日常生活叙事也是可能的。所以，现在让我们继续下一章节的背包旅程，进入消费者与名人间日常粉丝体验的"处女地"吧。

第四章 一位杰娜·马隆粉丝的自白

走进一位粉丝的生活

继第二章梳理了以媒介粉丝文化和体育粉丝文化为重心的跨学科粉丝研究、第三章回顾了明星和名人文献之后，本章将全面奉上我个人与电影演员杰娜·马隆之间私人粉丝关系的自传式民族志叙述，我将讲述在近两年的时间里，这种关系是如何产生、深化以及在我的日常生活中呈现的。在此过程中，你会踏上一次通向未知领域的叙事之旅，进入一片"处女地"，了解一个真实的消费者在日常生活中对其最喜爱的名人的鲜活粉丝体验。作为读者，你获邀通过叙事迁移进入我与杰娜·马隆之间粉丝关系的个人体验个案，借此从外围参与者视角体会粉丝的生活。

正如在第一章中讨论的，这一个案研究本质上是关于我对杰娜·马隆的日常粉丝经验的一系列回溯性和共时性自传式民族志数据的叙事综述，时间从 2005 年 4 月到 2006 年 10 月。这些数据曾以原始的形态记录，它们是我经历的大量细小、独立的情感事件（emotional incidence），依照它们发生时准确的非叙事（non-narrative）顺序记下来。这样一种方式使对整体数据的纵览成为可能，从而可以从中分辨关键陈述和潜在主题，同时帮助我们更深刻地理解，一个消费者与其倾慕名人之间的粉丝关系怎样日复一日地呈现并日渐加深。这是使用传统的研究方法所不能达到的效果。同时，通过忠于原初的用词和表达，尝试让感觉经验保鲜，这一方法应该也可以帮助你更鲜明地感受和理解消费者与其倾慕的名人之间真实粉丝关系的经验本质。不过，我还是要冒昧提醒你，我的读者，这里呈现的自传式民族志叙事重点与其说是对事件和可观察的消费实践的事实性记忆，不如说是我与演员杰娜·马隆之间的粉丝关系影响我的日常消费体验（如内心感受、想法、幻想和臆想），而我的消费体验又反哺这种关系的过程。

初识杰娜·马隆

杰娜·马隆第一次吸引我的目光时，她美丽的眸子和可爱的笑容瞬间攫住了我，我的整个身体感到一阵针刺般的灼热，那是我每每遐想一个女人时的反应。吸引我的不仅是她天然的美丽，而且她人格中其他很特别的东西直接击中了我。在我眼中，这种东西使她脱颖而出。虽然那时我对她一无所知，但有一种无法言喻的强烈感受，觉得她一定非同一般，关于她，我想知道更多。通常，下一步要做的显然是鼓起勇气，想办法接触她。但不幸的是，我非常羞涩，不擅长跟人搭话，也因此错失无数结识女孩的机会。当然，这一次，一个简单的事实是，我从未接触甚至亲眼见过她（很可能永远都不会）。她是一个年轻、有才华的美国电影演员，我在屏幕上观看她出演的影片《高校六甲生》时第一次看到她。所以，我在社会和个人层面与她最亲近的邂逅一直是（很可能永远如此）在屏幕上观看她的表演，在杂志上阅读有关她的访谈和文章，以及从网上下载她的电视访谈。然而，虽说很明显杰娜·马隆可能永不知晓我的存在，我与她的准社交邂逅却深刻地影响了我。它们在一定程度上（至少一点点）改变了我的生活，但很难说这种影响到底是好是坏。

像许多人一样，我自幼喜好电影，因为看电影能带来纯粹的乐趣和想象。但电影除了作为一种娱乐形式，对我还有更多意义。对电影的体验消费给予我一种激动人心的逃离方式，使我摆脱孤独、乏味而按部就班的现实生活，给予我在想象世界里活在希望、梦想和幻觉中的机会，也是我的灵感之源。所以，从 10 岁起，我就兴致勃勃地收集各类影片。一开始是过去的"超级 8 格式"（Super 8 format）影片，用在一个跳蚤市场上买的二手投影仪放映，过了些年改成了录像带，买了笔记本电脑后，就变成了DVD。

2003~2007年，我在爱尔兰的沃特福德理工学院读研究生。2005年4月底，恰好有一天我在都柏林，就趁此机会去淘一批新的DVD，尤其是那些其他地方难得一见的片子。新近我在三一学院（Trinity College）附近发现了一家店，这是一个理想的淘宝之所，出售稀有的艺术片、经典片和外语片光碟是它的特色。就是在这里，那天，我猛然发现一部有趣的独立电影《高校六甲生》正在特价出售。这部电影采用高中喜剧片的叙事框架，用讽刺兼批判性的视角，审视福音派基督徒所宣扬的宗教教条主义的伪善。我仍无法确切地解释为什么买它，只是感觉一闪念驱使我一定要买下它、拥有它，我不能不带它回家。

老实说，我当时不知道对这部片子能抱有什么期望，因为所谓的青春喜剧片通常纯洁无瑕、非常寡味、缺乏灵气且脱离现实。但我也记得，电视评论家乔纳森·罗斯（Jonathan Ross）观看后曾盛赞此片，还说他希望再次重温。不幸的是，《高校六甲生》遭到美国宗教右翼和欧洲天主教会的反击，据称是因其中的"非基督教"和"颠覆性"信息。这导致当时影片无法在更多的影院放映，所以我没有机会在当地影院和电影俱乐部里看到它，最后就把这件事抛在脑后了。但是，有了这第二次机会，我不能再错过，我买下它和其他一些影片的DVD。那天晚些时候，我回到位于沃特福德的家，立即打开笔记本电脑，观看我的最新"战利品"。我被这个鲜为人知的宝贝深深吸引了，从此它成了我始终不变的最爱之一。

先介绍一些关于这部影片的内容，或许有助于你理解我的整个粉丝文化体验。《高校六甲生》避开了青春喜剧类型片惯常的陈词滥调，没有俗套的善人和恶棍；没有丑小鸭遇到英俊潇洒、体魄强健、人见人爱的王子后变天鹅的桥段；没有书呆子乱入怪咖圈，最后发现原来的朋友圈才是最合适的归属（我总觉得这种保守、有阶级意识的思想很烦人）。相反，影片中所有人物都有长项和短板，他们面临的是任何其他正在读高中、大学或经历人生的青年人都会遇到的问题、成功和麻烦。

奇怪的是，影片并没有如许多美国福音派基督徒和其他基督教组织所责难的那样恶搞基督教信仰，实际上，它倡导了真正的基督教价值，如爱、忍耐和宽容。影片真正批判的是宗教教条的伪善，奉行宗教教条的人将其信念和道德不加质疑地以严厉的规定形式强加于人，他们自以为是地评判他人，依据的标准则是这些人追随自己的紧密程度。影片讽刺了这些人强化其狭隘信念、规则和道德的教条主义常常与他们宣称所珍视和推崇的信念本质背道而驰。故事发生在一个信仰福音派的美国学校中，一所（虚构的）"美国之鹰基督教高中"（American Eagle Christian High School）。在我看来，影片是以友善、深刻的方式讨论了上述话题。它描述了如同你我一样的普通年轻人日复一日的日常生活，不得不解决任何人都可能在某个时期面临的问题，同时并没有落入一般刻板印象的窠臼。

对我来说更重要的是，一开始看这个片子，我就完全被杰娜·马隆的演技所折服。她扮演的主角玛丽·卡明斯（Mary Cummings）是一个信奉基督教的虔诚、善良女孩。某天，她男友坦白说，他是同性恋。在真诚但最终徒劳的"拯救"他于"同性爱"的过程中，玛丽牺牲了自己的贞洁，结果因此怀孕。随后，她便被口口声声宣扬爱、忍耐和宽容的伪君子们（包括她最好的朋友希拉里和碰巧是她母亲秘密情人的校长）所排斥。相反，她在一些真正的朋友中获得了支持，而这些朋友也许并不是基督徒，却向她展示了做真正的"基督徒"的本质意义。

虽然我在前面承认，我顷刻间被杰娜·马隆美丽的眼睛、迷人的微笑和天然的美貌所征服，但同时我也为她自然又可信的演技所倾倒。我情不自禁又看了一遍这部影片。这一次，我关掉了配乐，听两位女主演杰娜·马隆和曼迪·穆尔（Mandy Moore）的解说。当杰娜·马隆讲述她是怎样领悟和推进角色，谈及影片的摄制和各种桥段的幕后信息时，我更加痴迷于她。不仅因为我明显感到她是个极具天赋和魅力的演员，而且因为她表现出超出同龄女孩的聪慧、有趣、条理分明和惊人的成熟。事实上，我当时感觉到，她身上有特别吸引我的地方，但又无法言说。许多名人可能比她更符合传统上有魅力的标准（也许是因为在媒体推广中，她们更加接近我们文化中关于美貌的理想观念），但引起我注意的是杰娜·马隆。在我看来，她是一个富于自然美的年轻女性，那种我经常会迷上的女孩。她就像"邻家女孩"（girl next door），漂亮但没有浓妆艳抹和刻意造型，那种一起出去闲逛会很有趣、有天然吸引力的"野丫头"。我立即感觉到在情感上被她吸引。杰娜·马隆代表着我从青春期开始就梦想着作为女友去爱、结婚、"从此幸福地生活"的那种女孩。事实上，这就好像再回到十几岁，对这个可爱的女孩一见钟情，但过于羞涩和缺乏信心，以致不敢约她出门甚至跟她说话——这其实就是我的人生故事。

再者，虽然我此前从未听说过杰娜·马隆，但她看上去是真正的才华横溢。我觉得她不只是扮演玛丽，而且实际上"变成了"玛丽，把她塑造成了邻家女孩。她没有像许多十几岁的演员一样陷入常见的用力过猛或自恋式过度表演的误区。的确，总是有一种将演员误解为她所饰演的角色的危险，直到你见到她扮演其他迥异的角色。对我来说，一名真正优秀的女演员会让每个角色都显得可信、真实，通过自己的表演来确保你喜欢看那些如果没有她参演你将永远不会看的电影。由于只有少数演员真正符合这个标准，我想要，或者不如说，我需要了解更多有关她的情况，既作为一个演员，也作为一个人。我希望尽快看遍其余她出演的电影，只是为了搞清楚，她是否真的是那种我看完《高校六甲生》之后确信卓尔不群的女演员，抑或因为我刚刚爱上她饰演的角色。

所以，第二天上午，我一到沃特福德理工学院，就忙不迭地浏览互联网，寻找一切可以找到的有关她的信息。可是，我几乎什么也找不到（貌似难以置信，现如今，整个互联网铺天盖地的都是这个世界上每个"自

封"红人的网站和文章）。2005 年 4 月，几乎没有关于杰娜·马隆的任
何新资讯，仅有的一点点信息已经很多年没有更新了。不过，我在互联
网电影资料库（Internet Movie Database，IMDb）中发现，虽然她当时
只有 20 岁，却已经出演过 20 部影片，客串了 3 部肥皂剧，在一个舞台
剧录音版中给主角配音，还为日本动画电影《哈尔的移动城堡》（*Howl's
Moving Castle*）中的一个配角配音。我觉得在这个年龄，她的成绩非常
惊人。①

　　尤其惊讶的是，我发现以前在其他电影中见过她。1998 年，我看过
电影《超时空接触》（*Contact*，美国，1997 年），杰娜·马隆在其中扮演
朱迪·福斯特饰演的角色埃莉（Ellie）的童年形象。那时候，我显然没有
注意到她。不管怎样，有了在互联网电影资料库中找到的她出演的电影
名录，我在接下来的那个周六前往沃特福德市中心，想买到其他影片的
DVD。然而，我大失所望，经过 5 个小时的密集搜寻，我只找到了 20 部
影片中的 3 部。我买到了《死亡幻觉》（*Donnie Darko*，美国，2001 年）、
《叛逆骄阳》（*The Dangerous Lives of Altar Boys*，美国，2001 年）的影
碟，打算当晚就回家看，但那天这个计划推迟了。巧得很，当晚电视上在
播放《超时空接触》，为了杰娜·马隆，我必须看。

　　事实证明，我能感同身受地对她塑造的每个角色产生共情，就仿佛她
们是真人一样，所以这 3 部电影都向我证实，杰娜·马隆确实是一位才华
超群的青年演员，这让我对她和她的作品更加兴致勃勃。因此，我越来越
渴望不单能看到她所有的电影，而且想把它们作为我的个人收藏。此前，
我从未体验过这种感觉，某种意义上，我对她和她的电影"如饥似渴"！
因为在当地的店铺里，我只找到了《真爱同心》（*Stepmom*，美国，1998

---

　　① 到 2016 年夏天，31 岁的杰娜·马隆已经出演了 46 部电影、9 部短片和 5 部肥皂
剧客串角色，给 4 部动画电影、1 部纪录片和 1 部舞台剧录音版配音，于 2006 年
春天和 2009 年春天登台表演了两部外百老汇戏剧，还有更多的电影正在制作。

年）的 DVD，所以我马上去亚马逊英国网站购买其他影片的 DVD。5 月 7 日，我买到了《作弊者》（*Cheaters*，美国，2000 年）和《爱在屋檐下》（*Life as a House*，美国，2001 年），10 天后又买到了《希特勒：恶魔的崛起》（*Hilter: The Rise of Evil*，美国，2003 年）。与此同时，我内心深处还产生了想知道更多她私人情况的愿望。于是，当我 6 月中旬偶然在《洛杉矶周刊》（*LA Weekly*）上看到南希·罗梅尔曼（Nancy Rommelmann）撰写的一篇文笔优美、研究深入且细节翔实的文章时，真是喜出望外。

简短解释一下，虽然此前也曾有一两名其他女演员或音乐人短暂吸引过我的视线，但说真的，我从未真正对任何名人的私生活产生兴趣。但是，很奇怪，对于杰娜·马隆，我很想知道许许多多她本人以及她私生活的情况。我在过去和现在都对她个人的背景与生活经历感到惊诧及着迷。除了偶然在网上找到的罗梅尔曼刊于《洛杉矶周刊》的文章外，我还在当时购于易趣（eBay）的一些可信的杂志上发现了其他有见地的文章和访谈（例如，Baltin 2004；Calhoun 2003；Cohen 2002；Hastings 2004；Rems 2004；Rotter 2003，2004；Sherwin 2004）。事实上，我从每篇新读的文章或访谈中，对她本人、她的私生活了解得越多，我对她的倾慕就越深。

罗梅尔曼的文章（Rommelmann 2000）介绍，1984 年 11 月 21 日，杰娜·马隆生于内华达州的斯塔克斯（Sparks），那里临近塔霍湖（Lake Tahoe），她童年的大部分时间是在拖车公园（trailer park）① 的贫困环境中度过的，但她自己说，很享受这种"非传统"的生活方式（Baltin 2004）。因为她的单身母亲黛比（Debbie）是一个在业余剧院奋斗的演员，杰娜·马隆年幼的时候就很想当艺人（不论是演员、歌手或作曲家、编剧，还是舞者）或教师（Cohen 2002；Miller 2006）。文中讲述，当黛比带着

---

① 停放拖车并连接电力和供水的大片土地，这些拖车往往成为供人居住的移动房屋。——译者注

10 岁的女儿刚刚移居到拉斯维加斯，准备在一个呼叫中心收入微薄的岗位上工作时，杰娜回复了一个表演学校的广告邀请，并劝说母亲移居好莱坞（Rems 2004；Rommelmann 2000）。一些文章（Baltin 2004；Cohen 2002）中还提到，在一次试镜中，杰娜·马隆最终吸引了知名女演员安杰丽卡·休斯敦（Anjelica Houston）的目光，后者让她在自己备受争议的获奖导演处女作《卡罗莱娜的私生女》（*Bastard Out of Carolina*，美国，1996 年）中饰演了主角"骨头"（Bone）。休斯敦显然还把 10 岁的杰娜和她的母亲黛比介绍给了托妮·霍华德（Toni Howard），这位专做儿童演员经纪业务的大牌星探与杰娜签约，使其成为顶尖经纪公司国际创意管理公司（International Creative Management）旗下的艺人。

读罗梅尔曼的文章时，让我印象深刻的是，杰娜·马隆只有 11 岁的时候，就已经倾向于首先出演那些令她心仪的电影项目，而不是那些在商业上前途看好的大片（显然这让她的经纪人很沮丧）。她拒绝了《空军一号》（*Air Force One*）和迪士尼翻拍的《天生一对》（*The Parent Trap*）中的角色，以便在较小成本的电影《卡罗莱娜的私生女》、《希望》（*Hope*，美国，1997 年）、《埃伦·福斯特》（*Ellen Foster*，美国，1997）中饰演主角。她在这 3 部影片中的表演赢得了评论界的盛赞、几项电影奖、两个独立精神奖（Independent Spirit Award）提名，甚至因《希望》获得了金球奖提名，尽管《超时空接触》和《真爱同心》已经证明，她选中的一些影片同样具有商业成功的潜质。然而，好莱坞的生活可能不是人们所想象的那样熠熠生辉、馥郁迷人。

报道称，好莱坞在儿童演员监管方面的行业惯例和法律规定[①]，以及儿

---

① 美国有关在娱乐业工作的未成年人的立法规定，父母或父母委托的监护人必须随时在片场陪同未成年人（Rommelmann 2000）。

童演员工资、经纪费（manager fee）和所得税法律规定引起的财务问题[①]，已经给先前和谐的母女关系带来了越来越大的个人压力和摩擦，母女二人渐渐疏远。杰娜·马隆 14 岁时面临 15 万美元的欠税账单，在 1999 年濒临破产。她申请从母亲那里获得法律解放（legal emancipation），这样就可以像成年人一样在电影业工作，也可以用她封闭的信托基金账户来偿还债务。1999 年 11 月，她在 15 岁生日时正式获得了法律上的解放（Cohen 2002；Rommelmann 2000；Rotter 2003；Sherwin 2004）。根据上述文章和访谈，杰娜·马隆自此得以完全掌控她的职业生涯和财务状况，而不再需要获得其他任何人的允许，也不受其干预（Calhoun 2003）。

从易趣上买到的美国杂志中有一些关于当前情况的文章。我从中得知，自那以后，杰娜·马隆作为一名演员一直专注于在富于创造力、刺激性和挑战性的独立影片中塑造面临现实问题的复杂年轻女性，而不是在一些典型的"迪士尼式"青春喜剧片中迎合惯常的青少年刻板印象（Calhoun 2003；Cohen 2002；Hastings 2004；Rotter 2003，2004；Sherwin 2004）。从她的采访中还能看出，出于同样的原因，她也拒绝为时尚杂志和名人八卦杂志拍摄常见的魅惑大片，这些杂志"只是向女孩们展示她们难以实现的虚假美貌理想，只会给她们带来匮乏感"（Rems 2004）。阅读这些文章，还有一点让我印象深刻，那就是与其他许多年轻名人形成鲜明对比，杰娜·马隆避开了洛杉矶的"派对现场"（party scene）而回到塔霍湖居住，用报道中她的话说，在这里，她"像孩子一样快乐"（Calhoun 2003；Hastings 2004；Rotter 2003，2004；Sherwin 2004）。就我的理解，这或许也可以解释，为什么她成功地由童星转型为

[①] 库根法（Coogan's Law）是儿童演员杰基·库根（Jackie Coogan）在 1939 年起诉其父母不当管理其全部收入后，美国出台的一项立法。该法要求电影制作公司将儿童演员工资总额的 1/3 存入一个封闭信托基金，该基金只能在儿童演员 18 岁生日后使用。尽管儿童演员无法获得其全部收入，但仍有责任支付经纪费和全额工资的所得税（Cohen 2002；Rommelmann 2000）。

严肃的年轻成年演员，却一路不失信念，而其他许多童星却如"小报丑闻"中广为报道的那样，在事业上举步维艰甚至失败（Brink 2008；Lyon 2008；Miller 2006；Pachelli 2011）。

我与杰娜·马隆的粉丝关系是怎样进展的

阅读了这些关于杰娜·马隆的传记文章后，我真的被她的人生故事以及她在年纪尚轻、承受个人压力和财务窘况的情况下仍能忠于自己、忠于梦想和信念的精神所打动。不可否认，我以某种难以言表的个人方式感受到她的激励。杰娜·马隆的人生故事让我联想到甚至回忆起我人生中的某些特殊时刻。回想在德国的时候，20世纪70年代末80年代初，我的大部分童年时光在不伦瑞克最"弱势社区"（disadvantaged neighborhood）中的一处度过，那是破旧、贫困、高失业率的贫民区，社会流动性极低、犯罪率高，大多数人的生活主要依靠社会救济金。幸运的是，由于我的父母都是少数工作稳定的半熟练工，收入虽少，但相对来说还算不错，所以在我12岁的时候，我们能够搬到一个更好的工人阶级社区。然而，这意味着，当我的小弟弟和小妹妹们与祖父母生活在一起直到学龄时，我变成了"挂钥匙儿童"（latchkey kid），大多数时间独处，因此也必须很早就学会自力更生。从那时候起，电影就总是充当我暂时逃离现实的方式，我不仅迷恋影片中的故事和想象世界，而且对电影艺术本身充满兴趣。也是那时候，我在跳蚤市场买了一个二手的"超级8"电影放映机和一个"超级8"摄影机，再加上我父亲的"超级8"电影剪辑工具，我开始试着制作短片。像杰娜·马隆一样，我列了一个长大后想做事情的清单，其中包括职业运动员（一开始是足球运动员，后来是俱乐部级的乒乓球运动员）、心理学家、音乐家、电影制作人，以及最重要的是，我也想做一名演员，因为我已经加入了学校的戏剧社。

　　出于对电影的兴趣，很早的时候，成为一个演员是我为之心潮澎湃的事情，但不是像许多人那样为了出名，而是为了与塑造的人物亲密接触。因此，我出人意料地成为所就读小学中仅有的 6 名升入文科中学①的学生之一，加入学校的戏剧社几乎是我整个学生时代最美好的经历。然而，与杰娜·马隆不同的是，我缺乏自尊心，也没有决心将梦想进行到底。而且，因为我在学校的成绩和整体表现不佳，父母不久便指责我参加戏剧社，让我退出，转而专注于"有实际用处"的科目。不过，真正的问题是，文科中学代表着一个与我不相容的世界，我在其中很难适应并且充满怨恨。学校的日常事务（无意中）偏袒有特权背景的孩子，歧视不太富裕的人。我还日益明显地感觉到，我的自信心被别人削弱了，因为校方与辅导员总是告诉我的父母和我，哪些职业不适合我，甚至我的智力不足以胜任哪些职业，而不是支持我追求自己的目标。我对一切兴味索然，开始反抗这个制度，在精神上从学校里的每件事中抽身，甚至不能达到学校最低限度的要求。最后，因为英语专业课没能过关，我没有拿到高校入学文凭，但还是设法在毕业的时候拿到了"应用科学大学入学资格"（Fachhochulreife）。但那时，我已经失去了所有希望、儿时的梦想和雄心，开始在体育零售业工作。虽然我作为球员、教练和志愿的公关经理积极参与乒乓球事业，但我大部分时间漫无目的，日复一日，习惯在虚构的电影世界中寻求精神逃避。直到许多年后，电影《死亡诗社》（*Dead Poets Society*）触动了我的神经，我受到激励，进入大学，学习市场营销，最终成为讲师（甚至教授）。

　　老实说，我的天分可能不足以成功当好演员。但总有一种烦恼萦绕于

---

① 在德国的 3 级中学体系中，学生在 9 年级或 10 年级后分别从主干学校（Hauptschule）和实科中学（Realschule）毕业，学习蓝领或白领职业技能。而文科中学（Gymnasium）是最高的中学形式（类似文法学校），学生从 13 年级毕业，拿到德国高校入学考试（Abitur）文凭后，就能够进入大学。

怀，觉得我正在错过或已经失去了一些特别的东西。故此，我对杰娜·马隆感到最深切的尊重和钦佩，她在这么小的年纪，就能够克服一切困难，成功追随和实现她的梦想，而我在不那么严酷的情况下也未能做到这一点。显然，她做到了，又不失人格尊严，并抵制住了所有的名利诱惑和好莱坞机器的商业炒作。在我看来，这对于一个来自贫困家庭的年轻女性来说是一个惊人的成就！当我了解到好莱坞电影工业的日常工作现实并不那么迷人，而且最终带来了差点毁掉她们母女关系的财务和法律问题时，我感到非常震惊。特别是，我从杰娜深情的话语中感觉到，她仍然真心爱着她的母亲。我真诚希望，她们能原谅彼此，捐弃前嫌①。但让我自己也惊讶不已的是，我在情感上卷入杰娜·马隆的生活故事如此之深。我从未对一个没有亲眼见过的其他人产生过类似兴趣。杰娜·马隆触动了我的一根特别的神经，因为某种无法解释的理由。

不管怎样，鉴于罗梅尔曼坚定地将她描绘成一个在特殊境遇下陷入困局的普通女孩，也因为我自己的个人成长史，我对杰娜·马隆越来越着迷。我想观看、听到、阅读和了解更多关于她的私人情况，这样我可以对她个人的思想、感情和梦想有更透彻的理解。不知何故，我根本不把她当作另一个有魅力的女性名人，而是一个普通、聪明、有趣的年轻女性，她有自己积极和消极的品质及习惯，就像我在街上、酒吧或工作中看到的其他任何年轻女性一样。就像现实生活中往常吸引我的年轻女子一样，我渴望知道她到底是一个什么样的人。特别吸引我的是，她既不配合也不努力去实现典型名人浮夸的生活方式，不参加应接不暇的派对，没有丑闻流布的形象，而这些正是名人媒体（celebrity media）没完没了轰炸我们的东西。遗憾的是，可能正因如此，媒体尤其是欧洲的媒体似乎对她视而不

---

① 事实上，我真的很高兴在后来的采访和文章（Brink 2008；Lyon 2008；Miller 2006；Pachelli 2011；Sherwin 2004）中听到或读到杰娜和黛比显然成功地重建了母女关系。

见，关于她的高品质采访和文章也少之又少。而且，虽然她出演了那么多影片，但其中许多影片并没有在欧洲放映，因此难得一见。

《作弊者》（*Cheaters*，美国，2000 年）是个绝佳的例子，可以说明我在情感上如何与她的电影相连，如何感受她的角色。2005 年 6 月中旬的一天，我终于想办法看到了这部片子，借以缓解我在商业系统硕士（MBS）考试论文提交的最后日子里承受的压力。影片讲述了 1995 年伊利诺伊州高中十项全能学术竞赛中作弊丑闻的真实故事。斯坦梅茨高中（Steinmetz High School）的黑马出奇地超过了上届冠军惠特尼·扬高中（Whitney Young High School）的热门选手，而就在几天前，他们偶然得到了一份竞赛试卷。因此，这部影片在我看来以一种巧妙的方式，结合了现代社会"赢即一切"（winning is everything）的社会现实，在超越最初的学校竞争背景的基础上，从多个层面用一个故事与谆谆教导的"欺骗不对"的道德理想相对峙。斯坦梅茨高中是一所典型的位于贫困社区、资金匮乏的公立学校，学生们从入学第一天起就被认为前景黯淡，没有机会争取更好的未来。不抱希望的老师们听天由命、不思进取，只完成最基本的要求。我自己也有过类似的经历，我真的能切身体会杰娜·马隆的角色朱莉（Jolie）的感受。她是一个渴望知识的聪明女孩，她也在一场无休止的艰苦奋斗中拼尽全力去挖掘自己的学术潜力，这种困难仅仅是因为她有一个"错误"（wrong）的社会背景。而惠特尼·扬高中是一所资源非常丰富的收费学校，位于一个富裕社区，还从伊利诺伊州教育委员会（Illinois School Board）获得公共资金，委员会成员大多是该校毕业生。十项全能学术竞赛的委员会办公室甚至设在惠特尼·扬高中，竞赛前测试题就保存在这里，这一事实从来没有被质疑。因此，毫不奇怪，惠特尼·扬队的教练作为一个痛心的失败者，不是通过官方程序对结果提出异议，而是要求教育委员会的一位朋友彻查斯坦梅茨队的答卷，并与他们之前的成绩做比较。

伊利诺伊州教育委员会根据请求迅速跟进，他们不仅"曲解"，而且故意违反规定。虽然他们没有得到任何证据证明违规确实发生了，但还是直接暗示说，斯坦梅茨队成绩的提高是因为不正当行为，并要求重新测试，这等于间接证明了怀疑。当斯坦梅茨队明确拒绝时，伊利诺伊州教育委员会公开指责其作弊——虽然没有证据，而且由于担心公众的强烈反对，他们想尽一切办法获得供词，为他们的决定辩护。获得证词的手段甚至包括故意侵犯学生的宪法权利，在没有法定监护人或家长在场的情况下连续审问学生数小时，并进行严重恐吓。换言之，讽刺的是，斯坦梅茨队的学生实际上根本没有作弊，但他们遭受了州教育委员会和惠特尼·扬高中偏向一方、任人唯亲和故意曲解规定的更大范围的作弊。[①] 总的来说，这部电影本质上批评了西方社会对"欺骗不对"的道德价值观的口头伪善，而事实上，他们认可欺骗并经常以成功来奖励欺骗。这一点在最后一幕中凸显出来，伊利诺伊州教育委员会主席自豪地宣布，学生们从丑闻中学到的重要一课是"欺骗不对"，而 6 个月后他就因重大逃税事件被定罪！而朱莉和她的团队成员经历了作弊丑闻之后，还是获得了奖学金，进而达到了之前不可能实现的目标，进入常春藤联盟大学读书。

不用说，我可以马上对影片故事、其中传递的信息以及杰娜·马隆扮演的朱莉和她的十项全能学术竞赛团队成员产生共情。就像早先在罗梅尔曼文章中读到杰娜·马隆的个人故事时一样，电影也触发了我对学校生活

---

① 现实中，斯坦梅茨队教练杰里·佩茨基（Jerry Plecki）博士在丑闻发生后的 5 年里一直保持缄默，直到 2000 年电影《作弊者》引发了公众对此事件的再度关注，他才在接受《纽约时报》采访时承认作弊："这样做是不对的，我负完全责任"。当时，该队一名学生盗取了一份竞赛题，队员们做出答案并记了下来。教练佩茨基协助策划了作弊，并要求队员保密。斯坦梅茨队获得冠军的分数过于出色，引起了怀疑和紧随其后的调查。事发后，佩茨基被学校开除，再未从事教育工作。斯坦梅茨高中因作弊事件被禁赛 10 年，直到 2006 年才重新参赛。但当年该队的作弊者们后来一直拒绝认错（承认作弊但表示并不后悔）。影片《作弊者》探讨的不是简单的作弊对错问题，而是事件折射出的教育资源分配不公和阶层欺凌，以及处于劣势境地的学校师生面临的道德困境。——译者注

和经历中已经忘却的片段回忆。那时，我也遭遇了德国学校系统和社会中各种形式的"体制化作弊"（institutionalised cheating），而这些现实显然支持影片中的信息。一方面，愤怒、沮丧、无助和脆弱的感觉折磨着我，回应我所感受到的以及经历过的不公正和不平等。另一方面，尽管面临很多困难，但我还是对自己迄今为止所取得的成绩感到自豪，这一点由朱莉在影片结尾的画外音中很好地表现出来。

虽然杰娜·马隆的其他影片都不如这部影片这样带来了影片故事与我的个人生活经验之间强烈的互文性联结，但我确实在情感上投入她参演的电影，并与这些电影产生联系，尤其是对杰娜·马隆饰演的角色。慢慢地，我真的感觉"饥饿"（hungry），渴望看到更多她的电影，甚至觉得，如果我不能找到它们，将在某种程度上濒临"饿死"！与此同时，我寻遍网络，收集任何有关杰娜的只言片语，甚至在笔记本电脑上创建了她的信息档案文件夹，在里面按时间顺序排列所有文章的副本和其他信息。我从未对其他名人投入如此之多，但杰娜·马隆似乎值得我这样做。

后来有一次，我妹妹打电话，建议我上易趣看看。我登录该网，键入"Jena Malone"，发现全球范围内列出 386 项搜寻结果，然而大多数是"常见的"影片。2005 年 6 月底，我注册了账号，在后来的几天里找机会竞拍到《露西传奇》（*The Ballad of Lucy Whipple*，美国，2000 年）的 VCD、《一个美国女孩的自白》（*Confessions of an American Girl*，美国，2002年）的荷兰版 DVD、《希望》罕见的"艾美参考"（Emmy Consideration）版录像带。接下来的几个月，为了解决对杰娜·马隆和她影片的"饥渴"，我买到了《星星的故事》（*The Book of Stars*，美国，1996 年）的香港版 DVD，《卡罗莱纳的私生女》、《埃伦·福斯特》、《徽章》（*The Badge*，美国，2002 年）、《玉米惊魂》（*Corn*，美国，2002 年）、《利蓝的美国》的美国版录像带。她的银幕处女作《卡罗莱纳的私生女》震撼了我，在其中，她极为写实地刻画了遭受身体和性虐待的受害者，证明了自己的表演天赋。在《埃伦·福斯特》中，她对被忽视的女主角的塑造给我留下了深刻印象，而俘获我想象力的则是她参与制作的《一个美国女孩的自白》。我感觉电影的叙事与杰娜·马隆有着特别的私人联系，因为她扮演的角色雷娜（Rena）似乎体现了她更深的恐惧，那就是如果她没有作为一名演员取得成功，她在拖车公园中的生活会变得何其绝望。我其实很喜欢这部影片，因为某种程度上，它让人感觉特别真切、诚实。

　　因为有几部其他影片找不到欧洲媒体格式，我还得再想办法。不过，我设法在易趣上买到了许多沃特福德当地没有的刊载杰娜·马隆报道和访谈的杂志，虽然有些遗憾，这些杂志都是支付了高出一般售价的钱才买到的，但对我来说，值得！里面有些文章短小又不尽如人意，但很多文章算得上精彩、振奋，尤其是杰娜·马隆作为"私人"的图像，要么直接嵌于文中，要么间接浮现于字里行间。她展现出来的是一个极其可爱、风趣、自然和智慧的年轻女子，以及就她的年龄而言惊人的成熟和独立。不开心的是，我从文章中了解到，杰娜·马隆显然抽烟，我记得她似乎在关于《高校六甲生》DVD 的评论中提到过（我想我当时是选择性忽略了）。为什么要提这个呢？因为我觉得抽烟确实令人生厌，坦白说就是不讨人喜欢。不过，对于杰娜·马隆，我只是选择无视，仿佛压根儿没这回事。因此，她是第一个虽然抽烟但令我极度迷恋、甘愿沦陷的女人。这对我来说绝对是前所未有的体验，所以值得在此一提。

《傲慢与偏见》强化了我与杰娜·马隆的粉丝关系

　　自 2005 年 9 月 16 日爱尔兰电影院上映《傲慢与偏见》的消息公布以后，我就一直在兴奋地期待，终于可以在大银幕上看到杰娜·马隆了。我必须承认，如果不是她饰演莉迪娅·贝内特（Lydia Bennet），我根本不会在意这部影片。那时候，我还未读过简·奥斯汀的原著小说。其中一个原因是，我在许多年前观看过广受好评及评论界推崇、由科林·弗思（Colin Firth）参演的英国广播公司电视剧版本。像多数英国古装剧（尤其是英国广播公司为电视制作的连续剧）一样，我把这部迷你剧看作对怀旧过去的陈腐赞美，而这里的过去，说真的，从未以那样的形式存在过。但谁知道呢，也许这就是众多女观众将科林·弗思看作"她们的"达西先生（Mr. Darcy）终极化身的原因。在我看来，剧中人物木讷、肤浅，令我了无兴趣。7月31日，周日，我看到《星期日泰晤士报》（*Sunday Times*）的"文化"增刊上刊登了电影《傲慢与偏见》即将上映的专稿。寄望于找到有关杰娜·马隆的内容，我有生以来第一次购买此报。然而，我大失所望，根本没有关于她的只言片语，文章中谈的都是女主角凯拉·奈特莉（Keira Knightley）和导演乔·赖特（Joe Wright）。

好在，乔安娜·布里斯科的文章（Joanna Briscoe 2005）文笔上乘，颇有见地。有趣的是，她把简·奥斯汀的小说置于其所处的时代背景，比较了新的电影版本与文学原著，从而提出，以前所有小银幕和大银幕版本都错误地设定了小说的历史时期和社会阶层，由此不可避免地改变了对这个故事及其社会背景的理解。这部即将上映的影片显然"绕开了以往所有拙劣模仿摄政时期的惯例，即由高腰线长裙、舞厅里的窃窃私语和典雅的高天花板等元素构成的油画感造型"（Briscoe 2005），而这正是20世纪80年代英国广播公司著名电视剧版的风格。事实上，导演把这部新片的时间设定在简·奥斯汀撰写小说初稿的乔治三世时期的1797年，而不是1813年这本书出版之时。为了保证真实性，女演员不能化妆，因为18世纪90年代没有化妆品。我毫不怀疑，女演员的自然外表比某知名化妆品牌广告中那些造型迷人的女孩漂亮。总之，这篇文章引起了我对该片的兴趣，我内心的激动之情与日俱增。为了释放这种兴奋，第二天，我到附近的书店买了一本新版的原著，封面是即将上映的电影的海报。在接下来的几周里，当我读这本书时，其中的情节和许多人物越来越吸引我。然而，你必须明白，我个人对这部小说的理解与此前看到的那个乏味的英国广播公司电视剧版的僵硬解读越来越不同。我等不及 9 月 16 日电影上映了，开始倒数日子。

与此同时，9 月初，我的私人生活中发生了一些其他事。经过好几个月的犹豫，我终于鼓足勇气邀约了一个女孩。因为过去许多不好的体验，每当需要主动与我倾心的女孩——或如达西先生所说——"轻松自如地交谈"时，我总是缺乏自信，非常害羞。所以，这一次对我来说是巨大的进步，尤其是因为我已经 5 年没有约会了。加之，她将在 9 月 20 日动身去德国做交换生，所以我打算让约会尽可能浪漫而难忘。所以，有什么比一起坐在漆黑的电影院看《傲慢与偏见》这部爱情片更浪漫的呢，几个世纪以来这个故事可是一直颇受女性欢迎。当我兴奋地期待着下周六的约会时，电视广告公布，这部电影将于下周五在爱尔兰和英国上映。周日，我甚至买了一份《星期日泰晤士报》，因为它的"文化"增刊上有一篇由加思·皮尔斯（Pearce 2005）撰写的有关杰娜·马隆的详尽报道，这是我所知的爱尔兰或英国的出版物上刊登的第一篇关于她的"完整"文章。周三，我兴高采烈地一瞥《傲慢与偏见》在都柏林首映的新闻，杰娜·马隆居然在简短的 TV3 新闻报道中露脸 30 秒！奇怪的是，我从没想过其实可以亲自去参加都柏林首映式。总体来看，该片获得的评价出奇的好。我倒不是有多在意，只是觉得很安心。

然而，接下来却是巨大的落差！《傲慢与偏见》在爱尔兰的放映由于某种神秘的原因限制在都柏林、利默里克（Limerick）和科克（Cork）3 地。在所有的推广宣传活动之后，我的期望值和兴奋度如此之高，而这一在沃特福德上映无望的消息不啻晴空霹雳。这下子我初次约会的原定计划破碎了，我俩只好一起去看了另一部电影《铁拳男人》（Cinderella Man）。这部电影并不是很精彩，也没有任何浪漫的感觉可以鼓励我把约会对象搂在怀里或者为她擦干眼泪，我很沮丧。尴尬中，我花了一半时间在想，是爆米花里的盐太多了，还是盐里的爆米花太少了。经过一番仔细考虑，我得出结论，后者显然更符合情况。虽然在经历了多年的孤独之后，这次约会非常愉快，但并未像我所希望的那样浪漫。我再次作为一个被迫单身的孤独者回到了以往惯常、无惊无喜的日常生活。但我还是期待着《傲慢与偏见》下一周能在我住的小镇上映，毕竟它已经高居票房冠军。最后，影片在除沃特福德以外的爱尔兰全境都上映了。当我打电话到影院询问放映计划时，我亲身体验了现今的"客服"是如何善待"尊贵客户"的。我的电话接通的只是一个录音信息，对方给了我一个已知的当前上映安排，允许自动订票，但没有人工服务。电影院网站上提供的是一模一样的信息。我尝试直接询问电影院时，一个坐在安全玻璃后面一脸厌烦的雇员冷漠而粗暴地拒绝了，他不接受任何问询。我为此感到既愤怒又无助。

所幸，一周后《傲慢与偏见》最终在沃特福德上映了。我终于可以在大银幕上看到杰娜·马隆了，内心充盈着一种激动不已的快乐，夹杂着期待甚至喜悦。我必须去看，不能再等了。它值得等待。在我看来，《傲慢与偏见》是一部鸿篇巨制，值得一看再看。这部电影绝不乏味，而是充满了观赏性，类似《指环王》风格的美丽风光结合精美的取景，勾勒出 18世纪 90 年代的英格兰。所有人的演出都十分精彩，让每个角色看起来真实可信，我可以在内心深处体会他们的感受，理解他们的行为。你是不是同情他们或不喜欢他们，根本不重要。《傲慢与偏见》的故事是由第一印象（小说原标题）所导致的误判开始的，最终他们不是坏人或好人，只是人类。

唯一的例外是威克姆（Wickham）先生，他代表着那种典型的英俊、善于表达、总是很讨女孩子喜欢的小伙儿。这类男人显然知道如何成为焦点、迷住女人。然而，在他们俊美的外表和圆滑的辞令后面，这类"唯利是图者"（奇怪的是，威克姆是一个远征团的中尉）往往原本是一些傲慢、肤浅和自私的懦夫，除了自己，他们并不在意任何人。是的，因为羞涩、善良和体面之人（譬如我）可以一眼看穿他们外表的"欺骗之雾"（fog of deception），我不大理解，为何女性总是为他们神魂颠倒，而对那些低劣的谎言似乎不以为意，听之任之。显然，我嫉妒他们与女性周旋，总是不断取得名不副实的成功。每一次，当一个我喜欢的女孩无视我，却不顾种种明显的警示信号，爱上了另一个"威克姆"的假把式时，我整个人都会被这种伤心和无助的感觉刺痛。但更悲伤的是，一旦"她们的威克姆"让她们陷入不幸，那些女孩总是因为这种痛苦去责怪所有男人，却不首先自问为何一开始就爱上那些肤浅的家伙，而不给隔壁善良、害羞又不太讨喜的学术怪咖一个机会。迄今，我已经见过太多这类事，而它们还在持续上演。可怜的莉迪娅很快就要历经波折，而后明白她并没有找到幸福。

也许这就是为什么我多少有些同情而不是嘲笑柯林斯（Collins）先生。汤姆·霍兰德（Tom Hollander）非常出色地塑造了这个人物，简直跟我读小说时想象的完全一样，所以在银幕上看到他，让我对自己的感觉好了一点儿。我知道自己不英俊，常常不被女孩注意，但我非常有把握自己绝没有"那么"呆板和乏味——希望如此！意识到这一点，我信心倍增！然而，我又非常理解他，因为我也曾多次体会到被喜欢的女孩忽视和嘲笑的那种滋味——仅仅因为没能耍口吐莲花、高谈阔论。

当然，我共情最多的还是男主人公达西先生，因为他同我一样，不能自如地与自己不了解的人"轻松地交流"，尤其是同女性交流。他的不安全感和内向行为常被年轻女子（和其他人）误解为自大、骄傲和无礼，招致偏见和嫌恶，这也与我的个人经历相似。在马修·麦克法迪恩（Matthew Macfadyen）出色的扮演中，达西先生以一种不由自主和被动的方式给人留下了不讨人喜欢的印象，他的真实性格需要观众通过伊丽莎白的视角，穿透第一印象的偏见去发现。因而，他对角色的阐释明显不同于科林·弗思在英国广播公司电视剧版中相当戏剧化的表演。我对达西先生尝试向伊丽莎白搭话、表达爱恋之情时的内心煎熬有强烈的共鸣，在这种情境下，人常常被迫模仿别人，在错误的时间说出错误的话。当然，这样一来只会加剧或证实了伊丽莎白对达西先生本已抱有的成见。同样的情形总是发生在我身上，导致我的个人不安感变本加厉。因此，我理解达西先生的内心挣扎，他的失落和孤独，他希望所爱之人看到真实自己的迫切心情。不过，不同于我，达西先生至少有三个能在一定程度上吸引女性兴趣的优点，即他富有、高大和帅气。不幸的是，这三点我一样没有！若非如此，我俩的个性真是酷肖彼此。我只希望有朝一日最终也能像他在影片结尾时那样得到回报。

作为一位男性观众，我更关注女性角色以及扮演她们的女演员。女主角是伊丽莎白（凯拉·奈特莉饰演）和简·贝内特（罗莎蒙德·派克饰演）。简是心地善良的大女儿，总是看到别人的长处，也是当地乡下最漂亮的女孩。不过，虽然她确实吸引人，却不是我喜欢的类型，伊丽莎白的自由精神和智慧更吸引我一些。把这个人物生活化的过程中，凯拉·奈特莉展现了可能迄今为止最好的一次表演。我特别吃惊的是，伊丽莎白对达西先生、柯林斯先生和威克姆先生所代表的不同类型男子的反应方式与我过去见过的许多女性何其相似。她带着偏见回应他们每个人，而这种偏见则基于她对他们的外表和社会形象的最初印象，而不是他们的实际性格。根据我的个人经历，我常常发现，很讽刺，女性总是向公众和媒体抱怨男人喜欢凭借外貌评价她们，却忘记了，她们自己虽然嘴上说主要看男人的"内在价值"（inner value），其实也是逆向而行男人所行之事。伊丽莎白至少意识到自己的错误并尝试改变她最初的判断。

作为杰娜·马隆的影迷，我当然特别关注她扮演的角色莉迪娅·贝内特，她是最小的女儿。虽然我自认明显带有偏向性，但杰娜确实出色地塑造了莉迪娅这个野性、过度浪漫的 15 岁女孩，她迷恋时尚、跳舞和军官，就像现在和过去那个时代典型的被宠坏的青春期小孩。莉迪娅年轻、幼稚，浪漫地"爱着爱情本身"而不是任何特定的人（Pearce 2005），这最终将她带向危险的麻烦，被威克姆勾引私奔并发生婚外性关系。虽然威克姆最终被迫跟她结婚，她却天真到不能看清威克姆想要的不过是攫取略微多于一夜情的她青春的美貌和无邪。我为她感到悲哀，她最终会发现威克姆并不在乎她，粗暴地对待她，很快出轨而背叛了她。尽管如此，影片中穿着乔治王朝风格长裙的杰娜·马隆还是出奇漂亮，是那种让人倾心的真正的自然之美。不过，当然，在这一点上我还是有偏向的！

也许有些奇怪，女性角色中我最有同感的是玛丽·贝内特（Mary Bennet，塔卢拉·赖莉饰演），她就像我一样，害羞、内向和孤独。她也被描述为长相"普通"，不如简和伊丽莎白漂亮。同样，我觉得她比其他姐妹更有吸引力。为了找到自己的位置，玛丽一直努力成为父母的完美女儿，她希望满足那个时代社会对女性抱有的所有文化期待。但不论她多么努力，她的所有付出都被父母、姐妹、亲戚和男人们无视。玛丽在弹琴和歌唱中寻求逃避、寻找快乐。因此，她满怀热情地抓住机会在盛大的舞会上弹唱，想以此露脸。不料，虽说她弹奏功力尚可，但唱歌不在调上，最终一场表演演化为一次重大灾难。所有人都嘲笑她。我能感受到她受到的伤害和心碎何其强烈。我孤独地坐在影院中，无法安慰她，目睹她独自垂泪，内心一样悲伤和孤单。次日，玛丽的情形变得更糟。因为简已"心有所属"，而伊丽莎白明确拒绝了柯林斯先生的求爱，玛丽确信，作为家中老三也是唯一有可能与柯林斯先生成婚的人，现在轮到她了。影片和书中虽然没这么说，但我可以从她脸上看到这一点（这要感谢塔卢拉·赖莉的精湛表演）。可是，即便是柯林斯先生，也没有考虑她，而是与伊丽莎白的朋友夏洛特·卢卡斯（Charlotte Lucas）结婚了。

总之，观看《傲慢与偏见》真是一次超棒的体验，远远超出了我的预期，值得等待和为之激动。我非常清楚我会重温这部影片。我已单身多年，也没指望短期内能谈恋爱。过了一个星期，我被周围的甜蜜情侣环绕，感到非常孤独、悲伤，无法集中精力工作，于是就提前离开办公室，游逛到影院。浏览了一下上映影片目录，我再次选中《傲慢与偏见》，我确切地知道，它可以拯救我，给我带来情感上的幸福。几天前第一次观看的印象依然如故，但这一次，我更加关注杰娜·马隆，她是那么甜美、性感，即使不在构图中心的时候，她的魅力依然占据着银幕。她简直就是莉迪娅，也不断用自己的风格塑造这个傻丫头。杰娜·马隆虽然年轻，但显示出前途无量的演员优秀的素质。她的笑容、眼神和她的出场都足以提振我的精神，让我感到温暖和快乐。影片也让我对自己的评价更好了一些，身心更加放松。我想，几天以来，我甚至在那一天第一次笑了！但我对该片的体验式消费并未止步于对影院的再度造访。

接下来的几个月，我在易趣上购买了许多藏品，将我无形的观影体验转化为可以寄托情思的有形物品。我明显侧重收集与杰娜·马隆有关的物品。9月初，我已经得到两张迷你电影海报，现在我又得到两张用于影片推广的美国原装剧照，正版的新闻发布会光盘资料，一个可以装饰我在沃特福德理工学院的办公桌的电影胶片纪念相框（film cell plaque）①，以及一张伦敦首映式上的杰娜·马隆海报。然而，这些购买只代表了我越来越热情地收藏任何杰娜·马隆相关物品，对我来说，越是个人性的东西越好（可能因为更难获得）。最近我发现了一个持续更新的新建粉丝网站，叫"杰娜·马隆粉"（不再是功能性的），我一直从上面下载杰娜·马隆的数码照片，存在笔记本电脑上的专门文件夹里。

更重要的是，我房间的墙面过去既白且冷，就我品味而言，不带个人色彩。现在，它们被越来越多的原版电影海报所覆盖，有我在夏天从易趣买到的《高校六甲生》《爱在屋檐下》《利蓝的美国》的海报，还有《傲慢

---

① 一种具有收藏价值的框架式展示品，上面有电影图像和从电影胶卷上手工剪下的真实的35毫米胶片，并配有一份真品证书，以及一个适用的限量版编号。有许多尺寸和风格可供选择，但每一个都是用画廊品质的框架材料制成，亦可定制背光亚克力LED框架。——译者注

与偏见》伦敦首映式上的杰娜·马隆海报。海报不仅为我的房间添加了必要的色彩，而且在不知不觉中杰娜·马隆已经越来越真实地存在于我的日常生活。尤其是我发现，看着它们和那些数码照片藏品，我的内心便充盈着温暖和平静。我还设法获得了有演职人员（包括杰娜·马隆在内）手书签名的《爱在屋檐下》和《死亡幻觉》海报，它们太珍贵了，不能冒着损毁的风险"把它们钉在墙上"。不过，虽然对杰娜·马隆影片和其他藏品的物质占有对我来说已经非常重要，但它们不再是我借由体验对杰娜·马隆情感依恋的唯一手段。事实上，我第一次在电影院看了《傲慢与偏见》的那晚之后，有些事情发生了，从而改变了杰娜·马隆在我生活中存在的本质。

一场梦点燃我对杰娜·马隆的情感依恋

虽然我坚信自己在职业生涯中尤其是进入学术界后克服了重重障碍，取得了相当大的成功，但我的私生活对我来说更像是彻底的失败。从我十几岁起，我就在想象（我猜可能跟其他人一样）和一个女孩外出、爱上一个女孩的感觉，以及第一次接吻、第一次与对方独处的体验。但几年过去了，在这方面几乎没发生什么。我周围的每个人似乎都在快乐地与他们的佳人陷入爱情又结束爱情（并且乐于谈及于此），而我则一而再、再而三地遭到拒绝，女孩们似乎觉得我没有魅力也不够有趣，甚至不愿意考虑跟我约会。所以，在我的一生中，截至目前，恋爱次数仅有 5 次，没有一次超过 5 个月，而最后一次是 10 年前。不是因为我不愿尝试，而是我的社交技巧不知为何就是"不长进"。

在校读书期间以及后来在工作中，在大部分时间我有被排斥之感，所以我的社交网络非常有限。主要原因是我私下里极为腼腆，在私人事务上越来越自卑，就像达西先生，不能与富有魅力的陌生女性"自如交流"。

当终于鼓起勇气与喜欢的女孩说话时，我的脉搏狂跳，我的双手汗湿，我的神经紊乱，我干涩的嘴里喃喃自语一些蠢言蠢语，总是在错误的时机口不择言。先前，为了填充孤独感，我积极参加各项运动，甚至自愿承担行政职务，但后来才明白，这种关系不是建立在友谊之上，非常肤浅。随着年龄增长，孤独感、情感上的渴望和浪漫爱情的缺失越来越转化为挫折、绝望和无助。由于这种未能实现的情感和社会需求，我不可避免地开始郑重怀疑此生的目标和价值。你也许会问，我的个人情感缺憾与杰娜·马隆有何关系？刚开始时：无关。

虽然我个人的确被她吸引，但一开始的兴趣与钦慕仍然仅限于她作为演员的作品和成就。但在 2005 年 10 月另一次情感受挫之后，我对她情感依恋的本质发生了变化。就像我在前面曾经提到的，让我喜出望外，9月，一个很棒的女孩终于同意和我约会，我心中充满了兴奋、期待、快乐和紧张交织的愉悦感。我已经很久没有约会了，所以很不安，害怕自己缺乏必要的社交技能和经验，不知道如何在约会中举止得体。虽然那个女孩很好，我也很喜欢和她在一起，但约会并没有真正成功，因为我不确定她是否对我有兴趣。如果她对我有好感，那么我也许没能正确理解她的暗示。

我不得不继续过着孤独的单身生活，这让我非常沮丧，我开始从一个完全不同的地方寻找浪漫和爱情——杰娜·马隆。我知道，这里可能听起来非常怪异。但我可以向你保证，这实际上是一种准社交关系概念的纯真表现。就像霍顿和沃尔曾经论述的："没有什么比被隔绝和孤立的人在任何能找到的地方寻求社交与爱更合理和更自然的事了"（Horton & Wohl 1956：223）。这种寻找可以对特定名人形成代偿性的情感依恋，而这个名人"作为爱的对象可以便捷地获得"。与名人的准社交关系可以给孤独者提供一种情感宣泄体验，从而帮助他们保持情感上的安适，这似乎反映了我自己的境遇。霍顿和沃尔（Horton & Wohl 1956）不认为准社交关系是病态和危险的，除非这种行为发展为疯狂的占有和对现实的绝对蔑视，而这显然不是我的情形。我的准社交关系产生于约会以失败告终后大约两周，9 月 30 日这天我终于在电影院里观看《傲慢与偏见》。

就在当晚，我梦见自己是个正派的普鲁士人，刚搬到 18 世纪末的英国乡村。显然受到浪漫主义运动的启发，我逃离了一个信奉权威、勤奋、忠诚和尚武等普鲁士价值观的家庭。我参加了一个当地绅士的舞会，目睹了一个漂亮女孩注定要失败的歌唱表演，原来她就是玛丽·贝内特（塔卢拉·赖莉饰演）。她哭着跑出去，沿着一条狭窄的楼梯，我跟着她来到花园，我坐在她旁边，把手帕递给她擦干眼泪，开始安慰她，随后聊了一会儿。第二天，我拜访了贝内特一家，请求他们按照当时当地的风俗，准许我追求玛丽。玛丽的姐姐们大多在场（可惜没有莉迪娅），还有一些《傲慢与偏见》里的其他人物。起初，贝内特夫人对我的收入有点不放心，但我显然是一个成功的出版商，前一年挣了 7000 英镑，进项不菲。

可是，正当我的梦渐入佳境时，闹钟粗暴地吵醒了我。我必须承认，这是个非常奇怪的梦，虽然我通常会在醒来的那一刻忘掉大多数梦境，但这个梦整天萦绕在我的脑海中。甚至，又一夜，梦又回来了，但这一次有了很大不同。同样，由于我通过出版业获得的财富，我刚从伦敦搬到 18 世纪末的英国乡村，现在我必须去拜访我的新邻居贝内特一家。我坐在客厅里和他们玩一个无聊的纸牌游戏，但这次我追求的女孩很漂亮，长得像杰娜·马隆。整个过程中，我一直在偷瞥那个像杰娜·马隆的女孩，原来她就是莉迪娅·贝内特。我注意到她坐在房间后面的角落，并且很快发现她已经被威克姆先生"毁了"。在一段短暂、充满激情的恋情之后，威克姆没有娶她，而是跑去勾引另一个更富有的女孩。不过，在梦里，我似乎并不在乎莉迪娅的过去，她看起来虽然傻傻的，但很可爱。我问她是否愿意陪我散步。我们在一个树林公园里徜徉时聊了很多。最后，她问我为什么要在她身上"浪费时间"，因为她失去了"贞操"，在社会上的名声也毁了。我的回答是，我根本不在乎别人怎么想，因为我相信她是个好人，这对我来说是唯一重要的。我还指出，每个人都可能犯错，如果我敢于批评别人的美德和荣誉，那么自己就必须无懈可击，而我办不到。然后，我从口袋里掏出一把小刀，在附近的一棵树上潦草地画了一个心形，向她求婚。她露出迷人的微笑正准备回答我……这时闹钟又粗鲁地搅局了。

在接下来的几个晚上，这个梦以各种形式反复出现，我和莉迪娅或长得像杰娜·马隆的女孩之间的虚构关系或求爱关系在梦中越来越重要，《傲慢与偏见》的主题逐渐淡去。我开始享受这些梦境，它们让我内心充满了温暖、快乐和平静，也让我对自己感觉更好。我的孤独感和消极的自我形象甚至我对自己性格①与日俱增的不满几乎都消失了。因而，一周后，在没有任何预兆的情况下，梦突然停止时，我非常崩溃。为了补偿这一损失，我开始想象与杰娜·马隆见面的感觉，与她交谈，与她约会，甚至亲吻她。过去，当我被时常见到的女性（比如女服务员、酒吧女招待或同事）所吸引，但又太害羞，怕被拒绝，以致不敢和她说话时，就常常很隐秘地想象这些情景。因此，每当我感到孤独、自己没有魅力、被周围的女性忽视，或者当我独自坐在咖啡馆、酒吧里，或者只是在镇上散步时，我开始想象和杰娜·马隆一起逛街、一起喝咖啡或饮料、一起去看电影的感觉。鉴于我非常频繁地感到孤独，可以说，杰娜·马隆"总是在我的脑海里"。

但因为杰娜·马隆这样的女演员不可能与一个我这样的普通小伙子在街上约会，坠入爱河（毕竟我不是《诺丁山》里的休·格兰特）。我也进行幻想，在其中，我偶然成了一名演员。在读斯蒂芬·金的心理惊悚小说《愤怒》（Rage）时，我把这个故事想象成一部沃尔夫冈·彼得森（Wolfgang Petersen）导演的电影，我和杰娜·马隆作为演员分别在其中

① 事实上，我从出生起就患有双向情感障碍Ⅱ型，虽然我在25岁时才被诊断出患有这种疾病，但多年来，这是引发消极自我体验的主要原因。

扮演角色。在这个自创的幻想里，我想象着我们在片场相遇，我们相处融洽，开始约会，相爱，最终成为一对恩爱的佳侣。一旦我完善了这个幻想，我就可以随心所欲地打开和关闭它，就像打开、阅读和合上一本书一样。在接下来的几个月里，我还以正在读的其他小说为素材进行想象，仿佛它们是电影作品，在其中，我和杰娜·马隆扮演了某些角色，在拍摄过程中，一起度过了许多时光。

这种逃避现实的行为在参加了 10 月的研究生商业舞会（business ball）之后一时间加强了，这次活动对我而言即便不是一次情感灾难，也是一次彻底泄气的经历。舞会前一天，我在毕业典礼上正式拿到了商业研究硕士学位，一开始，我觉得一起去见见朋友是个不错的主意。然而，我所到之处无不被情侣包围，而单身女孩们甚至不会掩饰她们对我毫不在意。每当我试图和她们交谈时，她们似乎都在寻找最快的逃离之法。夜晚降临，我越发感到无意义、不舒服和极度孤独。最后，我觉得这完全是浪费时间和金钱！当我终于回到家时，感到心烦意乱，难以入睡，想哭上几个小时。为了寻求安慰，我浏览了自己收藏的杰娜·马隆照片，在笔记本电脑上观看了《高校六甲生》，最后步行了很长一段路，只为了走出去，走远点儿。

两天后，舞会上的灾难性体验依然让我感到悲戚、受伤和抑郁，我真的很想大哭一场。但双向情感障碍 II 型的一个特别之处是，把所有的情感都藏在内心，以至于它从内部吞噬了你。遭受不少女性的拒绝，甚至她们都不想跟我搭话，这再次续写了我的一长串失望、挫败和糟糕的经历。我的自尊和自信几乎荡然无存，这不奇怪吧？！从那一刻起，每当我周末坐在咖啡馆里或在附近的酒吧喝几品脱酒，去电影院或剧院，或周日下午在公园散步，感到孤独、自己没有吸引力，因而被周围的每位女性忽略时，我就开始幻想和杰娜·马隆在一起，就在那里，在那时那刻。我想象着和她手牵手穿过公园，一起在咖啡馆里边喝卡布奇诺边愉快地聊天，在酒吧里度过美好时光，在电视机前的沙发上依偎，在餐馆里吃一顿浪漫的晚餐，去看电影，等等，所有这些都是为了让吞没我的孤独感变得可以忍受。我知道，对很多读者而言，尤其是对那些幸运的没有置身于类似处境的人而言，这听起来很奇怪，或者正好符合所有媒体所描述的粉丝那种刻板、病态的形象。然而，在实践中，这与看书或看电影没有什么不同，你也可以享受沉浸于叙事而"迷失"自我的体验。唯一不同的是，我是在写我与杰娜·马隆浪漫关系的虚构故事剧本，一种正在进行的个人爱情小说或肥皂剧。

　　换言之，每当我在现实生活中渴望爱情时，都会在虚构的叙事中暂时"迷失"自我，至少在某种程度上，借助想象满足我的情欲和爱欲。在这方面，我的行为与卡尼尔研究（Karniol 2001）中那些崇拜自己偶像的少女没有什么不同。就像你可以在读过几章之后合上一本书，我也可以随时退出我的心理角色扮演，回到我日常生活的常规事务中。在接下来的几周和几个月里，我甚至打印了一些杰娜·马隆的照片，把它们装入镜框，挂在我的房间里，以强化我对想象关系的整体体验。当然，如果有人在拜访我的时候进入我的房间，我觉得可以把房间伪装成他们期待的那种"常见的"、强烈表达的狂热，这样就没有人会问任何问题……不过，这其实不是一个问题，因为反正没人造访。

　　与此同时，我发现，自夏天以来，我没有买任何没有杰娜·马隆参演的影片。并且，我对影院的趣味变了，我不再费心去多厅影院，而是对艺术剧院、独立电影和外语片更感兴趣，类似杰娜·马隆参演的那种。我也一直想尽各种办法获取和观看欧洲市场上很难找到的影片。根据一位朋友的建议，我的第一次尝试是下载 DVD Ghost（一种软件，用来诱使硬件相信 DVD 是无区域限制的）和 DVD Shrink（一种软件，可以进行任何 DVD 的零复制）。为了试试这种方法，我在易趣上买了《光明的背后》（*Hidden in America*，美国，1996 年）、《埃伦·福斯特》、《星星的故事》、《玉米惊魂》的 1 区（Region 1）DVD。（实际上到货以后，我发现，DVD Ghost 不能与我的笔记本 DVD 光驱兼容。所幸，虽然标记为 1 区，有两张 DVD 实际上是 0 区，运行没有问题。）最后，我有了另一个想法，在 11 月买了一个外置 DVD 光驱，把它锁定在 1 区，这样就可以观看所有在欧洲买不到的杰娜·马隆影片的美国版 DVD。使用 DVD Shrink，我还可以备份 0 区的每一部电影，这样我就可以随时用普通 DVD 光驱观看。很幸运，到 2005 年 11 月末，我最终想办法收藏了几乎所有杰娜·马隆参演影片的 DVD，除了只有 VCD 的《露西传奇》和正在努力寻找的《杰克和露丝的情歌》（*The Ballad of Jack & Rose*，美国，2005 年）的美国版 DVD。

　　11 月也带来了另一种难忘的经历。到那时，似乎没人听说过杰娜·马隆，她的多数影片没有在影院放映，除了《傲慢与偏见》，抑或人们只在电视上见过她。之后，倏忽之间，《真爱同心》、《露西传奇》、《棒球之爱》（*For Love of the Game*，美国，1999 年）、《卡罗莱纳的私生女》在短短两周内相继上映。当然，我没有错过任何一部，我就是必须看！同一时间，我从互联网电影资料库和杰娜·马隆的粉丝网站上获悉，她正参与另外 3 部影片的制作，即《说谎》（*Lying*，美国，2006 年）、《最后四首歌》（*Four Last Songs*，美国，2006 年）和《说做就做的人》（*The Go-Getter*，美国，2007 年）。老实说，我等待影片发行心急如焚[①]。

我对杰娜·马隆的情感依恋是如何进展的

　　圣诞临近，我又感到日渐孤单。作为家中唯一的单身，我知道自己又

---

① 　不幸的是，其中的两部影片历经两年才得以发行 DVD，而《说谎》只在 2009 年发行了限量的美国版 DVD，虽然它于 2006 年就在戛纳上首映，其后几个月还在其他一些电影节上放映。

将成为零余者（the fifth wheel）。结果，我想象中与杰娜·马隆的准社交关系更稳固了，这是一种对自己的情感安慰。我维持这种准社交关系的方式多种多样，因为我经常看她的照片和收集的电影，所以最明显的形式是幻想我和她是恋人。我甚至设置了电脑屏保，随机切换文件夹中她的照片，还把她的照片设为桌面背景。虽说我一直把陆续下载的照片存在笔记本电脑里的专门文件夹，过去几个月在易趣上寻找各种与她有关的物件，热情地收集她参演的电影、有关她的文章、她的海报以及其他藏品，但热情自 11 月中旬开始骤然大幅降温。原因之一可能是我已得到所有能找到的影片作为私人收藏，除了《杰克和露丝的情歌》和《傲慢与偏见》，所有我所知谈到她的文章也都尽入囊中，没什么可找的了。所以，我的重点转向寻找有关她职业发展的新信息和新照片、新文章。但很遗憾，这些方面的内容还是非常稀见。让我仍然倍感自豪的是，我设法得到 4 张她亲笔签名的原始照片，尽管已经有几年历史了。不过，我对杰娜·马隆的情感依恋仍然非常强烈，因为我对她周边物品的消费绝不是我体验到她在我生活中越来越多的在场的唯一方式。

在德国的圣诞假期基本符合我的预想，除了见到了 1 岁的外甥，多数时候我在一对对情侣的环绕中格格不入。因为"好心的"（well-meaning）亲戚们不断提醒我的单身状况，情况变得更糟，他们总是问一些通常不那么敏感的问题，诸如"你打算什么时候和一个女孩安定下来"，"你这个年纪，不是应该已经结婚了吗"，或者"为什么你现在还没找到一个好女人结婚呢"。你无法想象这有多么痛苦，这让人感觉自己是个失败者，比已经自觉的失败更加无可救药。同样糟糕的是那些典型的善意议论，诸如"每个人都能找到另一半"（Every pot has its lid），"每个人都有合适的人，你只是需要找到她"。是的，没错！2006 年 1 月初我回到沃特福德，买了一个礼物安慰自己，我终于买到《杰克和露丝的情歌》的 DVD 作为私藏。浏览网络寻找与杰娜·马隆有关的新消息时，我还得知，2006 年 1~6 月，她将在外百老汇戏剧①《怀疑》②中扮演詹姆斯修女。如果有能力支付一次出行费用的话，我很乐意去观看她的舞台表演。但很遗憾，我的博士研究生奖学金不允许我考虑这笔开销。于是，我便迫切地盼望着定于 2006 年 2 月 6 日启动的《傲慢与偏见》官方 DVD 发售。

实际上，特易购（Tesco）超市在前一个星期天很早就开始销售《傲慢与偏见》的 DVD 了，我是最早去买的人之一！对我来说，DVD 的优势不仅在于精美的画质和出色的音质，还在于所有的"彩蛋"（bonus feature③）。除了必要的字幕和导演乔·赖特的音频评论外，《傲慢与偏见》DVD 上还有许多激动人心的"彩蛋"，内容包括另一种美国版的结局、19

---

① 所谓的"外外百老汇"（Off-Off-Broadway）、"外百老汇"（Off-Broadway）和"百老汇"（Broadway）的说法，并不是用以区分戏剧的艺术价值，而是体现座位的多寡和规模的大小。外外百老汇剧院的座位数不超过 99 个，票价更为低廉，与演员也更为亲近，其剧目更具先锋实验性；外百老汇剧院的座位不超过 499 个，许多原创剧一旦在此收获好评，便可移师百老汇剧院面向更多观众，一些舞台剧演员也在此脱颖而出；百老汇剧院则拥有 500 个以上座位，由于地理位置优越、观众多，百老汇剧目的预算和相关产品的商业价值更高，也吸引了更多的明星加盟。著名的百老汇剧作不计其数，《歌剧魅影》是迄今为止百老汇上演时间最长的演出。纽约市（New York City）内有约 120 个外外百老汇剧院，在曼哈顿地区有大约 85 家外百老汇剧院，而百老汇剧院则布局于曼哈顿中城时代广场周边的剧院区，以及百老汇行业协会百老汇联盟（The Broadway League）认证的场所。——译者注
② 《怀疑》（Doubt）于 2004 年 11 月 23 日首次在外百老汇曼哈顿剧院俱乐部（Manhattan Theatre Club）上演，历经 525 场演出和 25 场预演后，于 2005 年 3 月转至百老汇的沃尔特·克尔（Walter Kerr）剧院演出，2006 年 7 月 2 日结束。因此可以说，该剧是在百老汇剧院上演的一出"外百老汇戏剧"。故而，本书中既称它为"外百老汇戏剧"，又提到它在百老汇剧院上演。《怀疑》2005 年获得普利策戏剧奖和托尼最佳戏剧奖。2006 年 1 月 10 日，杰娜·马隆在剧中饰演詹姆斯修女是她在百老汇的首秀。该剧之后被改编为电影《虐童疑云》（Doubt，2008）并获得了几项奥斯卡奖提名。——译者注
③ 指家庭录像带或 DVD 片尾附加的额外内容，这里译为"彩蛋"，常常包括记录短片、演员小传、演职人员采访片段、片场花絮、其他影片的先导预告片等，这些内容常常是一些粉丝至今仍愿意收藏录像带和 DVD 的主要原因。——译者注

世纪的画廊介绍和一些简短的幕后纪录片。当然，我最感兴趣的是那些将镜头对准了杰娜·马隆的纪录片，尤其是拍摄了她在片场的幕后活动的内容。我特别喜欢看《18 世纪英国的约会政治》（*The Politics of Dating in 18th Century England*）和《贝内特一家》（*The Bennets*），其中不仅包括杰娜·马隆扮成莉迪娅·贝内特的影片场景，还展现了她身着便装排练的情境以及她的几个简短采访。我也喜欢《片场日记》（*On Set Diaries*），在其中，杰娜·马隆、凯里·马利根（Carey Mulligan）、凯拉·奈特莉、塔卢拉·赖莉、罗莎蒙德·派克、布伦达·布莱森（Brenda Blethyn）、马修·麦克法迪恩、汤姆·霍兰德和唐纳德·萨瑟兰（Donald Sutherland）私下谈论拍摄影片时的个人经历，以及在镜头前后形成的亲密"家庭"纽带。看到他们在银幕外成为"贝内特一家"真是十分动人，这让我真心希望成为这个完美的家庭中的一员。我特别喜欢的还有，影片展现了私下里没有扮演角色时的男演员、女演员，他们是如同你我一样自然可爱的人。这部纪录片进一步增强了我对杰娜·马隆的崇拜，我乐意将《傲慢与偏见》作为我的最爱之一。

作为忠实的杰娜·马隆粉丝，我越来越想刷新与她之间想象关系的幻梦。我开始寻找"个人化"（personalised）的物件，那种在某种程度上象征她在我生活中实体在场（physical presence）的东西。特别是我开始把有限的财力集中于购买她手签的原版照片。照片和签名越新越好！可惜的是，除了 1999 年和 2001 年的两张签名的经纪公司照片、2001 年前后的 3 张（完全相同的）《作弊者》签名电影剧照以及一张似乎最近才签名的 2002 年照片外，我真的找不到任何东西。不过，2006 年初，杰娜·马隆在外百老汇戏剧《怀疑》中首次亮相，情况发生了巨大变化。2006 年 2 月中下旬，一些（半）专业的签名猎手和卖家在易趣上提供杰娜·马隆的签名照，价格为 45~85 美元。所有卖家都宣称，他们在剧院门口当面获得了签名。虽然很快就发现有几张签名明显是伪造的，但有几位真货卖家与众不同，他们在签名照片上附了一张"偷拍证据照"（proof candid），上面显示杰娜·马隆在剧院门口签名的现场。很快，我心中不假思索地确定，我要尽可能多地拥有这些东西，或者至少一个！我的脉搏剧烈跳动，手心出汗，嘴唇干涸，渴望拥有它们。但是，当你依靠奖学金过活的时候，65美元这个价格是个不菲的数字。接下来的两周我纠结不定，不知何去何从，直到最后，我投降了，从一个昵称为"Aplusgraphs"的卖家手中买了第一张签名的《高校六甲生》电影剧照。事实证明，这只是第二次更激烈、更有针对性的购买狂潮的开始。

2006 年 3~6 月，我从纽约 4 个可靠的签名卖家那里买了将近 40 张杰娜·马隆的原版签名照。杰娜·马隆私人的当下签名照在我的个人优先列表中居于高位。由于许多卖家有她签名的相同照片（通常是《超时空接触》、《埃伦·福斯特》、《死亡幻觉》、《爱在屋檐下》、《高校六甲生》和《傲慢与偏见》的电影剧照），我越来越多地要求对方免费赠予杰娜·马隆签名时的"偷拍证据照"，作为遴选的重要标准。一方面，这是仅有的两个最新的粉丝网站关闭后，我可以获得杰娜近照的唯一途径。另一方面，采用此方法主要是因为，这些照片是私人拍摄的，可以视作孤品。另外，它们展现了杰娜·马隆真实的私下状态，是真正的她的样子。于是，这些她私下、自然状态的偷拍照，成为我在自己的日常生活中进一步呈现和体验其"个人存在"的合法手段。

在几个星期里，我与叫"Aplusgraphs"（也就是"安东尼"）的专业签名卖家建立了紧密联系。2006 年 4 月，安东尼问我，想不想得到由杰娜·马隆亲笔签名的特定照片，如果需要，可以发邮件给他，他可以帮我搞定（当然是收费的）。受此诱惑，第二天，我给他发邮件，附上了 4 张最珍爱的照片。几天后，他问我，是否愿意杰娜·马隆亲自将这些照片赠予我。这是开玩笑吗？这是什么问题？！如果真能如愿，我当然一百个乐意了！！！我欣喜若狂，受此驱使我又发给他 5 张，随后又是一些……最终，我总共发给他 25 张。其中大多数是近两年在《利蓝的美国》、《高校六甲生》和《傲慢与偏见》的首映式上拍摄的，但也有一些为刊载于《尼龙》（*Nylon*）和《威尼斯》（*Venice*）的深度文章拍摄的私人照片。2006年 5 月 30 日，我发给他最后一批杰娜·马隆的近照，这些照片是 3 天前在戛纳电影节上杰娜·马隆参加《通天塔》（*Babel*）首映式和推广她自己的新片《说谎》时拍的，我前一天刚从 WireImage.com 网站上找到它们。事实上，安东尼确实设法让杰娜·马隆亲自将 25 张照片中的 21 张配上她的手写签名一起赠给了我。6 月中旬，我在经历过紧张的等待后拿到了它们。你可以想象，这些杰娜·马隆亲笔签名并留言赠予我的照片已经成为我最珍贵、最有价值的财产，我的绝世珍宝，我的王冠宝石！我并不在意别人怎么看它们，对我来说，它们绝对是无价之宝。

从 2006 年 3 月到 5 月的这 3 个月时间里，购买亲笔签名的原版照不幸成了一种瘾。我的支出有生以来第一次超过了月收入，而且连续两个月，第 3 个月则勉强平衡。不得不承认，这是一次令人震惊的经历。6 月中旬的两个星期，我甚至表现出与身体压力相关的症状——头疼和胃痛。我花了一段时间才清醒地接受失控的体验，7 月下旬方使支出重回正轨。

与杰娜·马隆的情感关系怎样"拯救"了我

靠奖学金度日以及数月里无度购买原版签名照，诚然使我囊中羞涩，但我仍极度渴望飞到纽约，现场观看杰娜·马隆的舞台表演，甚至也许在散场后的剧院门口与其他粉丝、访客和签名爱好者一同见到她。我对她的了解来自电影、照片和文章等渠道，所以我总是好奇，面对面看见她真人会是什么样。自然，我想象着终于在后台见到她，跟她聊天，在生活中渐渐与她相熟。但我再清楚不过，我不是那种能体验到《诺丁山》故事（书店老板休·格兰特巧遇茱莉娅·罗伯茨饰演的好莱坞影星，双双愉快地坠入爱河）的小伙儿。在我看来，这种事只会发生在其他男人身上。毕竟，如果我都没本事吸引一个平素生活中的女孩，又如何能让杰娜·马隆这样的女孩在一次短暂邂逅中注意到我，更别提对我有情了。最终，我实在太害怕用另一次现实中的扫兴戳破梦幻、浪漫的杰娜·马隆泡泡，所以找到诸如没有时间和金钱（并非完全不真实）等许多借口来说服自己，不要向前一步。（再回首，我一直后悔这个决定！）

作为一种替代，我考虑给她写信，在信中，我可以用我的研究来"破冰"（ice breaker），没准儿这还能让我从其他粉丝中脱颖而出，吸引她。4月到6月，虽然许多朋友和同事鼓励我付诸实践，我还是惧怕她的私人回复，抑或更可能是石沉大海，带给我情感健康上的困扰。当我察觉到受到身边一位女性的拒绝，并由此感到孤独和不讨喜时，只要有这种与杰娜·马隆的想象关系可以依靠，就安然无事。但是，如果我与她之间想象的准社交关系带来了拒绝和失望，结果将会怎样？所以，更好的选择是让这种准社交想象关系安全地待在大脑中，抓住它，越久越好！当然，也有微小的可能，我当真得到她一个善意的私人回复，机会太美，不容错过。然而我再三忖度，这种事到底有多大发生概率？

从5月到7月初的几个月里，我经常把玩我收集的宝藏来慰藉自己，特别是杰娜·马隆赠给我的签名近照，或者那些我精心挑选出来放入特别相册的照片。我尤其偏爱那些用来证明亲笔签名真实性的私下"偷拍照"，甚至给其中3张装上镜框，美化我的房间。那年的夏天明媚又温煦，我时常找机会穿上前年秋天买的所有杰娜·马隆印花T恤，公开展示我的粉丝文化趣味。某种程度上，我很享受回答许多关于杰娜是谁以及她演过什么电影的问题。但我也开始意识到，实际上，我已经好几个月没看她的电影了。虽然仍有强烈的愿望，却没能真正抽出时间。2005年10月以来，我曾多次计划在周末举办一个私人的"杰娜·马隆电影节"，但终未实现，因为我常常无法决定挑哪些片子、以什么顺序，不知为何，我只是不想因为偏袒某部影片而"冒犯"其他影片……尽管我确有最爱。

很快，我就不必担心我和杰娜·马隆想象中的关系被失望冲垮的可能后果了。我在 2006 年 5 月的一些不寻常的支出并不是因为我过度购买了签名，而是因为那时我的私生活中出现了一个新状况，此事对于我与杰娜·马隆准社交关系的发展产生了重大影响。就在前一年的 6 月，我在一次会议上遇到了一位非常友善、聪明、漂亮的年轻女性，她来自法国一所大学。那之后，我们一直通过邮件保持着稳定的联系。一开始，我们的邮件往来仅限于两个消费研究领域的博士研究生之间的专业联络。但随着时间推移，我们对彼此有了更多了解，到 2006 年春，已成亲密友人。实际上，第一眼见到这个女孩，我就动心了，心中暗想，没准已找到久久寻觅的佳人。4 月底，当她终于邀请我在夏天去看望她一周时，我欣喜若狂，那感觉就像我终于收到一份毕生向往的迟到的生日礼物。接下来的几周，我们把见面安排在 8 月中旬，虽然预算捉襟见肘，我还是在 5 月订了机票。我是那么兴高采烈、热情洋溢，6 月起，就不停地遐想这次出行以及与她共度的时光。但当我望眼欲穿地等待去看望她之时，意想不到的事发生了。6 月下旬，我突然不再幻想与杰娜·马隆谈恋爱了。我还是喜欢看她的电影，欣赏她的演技，珍爱她的手书签名照，但幻想跟她恋爱的白日梦完全从脑海中抹去了。

当我期待已久的法国之行最终在 8 月到来时，我变得越来越紧张，担心会无意中把朋友吓跑，因为我根本不知道怎样以一种恰当、富于社交风度的方式向她表达我的感受。毕竟，除了我的浪漫幻想，我真的没有什么实际经验。还好，她到机场迎接我，之后我的忧虑很快就烟消云散了。头几天，一切近乎完美，我真的很高兴，我们在一起的时候非常愉快。然而，意外的情况严重干扰了下半周的计划，我的访问逐渐演变成另一场灾难。也许我太过兴奋了，或者只是又一次误读了信号，也可能是我笨拙、未经训练的社交技术再次成为绊脚石，导致我又一次遭受恋爱挫折，而我自己甚至都没有意识到。最后，我们不欢而散，这让我心如刀绞。我带着悲伤、沮丧和彻底心碎回到家，立即投向唯一允诺我无条件的安慰、爱与温暖的"人"——杰娜·马隆。

后来的日子里，在我准备好再次面对残酷的世界之前，我近乎没完没了地看她的电影，其中一些电影已经看过多次，比如《作弊者》《爱在屋檐下》《高校六甲生》和《傲慢与偏见》，还花费几个小时看从网上下载的视频访谈。我还阅读收集的杂志采访和文章，不停地浏览她的照片和签名照，把它们放在办公桌上一个伸手可及的特殊角落。这样做，我也希望积聚一些内在力量，因为我迫切想跟这个女孩和好。9月初，她要来参加一个即将在爱尔兰召开的会议，我会在那里见到她。其实，早在5月我们计划法国之行时，就曾打算让她利用这次机会回访。

上次我不成熟的社交举止引起我俩恶劣的争吵后，我再也没有得到她的任何消息，但还是期待再次见到她，为我的愚蠢道歉，重归于好，甚至更进一步。但是，这一次，旅馆的老板带来了厄运。他设法超额预订了房间，却在我的朋友到达时，告诉她可能我已取消预约，这显然不是真的。但不幸的是，她相信了，你能想象，她非常沮丧，完全不理我。我虽无辜，但事已至此，所有重归于好和改善关系的努力都化为泡影。

这些事把我推回到极端的心理混乱。我内心充满了黑暗和强烈的情感痛苦，包括绝望、悲伤、孤立、孤独，尤其是对未来的个人幸福不抱任何希望。接下来的两个月里，表面上我的日常工作运行顺畅，但在内心里我把自己封锁起来，将一切排除在外。当然，我又倒向了杰娜·马隆，这个至少在我的想象形式中唯一允诺我爱、安慰和情感温暖的人。通过她的影片、照片，尤其是那些她亲自赠给我的比任何其他形式都更能象征她"实体在场"的原版签名照片，与她"同在"。几周时间里，直到2006年11月末，我至少看了10遍《高校六甲生》，我还通过存在笔记本电脑里的《傲慢与偏见》《星星的故事》《作弊者》《利蓝的美国》和《爱在屋檐下》多次造访她。我不会在晚上去酒吧，而是花上几个小时翻阅她的照片和亲笔签名，看看她美丽的眼睛，感受她可爱的微笑，恋慕和内化她的自然美。不知怎的，感觉她好像就在我身边，在我的私人空间中真实存在，她用温柔的双臂拥抱我、安慰我。

这听起来可能怪诞，但想象中她的爱和支持帮我回到了正轨，终于，11 月末，我的心情又明朗起来。那时候，我还发现，杰娜在 Youtube 上上传了一些自制的短视频，这也增强了她在我生活中的存在感。当然，我一向清楚，我永无可能亲眼见到她，更遑论与她约会。事实上，我也清楚地知道杰娜·马隆可能永远都不会知道我或我的存在，我也永远不能真正了解私生活中真实的杰娜·马隆。我所知道的关于她的一切实际上都是我对她的个人印象，是我从形形色色的媒介文本中推演出来的，比如杂志上她的专访、DVD 中收录的访谈和评论、她自制的 YouTube 短视频以及关于她的杂志文章。尽管我在生活中经历了很多不如意，但她的文本人格和创作表演一直以来都带给我意义、目标和享受生活的灵感来源，并将一如既往地延续下去。

那几周里，我不仅看了很多次《高校六甲生》和她扮演的玛丽·卡明斯，而且我相信，在某种程度上杰娜·马隆实际上把我从情感的黑暗中拯救出来，至少在我想象的准社交背景下，她给了我一种渴望多年的与理想女友的爱情关系，虽然这种关系在现实生活中被否决了。2006 年 12 月，如半年前就已经计划的，我终于给她写了一封私人的粉丝信件。我在圣诞节前把信寄到她最后一个已知的接收粉丝邮件的地址，不过说实话，我并不指望收到她真正的个人回复。

第五章 星火燎原

——名人的多义诱惑

被遗忘的时光

上一章我已经带着你——我的读者，踏上叙事之旅，进入了一个名人粉丝的真实生活世界，向你们展示了关于我对最喜爱的女影星的日常粉丝体验的详尽、富于感情、诚实、自我剖析式的自传式民族志案例研究。为了让生动的粉丝体验真正"活"起来，这一消费者叙事将积累起来的回溯性和共时性自传式民族志数据以故事形式进行语境化，而同时保持我当时记录在日记中的想法、感受、语词和表达的真实性。通过这种方式，你有机会作为一个外围参与者，沉浸于本书所呈现的消费者叙事，并通过我的局内人视角，见证在 21 个月的时间里，我是如何体验与最喜爱的女演员之间的粉丝关系，以及这种关系如何在我的日常生活、思绪、感受与幻想中缓慢而稳定地加深、演变和呈现。现在，如果这里呈现的自传式消费者叙事强烈、私人、真情实感的本质，让某位读者产生"不安"或"不舒服"的感觉，那么不妨请思忖片刻，何以有这种感受。可能有许多深层原因使自传式民族志的消费者叙事带来了这样的感受。

是不是因为消费者叙事的情感特质，带领读者你走出了传统书桌或实验室研究通常提供的"安全"学术舒适区，使你直面一个作为粉丝的真实消费者生活经验中庞杂、主观的复杂现实？那么，这里的根本问题显然是一个认识论和方法论的问题。一些受过"科学的"（也就是"经验的"）或社会学理论的（也就是"批判的"）研究传统训练的学者，对任何偏离他们期望的研究方法都会感到不适，而他们所期望的是基于经济模型、实验室研究或意识形态驱动的理论，对消费者及其（粉丝）行为的超然、客观、理性或相当简化的表征或模型化。如果是这种情况，你可以再次回顾第一章中关于基础研究的哲学方法和自传式民族志方法的讨论。

或者，也许这一自传式民族志粉丝叙事触及了更私人化的神经，由此，不期然间引起了你倾情于某人或某事的共鸣？如果是这样，那么根本原因实际上不言自明，即你提供了一个我们作为人类沉湎于阅读、听说和看到的故事之中并使其与我们的生活相联系的实际例证，而这正符合格里格（Gerrig 1993）的叙事迁移理论所提出的观点。这种读者反应是自传式民族志、现象学和其他故事性研究方法所寻求实现的目标，从而证明研究发现的通用性，并提供对现象的更深层理解。

或者更确切地说，你对个案研究的叙述者（我）和所叙述的粉丝经历的判断和感受，是在有选择地关注那些符合流行偏见的个别特征和例子的基础上形成的，故而你自己对名人粉丝的成见也是如此？这里的根本问题涉及，支撑流行话语和学术话语的共同偏见及刻板印象在过去的一个多世纪里决定了消费者叙事和经历的传统表达方式。事实上，如果你作为读者只采取一般的快速、高度选择性、带有意识形态偏见的眼光看待第四章中的自传式民族志粉丝叙事，脱离第二章中对名人粉丝的讨论，而孤立地把注意力集中于个别吸引眼球的特征、例子和／或事件上，那么要找到支持已有偏见的证据绝非难事。但仔细研究这一粉丝叙事也会发现，对于你可能找到的每个证据，你会很快发现，要么有更多的证据反对同一个粉丝概念，要么所谓的"支持证据"存在的更广阔语境与这里所讨论的粉丝概念的深层观念实际上是相背离的。

然而，无论我与演员杰娜·马隆之间粉丝关系的消费者叙事、其意义和在日常生活中的呈现，在读者的心中唤起怎样的感受，请放心，我回溯10年前自己粉丝体验的情感自剖，并非为了某种虚荣和自恋式的放纵。相反，第四章细致、情感化的自传式民族志叙事的中心思想是检视一个真实的消费者如何在日常生活中体验与名人的粉丝关系，从而理解：其一，名人对个体消费者的吸引力是什么；其二，个体消费者如何、为什么会随着时间的推移体验和深化对其所敬仰的名人的情感依恋，并使这种依恋演变成一种准社交关系。因此，现在我们要开始更仔细、更全面地审视我与我所喜爱的电影女演员杰娜·马隆的粉丝关系，从而了解消费者如何以及为什么被某位名人吸引，进而对她或他产生情感依恋，这种粉丝关系是如何随着时间的推移在日常生活中发展和表达的，以及它对个人的意义。

当然，这并不意味着其他消费者与其最喜爱的名人之间粉丝关系的发展、演变、呈现和表达方式与本个案研究中我所做的完全相同。然而，通过"回到事物本身"（Heidegger 1927；Husserl 1986），理解自传式民族志粉丝叙事中个人粉丝体验、意义和行为的内在本质，以及我与其他名人的关系，我们能够识别和解释消费者与所倾慕名人之间粉丝关系的基本构成要素，而这些基本构成要素决定了个体消费者对其所喜爱的名人的不同情感强度和私人属性（personal nature）。这样，我们最终也能够更深入地理解为什么消费者可能会对一位名人产生深深的情感依恋，但同时对其他许多名人保持情感淡漠，而这些名人同样有才华、有魅力，年纪相仿，类型相似，代表相同的个性。为了获得这样的洞见，我们需要理解名人何以吸引消费者以及大多数消费者如何在日常生活中与名人建立联系。因此，我们现在基于自传式民族志的消费者叙事来重新界定我们对名人的理解，并为他们一开始怎样吸引消费者提供另一种解释。

最后四首歌

正如我在第三章中讨论的，电影研究中的明星文献（Dyer 1998；Geraghty 2000；Hollinger 2006）、媒体研究中的名人文献（Marshall

1997；Schickel 1985；Turner 2004）以及最近的市场营销文献（Eagar &
Lindridge 2014；Hackley & Hackley 2015；McCracken 1989）一直保持
着将影星和其他名人定义为"文化意义的同质性符号容器"（Dyer 1998；
MaCracken 1989）加以讨论的传统习惯。而这种"文化意义的同质性符
号容器"被认为是资本主义消费社会中关于成功、魅力、非凡甚至神圣的
文化理想的化身。这意味着，名人不是人类，本质上他们是由其在银幕或
舞台上所塑造的所有单个角色和在其他公共媒体上的所有外在表现共同组
成的符号总和。于是，一般认为，每位影星或其他名人都有自己广泛适用
的消费者吸引力，这种吸引力系于一个一以贯之的公众形象，而这种形象
则使特定的文化价值观、欲望和原型具象化。因此，他们自己的"真实"
人格和私生活方式也体现在他们塑造的千篇一律的电影角色和舞台角色牢
固、可识别的经典形象之中（Hollinger 2006；King 1991）。

　　然而，仔细审视第四章中的自传式民族志案例，就会发现，杰
娜·马隆一直以来既作为一名有才华的演员也作为一个美丽的年轻女子
吸引着我，也就是说，她是作为一个活着的人让我着迷的而不是某种文
化原型、文化理想或文化价值的人格化象征。再者，有明显的证据表明，
虽然我对前述消费者叙事中提到的其他影星和其他名人从未体验过类似
的情感依恋，但我是将他们作为人与他们产生关联的，同样的，主要是
通过关注他们作为专业演员的技艺，而不是他们的公众形象。因此，对
自传式民族志中收集的数据加以解释学分析后，可以得出结论：与前面
所提及的已有文献中的论述相左，消费者被特定名人吸引，可能并不是
因为他们充当社会文化意义的符号象征或符号系统，而是因为他们作为
富有创造性的表演者所具备的实际技能、出品的成果，也因为他们作为
人类所具有的特质。

　　这也意味着，与文献中的传统定义相反，一位名人并不是以同一种
方式对所有消费者普遍具有吸引力，而是提供了一种多元的吸引。因此，

消费者与每位影星和其他名人相联系的消费方式可能是高度复杂、多样和千变万化的，每个消费者出于不同的个人趣味及欲望，领受不同的魅力面孔（Brown et al. 1999；Scott 1994）。在这方面，消费者尤其是粉丝不仅在人的层面上与名人产生关联，而且成为多义文本的共同创造者，而多义文本的内容包含不断演变的名人叙事和消费者诉求。事实上，自传式民族志案例研究的内容已经表明，杰娜·马隆之所以吸引我的注意和兴趣，首先和最重要的原因都在于她是一位才华横溢、富于创造力的女演员，她对形形色色人物令人信服的塑造每每让我惊叹。所以我爱看她出演的影片，不论她扮演主角，还是担当配角。此外，她主要参演小成本独立电影、在欧洲未受到广泛关注这样的事实，使我享有可分享给他人的"前卫"业内资讯，或是借由欣赏一些他人不知道的东西让自己与众不同。

不过，很明显，杰娜·马隆之所以吸引我，还因为她看上去是一个在私人生活中善良、睿智、有趣和非常美貌的妙龄女子，至少我感觉是这样。此外，案例研究也展示了我对收集她的电影 DVD、有关她的杂志文章和亲笔签名的兴趣。因此，我们可以从自传式民族志消费者叙事的解释学分析中推论，每位名人的消费者吸引力不仅本质上是多义的，而且由四个要素构成，包括①创造性的表演者（the creative performer）、②"私人"（the "private" person）、③"有形占有物"（the tangible possession）、④与他人的"社交纽带"（social link to other people）（见图 5-1）。名人个人魅力的每个要素单独发展或相互共生，以不同强度向个体消费者散发吸引力，引起他/她的注意，引发情感反应。这种情感反应五花八门，包括好奇、感兴趣或厌恶、共情、羡慕、性吸引，乃至友情甚至爱的感觉，不一而足。下面，我将更详细地分别讨论影星和其他名人多义的消费者吸引力的四个组成部分。

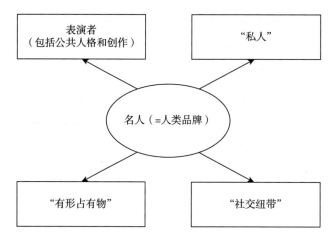

图 5-1　名人的消费者吸引力构成要素

作为"表演者"的名人

名人消费者吸引力的第一个（也许是最强势的）组成部分是"表演者"，指名人实际从事什么工作、以什么闻名以及其公共媒体形象和八卦（Geraghty 2000；Mills et al. 2015；Turner 2004）。鉴于创意产业的本质，每位名人不论如何成名，首要和最重要的是作为某种类型的表演者，也因此通过其艺术表演和创作的（感观）品质吸引消费者。换言之，演员通常因其在电影或戏剧中的表演才华和演艺水准受人崇拜（De Cordova 2006；Wohlfeil & Whelan 2011），或者因在表演才能方面的缺失而受到嘲笑。音乐家和摇滚 / 流行歌星因其唱片和现场表演的（感观）质量而闻名（Eagar & Lindridge 2014；O'Guinn 1991）。那些备受嘲笑的社会名流和真人秀明星也是表演者，因为他们为公众和小报媒体展示了自己的某种代表性形象，不论他们所塑造的媒体角色是否真实、是不是他们自身真实人格的舞台投射（Turner 2004）。

因此，通常一个消费者首先意识到一位名人的存在，要么是通过创造性表演（电影或舞台角色、歌曲或专辑、电视节目或现场表演），要么是因为新闻媒体的报道。事实上，第四章的自传式民族志消费者叙事表明，正是因为杰娜·马隆的银幕表现以及在《高校六甲生》中对主角玛丽·卡明斯到位的刻画，她才吸引了我，让我知道她。鉴于名人对个体消费者的持久吸引力有赖于个体消费者对名人的兴趣强度以及这种兴趣本质上是情境化的还是持续性的，因此吸引力持久与否在很大程度上取决于消费者对名人创造性表演的投入（Batat & Wohlfeil 2009）或因其在媒体上露面（Redmond 2014）而获得的个人享受。正如我在许多地方已经指出的，我对杰娜·马隆的个人兴趣围绕着崇拜她令人折服的表演、定期在电影院和电视上以及 DVD 上观看她的电影、在我的 iPod Touch 上用 iTunes 下载数字文件、持续不断地搜寻有关她的新片计划和个人信息等活动展开，下面这段我的自传式民族志日记原稿节选便可说明：

> 我对《荒野生存》这部电影的兴趣其实早在 2006 年 10 月就已经产生了，当时我在 Mean 杂志对杰娜·马隆的采访中读到，这部电影刚开始拍摄……就这样发生了，在那篇文章中，她不仅谈到，她最近有部新片《说到做到的人》即将上映，以及她越来越喜欢用自制音乐和短片表达自己，而且还提到很快将与肖恩·潘一起拍摄电影《荒野生存》。
>
> 内省，2006 年 12 月 30 日

是以，名人的消费者吸引力构成要素之一"表演者"，乍一看似乎与明星文献（Dyer 1998；Geraghty 2000；King 1991）和一些新近的市场营销文献（Hackley & Hackley 2015；McCracken 1989；Mills et al. 2015）已经详细讨论的"戏内"（= 电影角色）和"戏外"（= 在其他媒体上露面）影星人格面具很类似。然而，本研究对影星或其他名人的定义与传统观点大不相同。

如本文前面已经数次提到的，戴尔（Dyer 1998）、麦克拉肯（McCracken 1989）和全部有关明星、名人的文献以及新近的市场营销研究文献，实质上都对明星和名人进行了"去人性化"，将他们视作"文化意义的符号容器"，认为其一以贯之的公众形象来自在荧幕和舞台上扮演的投射其实际人格和私生活方式的角色，从而使特定的文化原型具象化（Hollinger 2006；Eagar & Lindridge 2014）。换言之，传统话语将玛丽·璧克馥（Mary Pickford）、鲁道夫·瓦伦蒂诺、约翰·韦恩、玛丽莲·梦露（Marilyn Monroe）、多丽丝·戴（Doris Day）、詹姆斯·迪安（James Dean）、克林特·伊斯特伍德、西尔维斯特·史泰龙、珍妮弗·洛佩斯或凯特·温斯莱特等影星看作本质上只是在他们的影片中扮演他们自己。因此，最近英国媒体的一些热议，如米莉·赛勒斯的"狂野、性感行为"、克丽丝滕·斯图尔特（Kristen Stewart）所谓的"不检点性行为"明显源于这样一个事实，即许多人（比如小报和自封的"热心父母"）似乎无法将演员米莉·赛勒斯从她饰演的虚构迪士尼人物汉娜·蒙塔娜（Hanna Montana）中分离出来，也无法将演员克丽丝滕·斯图尔特从她在《暮光之城》（*Twilight*）中扮演的虚构人物贝拉·斯旺（Bella Swan）中分离出来。

本研究中的自传式民族志数据则明显支持这样的观点，即实际上消费者可能将影星与其他名人作为创造性的艺术家和表演者来消费及"珍视"，故而将他们视作活着的人，而不是文化原型的具象。杰娜·马隆作为表演者吸引我的重要方面是她轻松驾驭个性迥异的女性角色时展现出的丰富才情，尤其是当这些角色与她的公共人格和可感知的私下人格相距甚远时。事实上，我的消费者叙事毫不含糊地表明，我把演员杰娜·马隆和她的创造性表演区分开，后者指她在戏中塑造的各色人物。当然，不只是对杰娜·马隆，本书这项个案研究总体上很清楚地证明，我还将其他演员，如薇诺娜·赖德、克莱尔·戴恩斯、娜塔丽·波特曼、埃伦·佩奇和珍妮弗·劳伦斯，与她们塑造的各种戏中形象区分开。伊加和林德里奇（Eagar & Lindridge 2014）也以类似的方式区分了歌手大卫·鲍伊（David Bowie）和他在 20 世纪 70 年代扮演的著名舞台剧人物齐基·斯塔达斯特（Ziggy Stardust）。因而，我们可以这样认为，对个体消费者而言，名人作为"表演者"的个人魅力取决于消费者如何感知：

①名人的作品和表演的品质，即演员拍摄的电影、表演的戏剧和刻画的人物，或音乐人的唱片和现场演出；

②名人的才华和演技，即演员的表演技巧，或音乐人的歌曲创作、歌喉和 / 或乐器演奏技能；

③名人在媒体亮相（media appearance）[①]和 / 或在媒体报道中（即在电视上露面、接受访谈、新闻报道和八卦）展现出来的个性及行为。

细看第四章的自传式民族志消费者叙事，会发现里面有很多例子，比如在我对《作弊者》和《傲慢与偏见》的消费过程中，我判断影片质量的依据是我在多大程度上"迷失"于故事中，在多大程度上我可以通过结合某方面自己的实际经历对人物产生同情、共情（Cohen 2001；Wohlfeil & Whelan 2008）甚至认同，或相反的厌恶和排斥情绪，从而与剧中角色建立情感联系。因而，我特别注意杰娜·马隆参演的独立电影是因为可以与其中的故事和人物产生情感共振，尤其对她扮演的角色情有独钟，即使那个人物可能并不那么讨喜。

莉迪娅被塑造成一个被宠坏的放纵任性的少女……与我读原著时想象的非常相近！莉迪娅在意的只是军官、丝带和舞会——就如同今天的少女们只关心男孩（首先是运动健将和艺术家）、时尚和派对一样——对自己的行为及其后果完全没有责任感。当然，贝内特一家仍然是引人好奇和美

---

① 指为了与媒体记者互动而专门安排的活动，如媒体见面会、新闻发布会、电影首映式等。——译者注

慕的理想家庭。

内省，2006 年 2 月 15 日

　　于是，一个消费者对一位名人的迷恋由后者可被感知到的表演品质或表演的产出以及对这些表演的消费维系。名人表演的产出，就演员而言很明显就是电影、电视节目或戏剧；就音乐人而言是现场演出、黑胶唱片、CD 和数字音乐；就模特而言是刊登在时尚杂志上的浮华时尚大片；对运动员而言是不同级别的比赛和成绩。由于将明星和名人"去人性化"及简化为符号系统，现有的明星和名人研究文献忽略了一个重要但基础的因素，那就是明星和名人首先必须具备基本的才华和技能来呈现表演。由于这个原因，麦克拉肯（McCracken 1989）遇到了广为人知的困境，即如何理解梅丽尔·斯特里普对消费者的吸引力，而戴尔（Dyer 1998）则不假思索地一口否决了性格演员的"影星"地位。

　　本研究中的自传式民族志数据显示，消费者对名人表演技艺和才华的崇拜，尤其反向强化了名人作为表演者的魅力。的确，当我乐于让自己沉湎于杰娜·马隆的影片，在情感上与她所扮演的主角、配角息息相通时，"表演者"杰娜·马隆凭借她那"可以让所有角色真切可信"的演技尤其吸引我。并且，如我已经提到过的，对其他演员而言也是同理。薇诺娜·赖德、娜塔丽·波特曼、埃伦·佩奇、珍妮弗·劳伦斯以同样的方式吸引我的注意，她们都是通过塑造可信角色的表演在情感上征服和打动我。相同的道理也适用于像僵硬小指（Stiff Little Fingers）、冲撞（The Clash）、嗡嗡鸡（Buzzcocks）、棒客（The Pogues）、海因茨·鲁道夫·孔泽（Heinz Rudolf Kunze）、布鲁斯·斯普林斯廷（Bruce Springsteen）、R.E.M.、盛装（Warpaint）、广告（The Adverts）和诅咒（The Damned）等乐队和音乐人，他们的专辑和现场演出激荡心弦、触动神思，因此也在我内心鼓荡起波澜。

　　显然，一个消费者对名人演技和才华的衡量是非常主观的，是以个人品位、背景知识、做出"有素养"（educated）判断的能力为基础的（Holbrook 1999）。但必须再次重申，我清楚地区分了杰娜·马隆、薇诺娜·赖德、克莱尔·戴恩斯、娜塔丽·波特曼、埃伦·佩奇、珍妮弗·劳伦斯等女演员和她们的各种银幕角色，而不是像明星文献所主张的那样，将各种角色视同一个。事实上，第四章中的粉丝叙事也非常清楚地表明，我实际上尽了很大的努力，避免将杰娜·马隆和其他任何女演员附会于某种典型形象。她们非常漂亮、聪明、自信，但也是普通、真实的年轻女子，只是碰巧成了富于才华和创造力的艺术家。因此，除了外表和风格，消费者界定影星和其他名人公共形象的方式，就如同界定走在街上的任何人一样，是依据其社会地位和艺术家职业，而不是将他们当作特定文化原型的化身。

　　当然，影星和其他名人在电影首映式、电影节、电视脱口秀和杂志文章上的出场，对我同样具有某种吸引力。由于很多这类媒体亮相的首要目的是推广某个即将上映的电影、将要发行的音乐专辑、一档新的电视节目、一出剧目的首演或一本书的出版，所以他／她作为"表演者"对消费者的吸引力通常源于消费者三方面的个人兴趣。

　　①作为获知名人近期创造性表演、项目、成果的信息来源。

　　②作为持续更新名人最新资讯的手段，资讯包括不演戏的时候他／她在日常生活中什么样子，她的恋情现状，以及各类私生活新闻。

　　③作为一睹名人"真实"个性和私下品性的手段，观察他／她的行动、言谈、主张、与他人的互动、在各种情境下的反应和整体举止。

　　虽说从自传式民族志的消费者叙事中可以看出，我喜欢阅读与杰娜·马隆有关的新闻报道和文章，但对自传式民族志数据的分析显示，我对小报和时尚杂志喂给受众的那种名人八卦极为不屑。这些八卦热衷于名人穿了什么（根据自命的或所谓"时尚专家"的看法）或不该穿什么、他们可能在跟谁拍拖、他们参加什么派对、他们大概挣多少，当然，还有那些煞有介事的情事和丑闻。这种蔑视贯穿于整体自传式民族志叙事数据，主要原因非常简单：在我眼里，这些文章极度肤浅，几无任何价值。这类文章的内容要么是将去掉原始出处语境的信息碎片再拼接，要么是干脆杜撰虚构故事，为某张狗仔照或红毯照做注脚。例如，小报和越来越多学术出版物中作为事实披露的一位影星或其他名人在一部电影、一张专辑上或一年多时间里赚了多少钱的传闻通常只是八卦媒体凭空捏造的产物（Elberse 2014）。

当然，这些虚构的媒体故事是经纪公司求之不得的礼物，尤其是涉及为自家艺人商谈未来的电影摄制（Epstein 2012）、媒体亮相和巡回音乐会的所得收益时。一些传言称，过去经纪公司甚至时常在八卦媒体上植入这种故事，以提高艺人薪酬（他们的佣金自然也水涨船高）（Epstein 2005；McDonald 2000）。然而，对我来说，狗仔队的"边缘犯罪"（borderline-criminal）行为特别令人厌恶，因为他们把非法侵犯名人隐私、捕获一些"暴露和丑陋的"照片，虚构一个无聊故事作为自家生意，这也导致许多名人越发不愿出现在公共场合，像"常人"一样出门，在街上遇见他们的粉丝。

然而，一个多世纪以来八卦杂志和小报的全球流行（Barbas 2001；Gabler 1998；Hermes 2006）表明，许多消费者持有不同的看法。很明显，媒体上许多有关米莉·赛勒斯的风言风语、她性感的 MTV 表演、她大胆的音乐短片以及那些显然无法将她与迪士尼人物汉娜·蒙塔娜区分开的震惊的父母的闲言碎语，实际上都是由小报杜撰以扩大销路的把戏。更有甚者，像我一样，虽然很多粉丝对名人的既定兴趣主要在于其公共人格和总体而言将其视为"表演者"，但事实上对其他许多消费者来说，名人的魅力主要是提供朋友、同事和邻居间闲聊的话题。正如赫米斯和库奇曼指出的，名人常常成为消费者可以在背后议论而无须担心潜在还击的安全标靶（Hermes & Kooijman 2016）。

事实上，虽然本书的多数讨论着眼于消费者如何形成情感依恋，与名人建立积极的关系，但我们必须承认，许多情况下，消费者倾向于带着幸灾乐祸的心态嘲笑拙劣的表演、错误、失败以及糟糕的观点和评论，与名人建立一种消极的关系（Hermes 2006）。在这些情况下，消费者往往对名人怀有嫉妒、厌恶甚至憎恶的情绪，或者相对于名人的个人道德优越感。有时候，情况可能是：消费者意识到，某些名人吸引了所有的公众目光和评论界的喝彩与赞誉，而他们看好的名人却遭冷遇，这是非常不公平的，恰如我在感到"才华和技艺更逊"的名人得到了比杰娜·马隆更多关注时多次在消费者叙事中所表达的那样。但在其他一些情况下，消费者确实往往对名人的才能、成功和知名度抱有嫉妒之心，他们认为名人获得的一切是不公平的，也是名实不副的。这时候，名人充当了一张画布，在其上，消费者可以投射他们对自己职业生涯的愤懑。于是，分享有关这些名人的失败、不幸和恶评的流言蜚语，使他们能幸灾乐祸地俯视名人蒙羞受辱和当众"出丑"（fall from grace），从而忘却自己的处境（King 2011；Redmond 2014）。

作为"私人"的名人

第二个（也可能是第二重要但最缺少研究的）要素是名人作为"私人"对消费者的吸引。作为"私人"的名人指名人在私人生活中是怎样的人，或更确切地说，当名人不在舞台或银幕上扮演人物、不在媒体上公开出现时被感知为一个怎样的人。换言之，消费者常常不是被名人的创造性表演和作品所吸引，而是被一个活生生的人所吸引，这个人拥有独一无二的面孔、体态、美貌、智慧、个人趣味、价值观、信念、政治观点，当然还有性魅力。因此，一个男性或女性消费者被某位名人所吸引的方式，与在日常生活中他／她在中小学校、大学、工作场所、公共交通工具、街道、零售店或酒吧等场合，被任何一个人吸引的方式如出一辙（Wohlfeil & Whelan 2012）。就像我们与任何其他未曾见过的人之间的关系一样，很明显，影星、摇滚／流行歌星或其他名人独一无二的模样、面孔、身材、美貌、外观和性魅力，使其至少在个体消费者眼中从其他天资过人、迷人聪慧甚至有时更为出名的名人中脱颖而出，从而捕获了消费者的注意力和个人兴趣。

事实上，正如自传式民族志消费者叙事中显示的，在我观看影片《高校六甲生》时，杰娜·马隆一开始唤起我的兴趣不仅是因为她难以置信的演技，还因为她作为一个年轻女子其实是我"理想中的女性美"的化身，看上去像我"梦中的女孩"，这是她不同于其他有才、有貌、有趣的女演员和其他名人的地方。如我在下述自传式民族志中回忆起初次在荧屏上看到她时所强调的：

我真的被杰娜·马隆美丽的眼睛和可爱的微笑迷住了。

虽然有很多女演员可能比她更有魅力，但对我来说，她简直是一个美丽绝伦的女子，那是一种自然之美。她简直就是我一直在寻找、为之沦陷的那种女孩，一个邻家女孩，愿与她在一起、共度此生……

内省，2005 年 9 月

虽然戴尔（Dyer 1998）承认，任何名人都体现为一个活生生的人的实体在场，而其独一无二的面孔、身体、声音和个性使之区别于其他名人。但有关影星和其他名人的文献不仅无视这一点，而且将他们的人性方面从学术话语中"抹掉"，从而将其定义为"文化意义的符号容器"（Dyer 1998；McCracken 1989）。这是非常令人遗憾的，因为影星或其他名人的实体在场给消费者提供了清晰的证据，表明他／她并非人造的

"文化原型的化身"，而是有私人生活、个性、个人政治观点和社会关系的真实人类，他们像其他人一样经历着快乐、悲伤和成败（Cocker et al. 2015）。

一项奇特的心理学研究（Giles & Maltby 2004；Karniol 2001）特别关注某些名人，如青少年流行歌星、青年男演员或运动员，认为他们为少女提供了"安全的情感对象"，使她们能够以玩乐的方式开启自己的性觉醒。[①] 然而，除此之外，对于影星或其他名人如何吸引个体消费者以及他们作为活着的人如何被"消费"，人们实际上知之甚少。对收集到的自传式民族志数据的解释学分析打开了一扇通往新领域的大门。事实上，消费者珍视和消费某位名人时，不只将名人作为"表演者"或因其美貌和吸引力，也将其作为隐藏在公共媒体人格面具下的"私人"对待。实际上，不只人们可以猜到的粉丝，还有各行各业的消费者，都经常出于好奇心，渴望在"表演者"的帘幕后面近距离观察一位受人崇拜的影星或其他名人既不在舞台和银幕上塑造角色，又不在媒体焦点之中时，在日常生活中作为一个私人是什么样子（Cocker et al. 2015；King 2011）。

支撑这种发现影星或其他名人公共人格面具之外"真人"（true person）的好奇心和渴望的，是消费者对日常生活的本真状态（the authentic）和本来面目（the real）的追求（Beeton 2015；MacCannell 1973）。大多数消费者往往认为（通常不是没有道理的），一般经由（八卦）媒体展现出的影星或其他名人的个性、生活方式和恋爱关系，只是后者公开表演的另一个部分，因此是一种经过洗白、不真实的伪装（Schickel 1985）。因而，允许消费者以某种方式"访问后台"中名人的真实私生活（MacCannell 1973），使他们有希望将影星或其他名人作为日常生活中未加矫饰的、可

---

① 有趣的是，至今没有一项研究真正关注少女流行歌星或青年女演员也可能以同样的方式为少年提供"安全的情感对象"，使他们开启自己的性觉醒。相反，研究的关注点都只集中在少女身上，但往往是出于截然不同的意识形态缘由。

信的人来了解。"认识"真正的"私人"的过程，也使个体消费者有可能将被崇拜甚至被恋慕又相距遥远、难以触及的名人，降到一个平等的社会层面，使对方在人的层面上更"容易接近"。根据消费者的个人需求，影星或其他名人随后作为榜样、熟人、理想的"朋友"甚至准社交关系语境下（Horton & Wohl 1956；Wohlfeil & Whelan 2012）的潜在"爱人"吸引他们，我的自传式民族志粉丝叙事中也描述了同样的情形。不过，虽然很多消费者尤其是粉丝倾向于寻求了解影星和其他名人"私人"及其生活，以便在人的层面上寻求精神和情感上的亲近，但影星和其他名人也可能以类似的方式作为怜悯对象或纯粹的蔑视对象而吸引消费者（Redmond 2014）。

于是，影星和其他名人成了一张画布，让消费者投射内心深处对自己的生活和社会关系怀有的不满和挫折感。在一些情况下，这类消费者总体上对名人持有强烈的批判性看法，多半将他们看作自恋、自私、过高评价、虚假、不真实的个体。因此，他们兴高采烈地沉迷于八卦杂志和小报上那些承诺借助狗仔队照片"揭露"影星或其他名人特别是真人秀明星的"隐藏真相"的"新故事"，诸如无意识被抓拍到的未加修饰的照片、他们的"不检点行为"、他们的"流言蜚语"和"风流韵事"，以及任何其他弱点和过错（Hermes 2006）。阅读和分享这些流言蜚语，使消费者站上"道德优越"的制高点，幸灾乐祸地鄙视影星和其他名人的"名誉扫地"，忘却自己的生活和处境（Turner 2004）。

另一些情况下，消费者只是想从自我感觉良好中获得一种宣泄体验，因为他们从这种"揭露出的隐藏真相"中了解到，那些成功和讨喜的影星、真人秀明星或其他名人，在私生活中可能比他们更糟糕，或者与其公众形象相反，是一个相当恶劣、被宠坏的或让人失望的人。于是，就出现了一种悖论，最热衷小报、八卦杂志和狗仔队的读者，往往是那些声称对名人没兴趣甚至蔑视"当今名人文化"的消费者。然而，名人消费者吸引力的"私人"要素的主要问题是，除了极少数例外，消费者不可能亲眼见到他们喜爱的影星或其他名人，更无从了解他们私人生活中的真实自我。因此，"私人"这一要素是另一个悖论，即个体消费者并未真正了解影星或其他名人的私生活，而是基于持续的内投射（introjection）和（外）投射（projection）过程（Gould 1993；Wohlfeil & Whelan 2012），建构自己心目中确信的影星或其他名人在媒体聚光灯外的日常形象。关于内投射和外投射，我将在下一章中详细讨论。

作为"有形占有物"的名人

名人消费者吸引力的第三个要素是"有形占有物"，意思是，遥不可及的影星或其他名人作为商品和财产对个体消费者来说变得可触及与可感知。影星和其他名人是人，不可能随时随处可见。通常，消费者只能面对面消费与钦慕影星或其他名人作为"表演者"的创造性表演和作品，前提是在正确的时间、正确的地点得到一张数量有限的门票。第四章的自传式民族志叙事已经展示，当既无法观看名人的表演又在地理位置上与活动地点相距甚远时消费者所体验到的那种挫折感。我在好几处表达了懊丧情绪，杰娜·马隆的几部独立电影（尤其是几部她最好的作品）从未在欧洲院线上映，导致我无法看到。再者，因为当时无力支付周末从爱尔兰飞往纽约的费用，结果无缘观看她的外百老汇舞台剧。加之，因为她在欧洲鲜为人知，一些全球发行的知名杂志经常在欧洲版刊载当地电视明星或社会名流的文章，而不是有关杰娜·马隆的全面报道，这种做法当然让我更加气闷。

因此，影星和其他名人的创造性表演、作品、公共媒体亮相，特别是其私生活难以触及的性质，不断提醒消费者，影星和其他名人作为"表演者"与"私人"都是难以接近的，甚至是虚幻的。但创意产业的商业性质决定了影星和其他名人需要通过艺术体面地谋生，其利益（通常是其背后的管理者）也源于尽可能多地向消费者提供他们的创造性表演和作品，售卖黑胶唱片、CD、DVD、数字下载、照片、海报、图书、杂志等形式的复制品，以及其他品牌产品（Thomson 2006）。

因此，可以得出结论：影星或其他名人对个体消费者的吸引力在一定程度上源于后者通过拥有作为其有形显现形式的产品，实质性占有作为"表演者"的影星或其他名人的创造性表演和作品甚至作为"私人"的影星或其他名人的可能性。这类名人品牌产品（celebrity branded product）的附加意义和消费方式当然是相当多元化的，因为消费者购买它们的原因和目的各不相同。对许多消费者而言，购买 CD、DVD、数字产品或黑胶唱片首先是实现在任何时间、任何地点、以任何频次听喜爱的音乐和看喜爱的影片的手段。换言之，影星或其他名人创造性表演复制品的可购买性使消费者得以重复欣赏，否则他们的表演对消费者而言将只能是一次性的即时体验。此外这些产品还可以作为茶余饭后的分享物。在摇滚／流行乐队演唱会或音乐表演时购买的 T 恤通常与在旅游目的地购买的 T 恤具有相同的含义，即向其他人发出信号，表明"我在那里！"（I was there!），是"被选中之人"（chosen ones）。

在另一些情况下，购买表演的刻录版本（recorded performance），也使消费者能够消费和欣赏在其家乡地区无法获得或接触到的创造性表演，名人要么不住在此地，要么不在此地演出。其实，那个我们只能在附近电影院上映或地方电视台播放时才能看到影星创造性表演的时代，并没有过去多久（Wohlfeil & Whelan 2008）。第四章的自传式民族志也反复显示，由于杰娜·马隆参演的多数小成本独立电影在当地影院极少上映，所以我对她影片和表演的欣赏高度依赖于购买影片 DVD 和下载数字版。

自传式民族志消费者叙事也显示出，粉丝与"不那么投入"的消费者之间首要的区别是愿意付出多大努力去获得刻录产品。后者可能只是光顾附近的店铺或亚马逊，去寻找特定类型的复制品（如音乐专辑、影碟、图书等），如果价格公道就会买下。而粉丝大多数情况下不仅愿意出价更高（也不能超过某个限度），而且通过遍布世界的小众物品零售商（niche retailer）、集市、节庆市场等更庞大的网络，追逐稀有或难得的商品。比如，自传式民族志消费者叙事很清楚地证明，我购买了一个外接 DVD 光驱并将它锁定在 1 区，以便为今后购买、搜集和闲时观看杰娜·马隆参演的未在欧洲上映的独立影片美版 DVD 扫清道路。所以，通过 DVD "占有"一位影星的电影，或通过黑胶唱片、CD 或数字下载"占有"一位音乐人的音乐（以及延伸到"占有"一位作为"表演者"的名人），消费者克服了早先的接触和获取障碍。

　　不过，许多消费者并不满足于临时兴起收入一两张专辑、影碟和图书。相反，他们中的一部分人是收藏家。有的人渴望"占有"音乐、电影和文学等题材的所有名人作品；而其他人，比如粉丝，期望"占有"某位名人的所有作品。这样一来，"占有"影星或其他名人作品和表演的能力，不仅使消费者得以在自己方便的时间、地点消费，而且使他们如同"博物馆馆长"一般，即便乐队解散、节目取消、剧院关门、剧目停演、名人告别舞台或不幸离世，也能给藏品和作为"表演者"的名人"保鲜"（Radford & Bloch 2012）。对许多消费者而言，作为"有形占有物"的影星或其他名人的魅力在于，可以使"表演者"及其演出和艺术作品葆有一丝不朽。的确，正是因为忠实的个体消费者收藏了表演的刻录版本，才使不同世代的观众至今仍可欣赏已经过世的影星、摇滚歌星和其他名人的创造性表演、作品和公众形象，而其中一些观众是永远没机会亲自观看他们的真人表演的（Holbrook 1987）。

　　因此，似乎很明显，我通过购买影片 DVD 或数字下载，使杰娜·马隆作为一名演员的作品和表演变得可见，通过收集短视频和媒体采访，使她的公共人格变得可见。同时，我的自传式民族志消费者叙事也提供了一种有趣的观察，有助于理解杰娜·马隆作为"私人"的实体在场是如何随着时间推移在那些我用来装饰居室和办公场所的海报和照片中自我显现的。因此，我们可以从案例研究中推断，消费者往往也会将某些类型的产品作为替代物，如照片（特别是那些展示影星或其他名人私生活的照片）、海报、T恤，个性化物品（如亲笔签名或个人手工艺品），名人拥有或亲自用过的东西（如电影道具、服装、吉他或夹克），使虚幻的影星或其他名人作为"私人"至少可以象征性地触及，并成为日常生活的一部分。

　　不过，明显不同于许多传统媒体话语的是，粉丝并不是唯一对名人的原始签名、私人旧物或原版电影/舞台道具和原版戏服感兴趣的消费者。事实上，在声誉良好的拍卖会上，这些物品受到高度竞争的收藏和投资市场的青睐，许多名人物品特别是已故名人的物品，即使售价较低，也远远不是普通的名人粉丝、电影粉丝或音乐粉丝所能企及的。在易趣上，一张手写签名的零售价通常为50~500美元（取决于具体哪位影星或其他名人），但有时可以卖到2000美元。而在首映式上，一张由全体演员和导演签名的海报零售价通常为800~8000美元（取决于具体是哪部电影以及谁签名）。不幸的是，由于这是一个利润丰厚、需求巨大的市场，欺诈者逐利而来，不断涌入。在易趣上，他们出售伪造的签名照，这些假签名照品质参差，有的明显很业余，而有的专家也难辨真伪。

作为"社交纽带"的名人

　　名人消费者吸引力的第4个要素是"社交纽带"，指影星或其他名人经常充当个体消费者之间社会互动甚至社会关系的源头和纽结（site）①。鉴于创意娱乐产业的本质，很明显，影星或其他名人及其创造性表演和作品总

---

① site字面直译是地点、位置、场所。这里比喻影星或其他名人在粉丝社交网络中充当中介因素，译为"纽结"。——译者注

是为许多消费者所知晓、消费、赞赏或嫌弃。在我们日益匿名化和"个性化"的社会中，个体体验着越来越强烈的社会孤立感和社会疏异感（Cova 1998；McAlexander et al. 2002），钟爱一位影星、摇滚／流行歌星或其他名人（尤其是非常有人气的），似乎为个体消费者提供了与同好建立联结、会面、互动和形成亲密纽带的潜在契机（Henry & Caldwell 2007；Kozinets 2001）。的确，许多消费者与同好一道欣赏或嫌弃影星和其他名人的创作及表演，分享对表演的赞赏，或对作为"表演者""私人"的影星和其他名人品头论足，尤其是，当然也不仅仅是，在被称为"粉丝社区"的地方（Hewer & Hamilton 2012a；Kanai 2015），这种情况再自然不过。

所以，如我在第二章中提及的，粉丝社区的成员通过线上、线下聚集的公共仪式，分享对特定名人、运动队或其他心爱事物的推崇，这种社会互动和动力机制已经吸引了消费文化研究（Henry & Caldwell 2007；Hewer & Hamilton 2012a；O'Guinn 1991）和粉丝研究（Barbas 2001；Duffett 2013；Hills 2002）的特别注意。不论是线下的传统粉丝俱乐部，还是线上的粉丝网站和论坛，粉丝社区呈现为粉丝之间交流影星或其他名人及其创作的多重意义的中心据点。在这里，粉丝社区官方"正典"（Duffett 2013）认可的"正确意义"（proper meanings），通过他们的社会话语、公共仪式和对贵重手工制品的展示和"崇拜"活动进行分享（Belk et al. 1989；Henry & Caldwell 2007）。

虽然本书中的自传式民族志案例研究也许并没有提供任何证据，证明我曾参与过虚拟或本地的粉丝社区，更别提有意向去认识其他喜欢杰娜·马隆的同好，但是在某种程度上，似乎特定摇滚／流行歌星、影星、导演或其他名人对消费者的主要吸引力，源自个体消费者对"表演者"、他们的创造性表演和作品以及相关的刻录产品、照片、海报和其他物质藏品等"有形占有物"抱有兴趣。事实上，我们每年都可以看到依据旧的形式和同样风格的"角色阵容"组建的具有可替代性的流行男子组合和女子组合，针对另一代 11~15 岁的青春期孩子推出，他们提供给这代少年的标准歌曲正是他们的前辈输出给上一"代"①少年本质上雷同的音乐产品。

　　由于这个年轻群体刚刚开始形成自我认同（Karniol 2001），他们脑海中主要关心的不是表达"高雅的音乐和艺术品位"与欣赏一位名人才华与创作的真正本质（Holbrook 1999），而是寻求在同伴中的归属和社会认可（Larsen et al. 2010）。因此，许多青少年流行歌星在年轻消费者中的吸引力可能实际上取决于他们在后者喜欢的人或同龄人中的受欢迎程度，这些人的认可才是孩子真正在意的（Ehrenreich et al. 1992；Larsen et al. 2010）。

　　当然，20 世纪 60 年代以来，虽然青少年杂志、娱乐杂志和八卦杂志上屡见不鲜的是歇斯底里尖叫的未成年女孩形象（Jenson 1992），但简单将其归因于少女对最时髦的少年流行歌星和影星的群体性崇拜可能有失公允。在我 9 岁音乐意识萌生的时候，班上的男孩和邻居开始听现状乐队（Status Quo）、吻乐队（Kiss）和 AC/DC 乐队的歌，因为我们相信这些就是给"酷孩儿"准备的"酷乐队"（从 Bravo 等青少年杂志上知道的）。但我很快开始听自己选择的发电站乐队（Kraftwerk）和早期的德国朋克音乐，如理想乐队（Ideal）、巨宽乐队（Extrabreit）、约阿希姆·维特（Joachim Witt）等，而不再追随在同龄人中碰巧很流行的乐队。我们也不可忽视，消费者常常留心和分享八卦其实是出于与他人社交的需要（Hermes & Kooijman 2016）。

---

①　过去 10~15 年，音乐产业推出新的男子组合和女子组合的频率越来越高，间隔越来越短。20 世纪 60~90 年代，多数组合通常能流行 3~5 年，诸如罗奈特（Ronettes）、至高无上（Supremes）、杰克逊五兄弟（Jackson 5）、奥斯蒙德兄弟（Osmonds）、贝城摇滚客（Bay City Rollers）、杜兰杜兰（Duran Duran）、接招合唱团（Take That）、后街男孩（Backstreet Boys）、西城男孩（Westlife）和辣妹（Spice Girls），之后才被针对更年轻的细分市场的"新偶像"所取代。圣女合唱团（All Saints）、七小龙（S-Club 7）、Five、Blue、Busted 和小飞侠（McFly）等音乐组合在 2000~2009 年也享受了两三年的流行期。然而，如今许多新的男子组合和女子组合，如 JLS、单向（One Direction）、星期六女孩（The Saturdays）和混合甜心（Little Mix）顶多火一年就偃旗息鼓了。

信 使

那么，所有这些意味着什么？基于上述对第四章中的自传式民族志数据和消费者叙事的解释学分析得出的结论，我们可以对影星和其他名人作为一个人如何对个体消费者产生真正的吸引力这个问题获得有价值的洞见。个体明星或名人并非如传统文献所指出的那样（Dyer 1998；McCracken 1989；Turner 2004），仅仅是某种文化原型的人格化符号容器，对消费者普遍具有同质化的吸引力，而是作为职业人和"私人"，呈现给消费者非常个人化的多义和多元吸引力，两者都可以通过"有形占有物"被消费，也可以充当社会互动的纽结或主题。本书的自传式民族志案例研究表明，如果将杰娜·马隆视为"走上歧路混迹街头的问题女性"的文化原型，就忽略了她迄今在职业生涯中塑造的多种角色的价值。① 事实上，她作为一名演员的才华和演技使她的每个角色都栩栩如生，她也是一位美丽、聪颖、富有创造力、善良而有趣的年轻女性。两者都通过影片 DVD、关于她的文章、她的照片、她的亲笔签名和其他藏品融入我的生活。

由于这些发现，我们最终不仅能够解释为什么同一位影星、摇滚／流行歌星或其他名人对不同的消费者有不同的吸引力，而且解释了为什么一个消费者可能会对某位特定的影星或其他名人产生强烈的情感依恋，而对另一个客观来看似乎同样有才华、有魅力、聪明且一眼望去甚至代表同一类人和／或文化原型的名人完全无感甚至反感。由于每位影星或其他名人多义性的消费者吸引力由 4 个要素构成，每个消费者根据自身的需求、欲望和期待对这些吸引力要素给予不同程度的积极或消极回应。

为了更明晰地理解多义、多要素构成的消费者吸引力在实践中是如何

---

① 这是关于明星和名人的学术话语中常见的情况。

运作的，让我们考虑下面的例子。从十几岁起，我就在听许多不同摇滚和朋克乐队的音乐，看他们的现场演出，买他们的黑胶唱片、CD 和数字音乐。换言之，每支摇滚和朋克乐队都以不同的强度吸引我。当他们作为"表演者"，这种吸引力强度体现在他们创造性表演"可感知的品质"上，如他们的歌曲、专辑、现场表演和整体公众形象；当他们作为"有形占有物"，这种吸引力强度显然在于我对其音乐的物质占有。同时，其中一些乐队相比于其他乐队对我更重要，喜爱的时间也最长。也就是说，在过去几年中，我购买了许多前一类乐队的专辑，而只是在生命的特定时刻购买一张后一类乐队的专辑。我听前者音乐的频率比后者高，并且也许从一开始就去看了他们的演唱会（Herrmann 2012），甚至不止一次，而不是仅听几次唱片。自然，那些对我相当不重要的乐队（也就是说，魅力仅限于一首歌）很快就被我冷落了。但有时候，我对一支乐队会经历喜欢、不喜欢、再次喜欢的反复过程。这说明，一位名人对消费者的吸引不是静态的，而是波动的。不过，有一点需要说明，一直以来，我对乐队成员的私下生活完全不关心。

此外，虽然我喜欢朋克现场演唱会的社交共享气氛，也喜欢在专业唱片店时不时闲聊，臧否特定的专辑或乐队，但这些乐队作为"社交纽带"的吸引力往往相当低，许多时候近于可有可无。原因可能是，我的音乐品味很早就脱离了同龄人中的流行时尚，比之追随可能"广受欢迎"但我并不动心的乐队，我更喜欢听自己偏好的音乐。换言之，消费者对某位名人的个人偏好、喜欢或不喜欢程度，取决于名人身上每个消费者吸引力要素对消费者形成的正向或反向吸引。名人身上的每一种魅力元素对一个人的吸引积累得越多，就越能引起关注。如果一个消费者完全不注意某位名人，那是因为对其个人魅力全盘无动于衷。

第六章　情歌

——每天都是名人粉丝

五星日

既然我们现在已经能够解释，为何同一位影星、摇滚／流行歌星或其他名人会对不同消费者产生积极或消极的个人吸引，那么我们现在终于可以深入探究，理解名人消费者吸引力的多元性，可以怎样帮助我们解释这一现象：一位消费者对某位影星或其他名人产生强烈的情感依恋甚至成为忠实粉丝，却对其他似乎同样有才华、有魅力、聪慧、风格几乎相同的影星或其他名人无动于衷。因此，让我们继续推进，看看除了我与杰娜·马隆的粉丝关系之外，本自传式民族志（总体而言是这本书）揭示的多年来我与其他影星或其他名人的关系。

认识杰娜·马隆的前几年，娜塔丽·波特曼曾引起我的注意，不久后则是克丽丝滕·斯图尔特，同一时期我还注意到的埃伦·佩奇和珍妮弗·劳伦斯。有鉴于此，我认为，比较她们每个人对我产生的吸引，来解释为什么我成为杰娜·马隆的粉丝而不是其他名人，应该是个不错的方法。她们都是非常漂亮、聪慧、有趣的年轻女性，也都是富于才华的性格演员，并且主要参演独立电影（除了偶尔的例外）。她们的另一个共同点是，都因为在某部影片中的人物塑造和演技引起我的重视，例如娜塔丽·波特曼的《芳心天涯》（*Anywhere But Here*）、克丽丝滕·斯图尔特的《荒野生存》、埃伦·佩奇的《水果硬糖》（*Hard Candy*）、珍妮弗·劳伦斯的《冬天的骨头》（*Winter's Bone*）、杰娜·马隆的《高校六甲生》。

不过,我习惯在观看每位女演员的若干影片后做"质量测评",我对克丽丝滕·斯图尔特的演技和表演评价相当低(受《暮光之城》系列的影响),她在新近的几部作品中进步也很迟缓。而且,虽然她们都是非常美丽的年轻女子,我却从未对娜塔丽·波特曼和珍妮弗·劳伦斯产生过任何情感上的痴迷和恋慕,对其他人的感觉也强弱不一。事实上,杰娜·马隆是她们中唯一作为"私人"吸引我的,我对了解她的私人生活和私下人格有着强烈的愿望。所以我也从未在意过埃伦·佩奇的同性恋取向或其他几位女演员的私生活和恋情。最后,这几位女演员中,我只想拥有杰娜·马隆的所有影片 DVD,是全部,而不是只挑拣三两部。

换句话说,对我而言,她们吸引力的主要区别是,娜塔丽·波特曼、埃伦·佩奇和珍妮弗·劳伦斯都是作为有才华的女演员("表演者"),通过她们令人折服的演技和人物刻画强烈吸引我的。但她们身上的其他几个要素只是勉强甚至微弱地吸引我。由于她们作为"私人"要素的吸引力对我来说十分微弱,我只是稍微被她们的"有形占有物"所吸引,体现在拥有少量精选的影片 DVD。就克丽丝滕·斯图尔特而言,她作为一位"表演者"对我的吸引非常弱,甚至是负面的。但因为她的长相像杰娜·马隆一样,属于"我总是动心的那种女孩",作为一位年轻漂亮的女孩,她对我还是有轻度到中度的异性吸引力的。同时,我对她的"有形占有物"毫无兴趣,无论是她作为"表演者"参演的电影 DVD,还是她作为"私人"的照片、相关文章和其他收藏品(Newman et al. 2011)。

解释学分析结果显示,一位影星或其他名人个人的、多义的消费者吸引力的本质在粉丝和非粉丝那里产生的不同反应,主要体现在正向效应(positivity)、强度(intensity)和多元性(multi-constituency)三个方面。一个"非粉丝"消费者常常感受到来自影星或其他名人个人的一个或两个吸引力要素的轻度到中度的正向或负向吸引。在这一两个吸引力要素中,通常起作用的是"表演者"要素,也就是说,"非粉丝"消费者关注创造性表演和公共人格，时常也附加对表演的刻录版本等"有形占有物"的购买和／或与他人建立"社交纽带"。而"社交纽带"这一要素吸引很多消费者的情况也是屡见不鲜。但对一个粉丝而言，如果不是相对稳定且持久地被影星或其他名人的全部 4 个多义的消费者吸引力要素俘获的话，至少也会体验到其中 3 个要素的强烈吸引。结果，作为粉丝的个体消费者对特定影星或其他名人产生了极强的亲近感和情感依恋，这种情感比对其他任何一位名人都更强烈，因为这位名人身上只有一个消费者吸引力要素能对其产生中度的吸引。

　　行文至此，下一步就是去理解为何影星或其他名人对消费者形成的个人的、多义、多元的吸引力决定了消费者对所倾慕名人的日常粉丝体验。基于从我与杰娜·马隆之间的粉丝关系中得到的见解，以下将更加细致地论述图 6-1 中的 5 个粉丝关系要素是如何相互作用的，从而反映出个体消费者对其倾慕对象的日常粉丝体验。

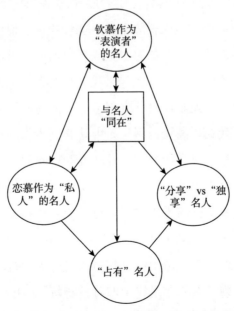

图 6-1　消费者与名人的日常粉丝关系模型

钦慕作为"表演者"的名人

正如前文已经提及的，每位影星、摇滚／流行歌星和其他名人首先和首要的身份就是创造性表演者。他／她因创造性表演或艺术表演和作品、银幕和舞台上的人物塑造以及公共人格而为人所知（Geraghty 2000，2003）。因此，常常是一部电影、一部电视剧或一次公开亮相中的某个特定表演使粉丝如其他消费者一样，首次知晓钦慕对象。所以，毫不奇怪，如自传式民族志研究所描述的，杰娜·马隆第一次攫住我的视线是她在《高校六甲生》中对玛丽·卡明斯这个人物出色、可信的塑造。在这方面，粉丝与其他消费者并无区别。

不过，虽然大多数消费者的兴趣仅限于中度水平，只是短暂甚或无感地欣赏影星或其他名人和／或其创造性表演，有些消费者却会体验到更为强烈、持久的钦慕，这种情感驱使他们搜寻这位"表演者"的其他作品。如果观赏评测了一系列创造性表演之后，这种钦慕之情仍经久不衰，消费者就变成了粉丝。换言之，特定的影星或其他名人对粉丝产生了一种非常特别的吸引，他／她作为"表演者"俘获了消费者的个人想象力，使其超越了单纯的享乐和资讯搜索而对欣赏创造性表演充满兴趣。自传式民族志消费者叙事显示，我在《高校六甲生》中注意到杰娜·马隆后，马上开始看她参演的其他影片、赞赏她的演技并转变为粉丝的过程。从那以后，我不但用影碟机、在电视上或通过数字下载反复品味她的影片，有机会还去影院观赏，而且钦慕她扮演不同类型角色时的技巧和灵气，同时跟进有关她未来项目进度的新闻、文章和其他信息。

如本书已经讨论过的，由于明星和名人研究学者将影星与其他名人简化及"去人性化"为"文化意义原型的符号系统"（Dyer 1998；Geraghty 2000；King 1991），认为其一贯的公众形象源于银幕和舞台角色，而这些角色又反映了他们真实的私生活和个性（Cocker et al. 2015；Hollinger 2006），因而这些研究者常常忽视一个基本事实，即大多数影星或其他名人必须具备必要的才华和技巧，方能完成创造性表演。本书的自传式民族志消费者叙事则表明，粉丝与富于才华的影星和其他名人之间建立联系时，不仅将他／她的公共人格和（可感的）私人人格明确地与角色相区分，而且事实上尤其欣赏他们作为音乐人、作家、运动员、艺术家或模特展现出的专业技术和才情。

　　不过，就这一点而言，影星或其他名人的粉丝与其他更为"超然"的消费者大同小异。实际上，两者之间的反差主要体现在，粉丝往往以更为褒扬的态度看待其钟情的影星或其他名人的表演和作品，比"非粉丝"更缺少批判性；而"非粉丝"的态度则有褒有贬，莫衷一是。如自传式民族志消费者叙事所证明的，当我沉湎于杰娜·马隆影片的故事、将情感深深倾注在她扮演的主角和配角上时，"表演者"杰娜·马隆尤其吸引我的是她"使每个角色栩栩如生"的演艺才华。读者你一定注意到我描述她的演技和荧幕表现时充满激情及爱恋的语言是赞赏性的，这一点在下面这段我的自传式民族志叙事节选中显而易见：

　　在屏幕上，每次杰娜·马隆出现时，我的视线都落在她身上。她简直妙不可言，把莉迪娅（2005年英国版《傲慢与偏见》里的角色）演活了。就算她在画面的背景位置，对我而言依然主宰着场景。她是一位光彩照人的女演员……有能力胜任任何角色，不管他们多么不同。她棒得让你忘记了她在演戏（没有刻意的姿势、模仿或故作的发音）。可悲的是，一大堆比她逊色的演员却拿到了更大的角色，得到了更高的赞誉。

　　　　　　　　　　　　　　　　　　　　　内省，2005年10月5日

　　看得出，像其他消费者一样，粉丝对自己钟爱的影星或其他名人的演技和才华的评价常常非常主观，以个人趣味、背景知识、专业性以及对影星或其他名人的着迷程度为基础。但上述自传式民族志日记的节选也表明，每次看杰娜·马隆参演的影片，我的目光都特别聚焦在她身上，不论一场戏中有谁、她在画面的哪个位置。这表明，粉丝的个人焦点总是特别集中于自己钦慕对象的荧幕形象或舞台表现。所以，粉丝更容易注意到后者表演的细节和展露的技艺，从而强化对作为"表演者"的钟爱对象的钦慕之情。

自传式民族志还证明，我不仅不会如明星研究文献所说的那样混淆演员本人和其扮演的角色，而且把演员杰娜·马隆和她饰演的不同类型角色区分开，还竭尽所能不把某个原型附会在她身上。当有人询问时，我倾向于把她描绘为一个非常好看、机智灵活、自信满满和真实质朴的假小子，而她碰巧又是一个天赋过人、富于创造力的艺术家。这一描述旨在强调，她首先和首要的是一个普通人，恰如你我。所以，一个粉丝评价其钦慕对象的公众形象的方式，可能就像评价其他路人一样，是从作为艺术家的体态、风格、容貌及职业地位等角度判断，而不是把对方看作文化原型的化身。实际上，通常而言，影星或其他名人的身姿、容貌、风格和间接展现出的个性一旦与个体粉丝内心渴望的理想之美相契合，就对其产生了强烈的吸引。

同时，自传式民族志消费者叙事还非常有力地说明，她在首映式、电影节、脱口秀、访谈和杂志文章（现在是她的 Facebook 官方账号）等场合或平台的露面展现出强烈的个人魅力，驱使我以惯常的节奏（尽管不是每天）追寻她的最新消息，尽管这些露面的初衷是推广即将上映的影片。作为"表演者"的杰娜·马隆的公共人格之所以吸引我，实际上源于我在 4 个方面的兴趣。

①作为她的预热影片、新的拍摄计划或任何其他创意项目的信息渠道，如她的首部自制音乐项目"杰娜·马隆和她的血渍"（Jena Malone and her Bloodstains，2006–2007）和她当下推出的更专业的自制另类音乐项目"鞋"（Shoe）（始于 2008 年）。[1]

②了解她不拍戏时的真实面貌、职业新闻和私人新闻及恋爱状态。

③根据她的动作、言谈、主张、与他人的互动以及对各种情况的反应，捕捉她的"真实"人格和私下状态。

④作为获取消息的一种手段，了解有没有机会在公共活动或表演中亲眼看到她（甚至面对面见到她），例如现场的戏剧演出或"鞋"的演出、电影首映式或电影节、公开受访和／或签名活动等。

的确，自传式民族志也显示了我反复掂量去纽约看杰娜·马隆百老汇戏剧《怀疑》的利弊，努力在电影首映式上一睹芳容，然后常常后悔没能最终成行。

流行的成见认为，粉丝总是无差别地消费与自己钦慕的影星或其他名人相关的每件产品和每条信息，而不对其本质、品质和原始出处细加考辨（McCutcheon et al. 2002），但本研究对自传式民族志数据的解释学分析明确显示了相反的结论。相比更超然的消费者，粉丝在选择相信哪些信息时，对信息的来源与类别更为挑剔和严格。这一点应该在意料之中，因为积累经年，粉丝对自己钦慕的影星或其他名人以及其创造性表演、作品和媒体亮相理解深彻、洞悉入微。他们深耕既久，火眼金睛，自然足以批判性地评估新闻及其来源的可信度。事实上，自传式民族志清楚地证明，虽

---

① 音乐项目（music project）是围绕着音乐的创作和表演所做的规划。它可以是规模较小的活动，如创作或发行一张专辑，或仅是创作和发行一首单曲、一个自制音乐视频，也可能是计划和举办区域巡回演出、建立一个制作公司或工作室向音乐人或乐队出售服务。杰娜·马隆在"杰娜·马隆和她的血渍"这个项目的名义下发行了两张独立专辑《水手的血渍》（Blood Stains for Sailors）和《情感养分》（Emotional Nutrition）。"鞋"是她与多年好友、音乐家／制作人莱姆·杰伊·伊格纳西奥（Lem Jay Ignacio）的二人组合"鞋"的即兴音乐项目，也就是说项目和乐队名称都叫"鞋"。2008 年初，两人录制了一系列歌曲，并在洛杉矶周边地区做了许多场即兴的现场表演。——译者注

然我乐于观看和阅读有关杰娜·马隆的品质精良、信息丰富的文章、采访片段和访谈，但我高度选择性地只关注发表在"文艺范儿"（arty）的垂直媒体和艺术圈内杂志上的长篇文章，这类媒体擅长报道杰娜·马隆可能感兴趣和有联系的独立电影圈和艺术、时尚界。

当然，我也说过，我对名人文化心脏地带那些哗众取宠的时尚、八卦和小报新闻不屑一顾，它们喋喋不休的无非是名人该怎么穿、参加了什么聚会、疑似与什么人约会、大约能挣多少钱，当然还有，他们可能卷入了什么腥膻丑闻。我的鄙夷只是因为几乎所有这些文章要么将来自其他渠道的消息断章取义地重新编写成一堆肤浅信息，要么习以为常地凭空捏造若干与红毯或狗仔照有关的"荤故事"。对于我这类货真价实的明星或名人粉丝而言，狗仔极其恼人。他们为了自私、鸡毛蒜皮的"生意"四处骚扰名人，侵入他人的私生活搜刮"暴露、有伤风化的"照片，已经明显造成许多影星或其他名人越来越不愿抛头露面和／或在生活中与粉丝相遇。

恋慕作为"私人"的名人

粉丝与钦慕的影星或其他名人见面的渴望是日常粉丝体验中恋慕作为"私人"的名人这个要素的核心。自传式民族志开启了一个新的视角，透视消费者与所钟爱的名人间的粉丝关系。我认为，基于数据分析，消费者珍视和消费其所崇拜的名人时，不仅把他们视为"表演者"、倾慕他们的美貌，而且把他们视作媒体公众人格后面的真实"私人"。粉丝尤其渴望看到名人作为"表演者"背后的一面，了解名人身上更多的人类本性、个性，以及他们不扮演角色时、不在媒体聚光灯下的私生活。如前所述，尽管戴尔（Dyer 1998）承认影星实际上作为一个活生生的人在场，以其独特的容貌、体态、个性、声音和背景故事，有别于其他名人，但影星或其他名人文献都将其定义为"文化意义的符号能指"，忽视且从学术话语中完全"抹去"了其人性的一面。

这种学术观点非常令人遗憾，因为影星或其他名人的实体在场向个体消费者明确证明，他／她不仅是一个文化原型的化身或人类品牌，而且如你我一样拥有个人情感、梦想、政治观点、个性、私生活和社会关系，同凡人一样经历悲喜、成败。第四章的自传式民族志研究为我们提供了充分的证据，表明我对杰娜·马隆的情感依恋不仅仅源自她的公共人格和我对她作为女演员塑造不同类型人物的技巧、灵气的钦慕，更重要的原因在于她是一个"普通、平常"的年轻女子，有自己的观点、怪癖、习惯、弱点和长处，而不是某种文化理想的符号化身，这一点也体现在我对她的爱恋上。换言之，杰娜·马隆对我来说首先是一个有趣，聪颖，富于天然美，古怪机灵，有想象力、创造力和天赋的年轻女子，她也有弱点、坏习惯（如吸烟），时常犯错，就像你我和其他地球人一样。

读者你也许会疑惑，粉丝对作为"私人"的名人的迷恋，与其他消费者体验到的来自该名人的某种身体诱惑或对该名人私生活的某种兴趣有何不同。毕竟，如前文所言，我也曾关注作为"人类"的其他女演员，也曾感到她们中一些人的身体吸引，但并没有成为她们的粉丝。换言之，杰娜·马隆的"私人"与她们有何不同？好吧，首先，如我们在自传式民族志研究中看到的，除了她出色的演技和在《高校六甲生》中对玛丽·卡明斯传神的塑造，她独有的美丽、身姿、个性和机灵恰好契合我对"梦中女孩"的想象，她在这一点上尤其吸引我。而那种最初的（身体）吸引与我前面提到的女演员如克丽丝滕·斯图尔特、埃伦·佩奇或珍妮弗·劳伦斯，或其他我在街上、公交车上、演出现场看到的女性吸引我的方式并无不同。

如果我们再次仔细审视第四章的自传式民族志消费者叙事，那么很清楚，我从一个好奇而略带痴恋的消费者转变为她粉丝的时刻是我在《洛杉矶周刊》上读到南希·罗梅尔曼的文章，知道了有关杰娜·马隆私人生活和家庭背景的深刻、有趣又悲伤的细节，她与母亲亲密又矛盾重重的关系，她做好莱坞儿童演员时并不顺遂的经历。这篇文章让我好奇地看向"表演者"的帷幕后面，了解了作为"私人"的杰娜·马隆，也与她产生了更个人的关联。由于我的过往与她存在某种迷人的相似性，诸如年轻时对表演的兴趣，成长于贫困的社区，抱有相似的希望和梦想，将电影和想象当成逃避现实的手段。因而，渐渐的，我不仅深深被她的人生故事、她年轻却努力忠于自己的态度和她所承受的个人压力所打动，而且通过"分享相似的人生经历"对她产生共情。

这种共情和痴恋被我的文本外互文性（Hirschman 2000b；Wohlfei & Whelan 2008，2012）进一步强化了，通过这种互文性，我将杰娜·马隆的人生故事与我的人生相连，甚至在一定程度上对她产生认同。比如，将我在工人阶级贫民区里成长的经历与她在"拖车公园"的生活经历相比照，"我非常清楚克服她必须面对的障碍意味着什么"，特别是我在并没有那么严峻的处境下，却未能做成同样的事，故而钦佩她追随梦想的勇气和决心。换言之，相似的阅历强化了粉丝对自己钦慕甚至恋慕的影星或其他名人的情感联结和依恋（Wohlfeil & Whelan 2012）。

同样的，杰娜·马隆还有另一个方面令我印象深刻。虽然她从15岁起就获得了法律上的解放，但时至今日，她似乎设法抵挡住了那些典型、浮夸的名人生活方式中的诱惑陷阱和与之相伴的无度的派对生活、毒品成瘾和性丑闻等，反而明显保持着一种脚踏实地的常规而简朴的生活方式（Hastings 2004；Rotter 2003，2004）。因此，正是这种基于可感知的共同生活经历、梦想、理想和雄心的情感联结，使一位消费者亲近某位名人，成为她的粉丝，而对另外看上去具有相似才能、美貌和魅力甚至更成功的名人却没有这种可感知的联结。出于这个原因，粉丝最大的愿望之一就是走近自己所恋慕的名人在"后台"（backstage）的个人日常生活，熟识真实的他／她。但因为粉丝同时也希望尊重和不滋扰其隐私，他／她也始终需要在面见恋慕之人的愿望与尊重其隐私之间协商合理的边界。

　　不过，逐步了解自己恋慕而遥不可及的影星或其他名人的真实"私人"的过程，使粉丝将其拉到同等的社交层次，这样就与影星或其他名人变得更"亲近"、更"密切"了。于是，影星或其他名人作为"私人"，就变成了粉丝的榜样、熟人、理想的"朋友"或者潜在的爱人，而这些取决于粉丝的个人需求、欲望、愿望和梦想，如下面这段自传式民族志日记摘抄所示：

　　　杰娜·马隆真的迷住了我，因为她正是我一直喜欢的那种女孩——一个假小子和天生的美人。她非常讨人喜欢，有趣、聪颖过人，也十分独立和成熟……今天读了她的采访后，我就想象着和她约会的感觉。

　　　　　　　　　　　　　　　　　　　　内省，2005 年 12 月 26 日

　　如我一再提到的，自传式民族志数据分析清楚地表明，演员杰娜·马隆常常作为理想女伴的化身而吸引我。的确，就她的美貌而言，确是如此，但更是因为她的个性、艺术天性、智慧、生活方式。她作为我"梦中女孩"的显现，使我鲜明地将她区别于其他同样有才华、有趣、美丽甚至更有人气的女性名人。此外，一系列有关她日常生活和私人的详尽、深刻的文章（Brink 2008；Lyon 2008；Rems 2004；Sherwin 2004），也帮助我丰富了对她个人的认识，并随之强化了我的情感依恋。结果，这些对她私生活的了解，使作为"私人"的杰娜·马隆实际上与我日常生活环境中的其他女性相竞争，而不是与其他遥不可及的影星或其他名人竞争。我对杰娜·马隆的迷恋其实和我对周围其他那些不可企及的（普通）女性的迷恋没有太大区别，只不过多数情况下，要么她们对我缺乏兴趣，要么我太害羞不敢采取主动。

除了极少数例外，普通消费者和粉丝几乎没有机会与自己恋慕的影星或其他名人面对面，更不可能真正了解他们私下的样子。自传式民族志显示，我对杰娜·马隆的印象实际上来自作为粉丝的我对自认为"重要"和"可靠"的精选文章的个性化互文阅读，这些文本来自她的个人网站和 Facebook 账号、纸质媒体和电视访谈及其他"高品质"杂志上的文章（Wohlfeil & Whelan 2011，2012）。虽然戴尔（Dyer 1998）曾提出，消费者脑海中某位影星或其他名人的形象是固定的且受到媒体操纵，但是第四章的自传式民族志粉丝叙事表明，与他的观点相反，粉丝在脑海中建构影星或其他名人的形象且不断更新，与那些日常生活中我们定期见到的人给我们留下的印象相似。这一点明显地体现在，当我沉湎于罗梅尔曼的文章并做个人解读的那一刻，才真正共情于杰娜·马隆何以"如此年轻就如此成熟地应对了所有问题"，同时钦慕她能够养成我眼中"如此聪慧、善良、有趣的个性且不失正直品性"。

沃尔法伊尔和惠兰（Wohlfeil & Whelan 2012）提出，粉丝通过选择性接触报道、访谈、公开照片和他人（在偶遇中）拍摄的私人照片，将影星或其他名人的私下人格内化，同时将自己的想法、感受、幻想、价值观和意义载入其中。之后，再将创造出的印象投射到影星或其他名人身上，以便再次与来自媒体的新形象一并内化。这一发现也解释了为什么我对杰娜·马隆性格的印象特别强调其品性和生活方式中那些与我自己的生活经历、理想、梦想和欲望强烈共鸣的特征，并因此强化了我对她作为"真正的人"的情感依恋。更重要的是，在这种持续的内投射和外投射过程中，那种"熟知"影星或其他名人如密友、对其职业和人生选择感同身受的粉丝情感一再加深，就如同虚构故事中的人物正在进行的夸张叙事。

这种仿佛私下里与影星或其他名人相识，熟知他／她的思想、感情、个性和生活方式的体验，有时会变得相当强烈，以至于对崇拜对象产生"私人友谊"甚或"爱"的情感。这一现象被霍顿和沃尔称为"准社交互动"（Horton & Wohl 1956），或更确切地说，称为"准社交关系"（Alperstein 1991）。虽然研究文献中已经承认，与影星、其他名人和媒体人物之间的准社交关系是相当普遍的现象，在青少年（Giles & Maltby 2004）和老人（Chory-Assad & Yanen 2005；Rubin et al. 1985）中尤其如此。但是，这个术语本身在学术和通俗出版物中都越来越多地附带负面的含义。这种情况并不奇怪，一部分社会心理学家（McCutcheon et al. 2003）近些年将准社交关系当作一种精神疾病来讨论，认为这种疾病与所谓的易感性（impressionability）、认知僵化、轻信和病态强迫性行为相关。

然而，这种偏狭却日益流行的观点不仅非常不切实际，而且是误导性的。事实上，霍顿和沃尔（Horton & Wohl 1956）已经提出了截然相反的看法，他们明确强调，准社交关系可以为精神上正常和健康但处于孤独和社会隔离状态的人群提供有益且健康的宣泄渠道。他们认为，"没有什么比被隔绝和孤立的人在任何能找到的地方寻求社交与爱更合理和更自然的事了"。对"随时可以成为爱的对象"的影星或其他名人形成的补偿性情感依恋，便可以达到这样的效果（Horton & Wohl 1956：223）。因此，与影星或其他名人之间的准社交关系可以为孤独的个体提供感情释放的体验，帮助他们在经受心灵痛苦时，恢复情感的健康状态。利茨等人（Leets et al. 1995）指出，准社交关系只有在罕见的极端情况下才会转变为病态和危险的行为，即个体进入狂热的执迷和对现实的绝对抗拒状态，完全相信想象中的关系是真实和相互的。

自传式民族志数据集合无疑能够支持霍顿和沃尔（Horton & Wohl 1956）的理论。在我的整个自传式民族志消费者叙事中，有一个主题一直占据主导地位，那就是我体验到的孤独感，这种孤独感源于我对与一位女子浪漫、深情的恋爱的渴望未得到满足，且至今还未在我的生活中实现。由于任何社会关系本质上都涉及两个人情感上的相互给予，不断被女性以不帅、不高大、不够有趣为由拒绝，经年累月便导致我在与喜欢的女性交往时表现得自卑、极度羞怯（不容易与女性交谈）和越来越缺乏安全感（不知如何得体地行止，不能正确解读女性的暗示）。现实中，我几乎没有机会与一位女性建立（潜在的）爱情关系，杰娜·马隆在我需要爱和经历情感痛苦的时候，成为一个近在眼前的"恋爱对象"，弥补了我的情感缺失，特别是她的外表和个人形象非常接近"我总是喜欢的那种女孩"。

这里的自传式民族志消费者叙事提供了一个明证，即杰娜·马隆的性格给我的印象其实是我自己未实现欲望的投射，特别是我想象的理想中普通女友样子的投射。我与她之间的准社交关系幻想本质上反映了理想中我与一位女性日常爱情关系的情状。不过，我与杰娜·马隆的准社交粉丝关系明显具有抚慰性质，因为它并不是持续显现的，而是现实中我与女性间发生的外部事件的心理反应，随后者起伏消长。自传式民族志显示，每当我在日常生活中喜欢或恋上某位女性，与杰娜之间的准社交关系就几近消失。事实上，我与她最密切的准社交关系都发生在刚刚再次遭受了严重的人际关系挫折或被钟情的女子再次拒绝的时候。所以，想象中与杰娜·马隆的关系给我提供了一种暂时的方法，以应对孤独感，适应在别人眼里没有吸引力又缺少浪漫爱情的状态。如若不然，这些不快足以潜滋暗长直至将我吞噬。但每当我有新的机会与一位女性发展现实关系时，这种准社交体验就会快速退潮。

不过，自传式民族志数据的解释学分析也显示，粉丝不同于其他许多消费者，他们始终抱有一种期待面见心爱影星或其他名人的强烈渴求，哪怕只是有一个机会确认心中影星或其他名人的"私人"形象和私人生活是否与真实状况相符。

已经有许多次有人建议我去亲眼看看杰娜·马隆究竟什么样子。当然，我乐意。但是，怎么做到呢？……回答常常是，我应该给她写封信，跟她保持联系……我不知道……她真的会读吗？还有，这封信会给她留下怎样一个关于我的印象？我不想看上去木讷又乏味……如果她的回复是消极的或者她干脆不在乎，那该怎么办呢？这会毁了我！也许我还是顺其自然为好……

内省，2006 年 12 月 14 日

　　这段从自传式民族志中摘录出来的原文揭示了一种我考虑面见影星或其他名人时既奇怪又有趣的矛盾心理。我的自传式民族志手稿的通篇数据都在表达我向往当面见到和深入认识杰娜·马隆的夙愿，都显示出我耗费了许多时光想象与她相见甚至与她建立某种关系的情形。然而，当机会浮现，似乎可以使一切成真，当我对杰娜·马隆的个人印象将与真实的现实迎面相撞，比如去看在外百老汇戏剧舞台上表演的她，去一瞥电影首映式上走红毯的她，我总在恐惧、失望的疑虑中退却。

"占有"名人

　　影星或其他名人的创造性表演、艺术作品尤其是私生活本质上不可触及的特征，对粉丝来说是一个持续而强烈的提醒。提醒他们，影星或其他名人作为受钦慕的"表演者"和被恋慕的"私人"是不可接近和虚幻的存在。的确，当粉丝钦慕的摇滚/流行歌星或其他名人没有在他们所在地区甚至国家演出，甚至更糟，当他们没法买到一张抢手的门票，取而代之的是那些"不那么忠诚的消费者"作为观众享受着"一点点娱乐"时，粉丝都会痛彻地意识到这一点。在我的自传式民族志案例研究中，也恰好多次表达了类似的沮丧，因为杰娜·马隆的一些影片从未在欧洲影院放映，更别提在我居住的地区上演（甚至在 2 区的 DVD 上也芳踪难觅）。另外，由于居住地不在纽约周边，我无法在外百老汇的戏剧舞台上看到她，这些都提醒我这种不可接近性。由于她在欧洲的人气没那么高，一些著名的全球性杂志的欧洲版经常用当地电视真人秀明星或社会名人的报道，替换有关她的详细文章，这使她越发遥远，也使我更加懊恼、伤感。鉴于此，粉丝有权利通过购买和占有相关的实物产品，如电影 DVD、音乐唱片、数字版、视频片段、图书、照片、签名、剪下来的杂志文章和一些品牌产品，让影星或其他名人的创造性表演和私下人格变得亲近可感。

粉丝拥有这些产品，把它们当作影星或其他名人创造性艺术作品和表演的另一种显现方式，这一点与其他更超然的消费者并无不同。区别在于，个体粉丝对这些产品和消费行为赋予个人意义。对创造性艺术作品以及创造性表演的 CD、DVD、数字版的所有权，使粉丝不仅可以随时随地重复欣赏，还可以将赞赏、倾慕和迷恋作为延伸的自我（Belk et al. 1989），向他人分享和展示，如同向自己分享和展示一般。再者，拥有碟片或唱片，使粉丝可以在家、在闲暇时播放和欣赏影星或其他名人的艺术作品，如果没有这些刻录版本，这些作品将无从获得。同样，在钦慕和恋慕的摇滚 / 流行歌星、乐队举办演唱会时，买到一件 T 恤，对粉丝来说不仅在说"我在那里！"，而且借由穿着和展示每件 T 恤，向偶像宣誓自己的忠诚。

事实是，自传式民族志显示，由于杰娜·马隆总是出演成本不高但艺术性和挑战性更高的独立电影，这些电影鲜少在我居住的地区上映，我总是高度依赖于她参演影片的数字版和 DVD 来欣赏她的影片和演技。她参演的许多独立影片只有美国生产的 1 区格式 DVD 版本，在欧洲常常因为这类影片的制作公司没有国际发行商而无迹可寻，这一事实常使我倍感挫折。不过，这也使我学到一些"尖端"的内行知识（Holbrook 1986）。自传式民族志消费者叙事也展示了我费力买到、观看杰娜·马隆只在美国发行的影片的过程。我买了外置的 DVD 光驱，并将它锁定在 1 区代码，然后购买和收集美国版 DVD，才观看到这些影片。因此，通过"占有"她的影片，进而"占有"作为"表演者"的她，我实际上克服了接近和获得的主要问题。

然而，对于粉丝来说，重要的不是仅拥有一张或另一张唱片、DVD

或一本图书，而是要成为拥有钦慕对象所有作品和相关物品的收藏家。实际上，自传式民族志已经很清楚地介绍了我对杰娜·马隆相关物品的广泛收藏活动，包括照片、媒体报道、杂志访谈、视频片段、所有的电影DVD，如果有必要的话，还包括其他任何媒体格式的影片。"有形占有"钦慕对象所有刻录版本的创作和表演的能力，使粉丝既可以随时随地随性消费，又酷似"博物馆馆长"，使影星或其他名人生机永存，获得某种不朽（Radford & Bloch 2012），使将来的新世代能够欣赏到他们的光芒。

通过购买杰娜·马隆的影片DVD和下载数字版，她的创造性表演和艺术作品变成了有形的存在；通过收集媒体上她的采访报道和视频片段，她的公共人格也变得清晰可见；装饰我的居住和工作空间的越来越多的图片及海报同样使作为"私人"的她渐渐显现。换言之，粉丝将某些类型的产品作为中介（Newman et al. 2011），如照片（特别是那些表现影星或其他名人私生活的照片）、海报、T恤，尤其是个性化物品，如亲笔签名、个人手工艺品（personal artefact）、电影道具和服装等影星或其他名人拥有或至少使用过的物品，象征性地接近后者虚幻的"私人"，使之成为自己日常生活的一部分。在自传式民族志数据集合的解释学分析中，还浮现出一个有趣的发现，虽然我在易趣上精选出的可靠卖家那里购买了一批原版亲笔签名和其他藏品，但我还是不满于影星或其他名人特别是杰娜·马隆被商业化的方式，以及他们的"善意"（总是在私下时间自愿给粉丝签名）被逐利的商人甚至骗子当作生财之道的状况。如下一段摘录所示：

在易趣上，我发现这个卖家又在竞购一张杰娜·马隆的签名。他总是低价买入，一周后以至少两倍的价格转售，还经常用从网上下载的"防伪证书"声称这是他自己收集的签名。所以，他不该得到她的原始签名！下次我要提高出价，让他不能得逞。

内省，2006年5月24日

　　自传式民族志描述表明，粉丝常常自命为其钦慕对象的忠实"监护人"，其职责是保护作为"表演者"和"私人"的影星或其他名人以及他们的作品，防范其个人物品"落入不当之人（比如投机者和二手签名卖家）手中"。而粉丝对影星或其他名人的个人物品和原始签名的珍视程度（和优先级）也与商家或投机者判若云泥。为了防止亲笔签名的商业倒卖，许多名人已经开始直接将签名赠给某个具名的人，这种专用签名的商业市场价值比"通用"亲笔签名低得多，所以更难出售。不过，像大多数其他粉丝和收藏者一样，对我来说，情况就大不一样了，杰娜·马隆亲自送给我的那些原始手签照片因其具有（可感知和可体验）的个人属性仍然是我最珍爱的财富。事实上，正如消费者叙事所显示的，这些原始签名上的个人题赠对我个人而言十分强烈地象征着她在我日常生活中的"实体在场"。对我而言，它们是珍贵和无价的，这在以下我的自传式民族志日记的原始摘录中显而易见：

　　收拾行李，为每年的德国之旅做准备的时候，不得不留下那些珍贵无价的原始手签照片，我有些担心，特别是那些她亲自赠予我的照片（我最珍爱的宝贝）。如果出什么事怎么办！这会毁了我，要了我的命！并且，不知为什么，我需要它们一直陪着我。我只是对它们投入太多。需要想个万全之法……（几个小时后）嗯，我终于决定带上我最珍贵的杰娜·马隆签名去德国，和笔记本电脑一起，放在我的手提行李里。

内省，2006 年 12 月 15 日

"分享"名人

　　如第二章中已经讨论过的，很多粉丝文献将粉丝文化定义为"由志同道合的粉丝组成的亚文化，其典型特征是与拥有共同兴趣的其他人的亲近感"（Thorne & Bruner 2006）。对他们来说，粉丝社区——无论是线下的传统粉丝俱乐部（Henry & Caldwell 2007；O'Guinn 1991），还是线上的粉丝论坛和粉丝网站（Hewer & Hamilton 2012a；Kozinets 1997）——是粉丝用"正典"（Duffett 2013；Hills 2002）所推崇的"正确意义"来协商他们关于影星或其他名人及其创造性表演的多元意义的中心据点，而这种多元意义则在社交话语、仪式、展示活动或对珍贵的手工艺品的"崇拜"（Henry & Caldwell 2007）和对粉丝虚构作品的协同创作活动（Lanier & Schau 2007）中得到共享。消费文化文本研究和粉丝研究学者几乎只关注粉丝社区，将粉丝社区看作唯一合法的粉丝文化活动场所，一些学者甚至暗示，一个消费者成为粉丝的首要动机就是加入粉丝社区（Hills 2002；Jenkins 1992）。然而，与此形成强烈对比，自传式民族志消费者叙事表明，我没有丝毫兴趣或意向在任何线上或线下粉丝社区或其他粉丝和消费者中分享自己对杰娜·马隆的钦慕和恋慕，以及她本人、她的创意作品和表演对我的意义。不论是作为"表演者"的杰娜·马隆，还是她的演技；不论是她的影片、她刻画的人物，还是作为"私人"的杰娜·马隆，我都更喜欢独自品味粉丝体验。

不过，虽然如此，自传式民族志数据也显示，有时我确实会浏览某个我相信是由像我一样的"真正的粉丝"运营的网站，也会看看互联网电影资料库的论坛。但有一点很清楚，后一种粉丝论坛上的话语加强了我对与他人分享有关倾慕杰娜·马隆的个人情感的厌恶。事实上，解释学分析凸显出，我特别厌烦非常肤浅和无意义的"粉丝"话语，这种话语很类似我鄙视的小报媒体，其中充斥着没头没尾的流言蜚语、半真半假的事实和有意为之的误导，这些信息常常是那些挑衅者和访客（即显然对某位名人没有更多兴趣的消费者）留下的，还有没完没了的六度游戏（6 degree game）①和以"她

---

① 一类基于六度空间理论设计的游戏，其中一种流行较广的卡牌游戏是玩家通过熟知的若干影片和演员，在两位知名演员之间建立起关联，游戏考验的是玩家电影知识的渊博程度，也是一些玩家向亲友、同好炫耀其知识储备的竞技场。——译者注

看起来像……"开头的帖子。所以我断定，粉丝社区没有什么有价值的东西，也不值得我参与。

然而，自传式民族志数据集合也表明，我实际上乐于向朋友、亲近的熟人和自己社交圈里的同事分享对杰娜·马隆演技、才情和品格（常常少有人知）的推崇，但不会跟其他未曾谋面的粉丝吐露衷肠。由此说来，我可以被归类为不参与粉丝社区的相对"自足"的粉丝，因为我没兴趣与他人交流我眼中钦慕对象的私人形象、对作品意义的解读和各种看法。当然，我也会向其他"能够心领神会的"潜在受众推荐杰娜·马隆的影片，夸赞她的才华，但我还是喜欢独自看电影，而不是跟别人一起观赏。更重要的是，我从来没想过要向他人倾吐对作为"私人"的杰娜·马隆的恋慕——尤其是我对她的准社交意义上的爱恋。从数据分析中得出的这一观察结果非常清楚地表明，当个体粉丝与其他消费者尤其是志同道合的粉丝互动时，可能不会像粉丝研究和消费者部落主义的文献所暗示的那样，完全参与对同一位名人的共享意义的粉丝话语协商。实际上，在具体分享影星或其他名人的某些特征、如何分享以及与谁分享等问题上，粉丝都有高度的选择性。

为了解释这种矛盾行为，可以仔细考察影星或其他名人的其他三个消费者吸引力要素中，哪个是粉丝愿意分享的，而哪个不是。自传式民族志消费者叙事非常清楚地表明，个体粉丝倾向于同其他消费者分享与作为"表演者"的影星或其他名人相关的属性，如才华、公共人格、创作和他们作为"有形占有物"的象征物，但似乎不太可能与他人分享对影星或其他名人作为"私人"的情感依恋。原因很明显，当我与朋友和同事分享我对杰娜·马隆的演技和创造性表演的欣赏或者向他们推荐她的电影时，我实际上是在推销她作为一名演员的作品。我也不愿分享作为"私人"的杰娜·马隆，因为我可能视对方为竞争者。毕竟，谁愿意与别人尤其是那些可能成为自己对手的人分享渴望的火焰、梦中情人或理想伴侣呢？

与名人"同在"

　　上述四种粉丝关系构成要素，对应于影星或其他名人多义的消费者吸引力的四个要素，由此，构成了个人日常粉丝体验的基础。第四章的自传式民族志消费者叙事还揭示，消费者与影星或其他名人的粉丝关系不是静态的，而是不断波动且持续加深。事实上，粉丝关系是一个随时间推移而变化且每天的强度和意义都有所不同的动态过程。2005 年 4 月至 2006 年 12 月的自传式民族志数据解释学分析显示，我经历了六个不同的阶段。虽然我不会假装或争辩说，每个粉丝都会按照与我完全相同的方式和顺序经历这六个阶段，但我相信大多数粉丝会以自己的方式度过类似的阶段。

　　就我个人情况而言，如自传式民族志消费者叙事所显示的，第一阶段开始于 2005 年 4 月观看《高校六甲生》DVD 时关注到女演员杰娜·马隆。这一阶段一直持续到同年 7 月。第一阶段的主要特征是密集搜索有关影星或其他名人本人及其他作品的更详细资讯。因此，粉丝关系的第一阶段显然在很大程度上是由一种好奇心驱动的。我的好奇心是初次在屏幕上邂逅杰娜·马隆带来的，我渴望对她有更多了解、知道她到底是谁以及演过哪些影片。然而，最初我寻找有关杰娜·马隆本人和她的其他影片的更多信息时所怀有的兴趣、好奇和动机，与我对其他女演员如娜塔丽·波特曼、克丽丝滕·斯图尔特、埃伦·佩奇和珍妮弗·劳伦斯产生的体验并无不同。所以，可以说不仅粉丝在第一阶段的情况非常相似，对一般消费者来说可能也大同小异。我认为，第一阶段其实是个先导，最终基于搜索的结果，决定个体消费者是满足于欣赏影星或其他名人的一两部作品，还是因内心的渴望与公开信息之间的共振而成为一个粉丝。

　　2005 年 8 月到 10 月，我进入了粉丝关系的第二阶段，其特征是对杰娜·马隆的影片、文章、照片和视频片段的热情购买与收集。严格说来，在这个阶段，个体消费者开始分化，要么转变为粉丝，要么保持超然。在这个阶段，消费者或粉丝欣赏和钦慕作为"表演者"的影星或其他名人在一系列艺术作品中的表现，同时，影星或其他名人作为"私人"的一些公开信息可能已经触动了个体消费者的神经。前一个阶段鼓舞我搜索并观看杰娜·马隆的其他作品，而现在，我则产生了观赏和拥有她的所有影片的冲动。然而，这个目标遇到了困难，她的影片很难找到，但这种障碍反而唤醒了我内心的"狩猎"本能，我"必须"找到它们，得到它们。在欧洲，更为匮乏的是有关她的信息饱满的文章，这种稀缺使我内心的火焰烧得更旺了，我四面出击，如焦灼的猎人。

　　因为电影和杂志难以得见，一旦遇到，我总是不假思索立即出手，以高出必要的价格买下它们。但后来发现，在此阶段买下的很多杂志上的文章让人十分失望。可以肯定地说，对于其他任何影星或其他名人，我从未体验过这种"占有欲"。换言之，在第二阶段，个体粉丝最可能购买名人相关产品，产品的质量参差不齐，而粉丝不加区别地收入，这样做只是为了快速获得重要的有关资讯和相关表演的刻录版本。但这并不意味着新粉丝会购买与影星或其他名人有关的一切物品——仅仅因为上面有影星或其他名人的名字和形象（Banister & Cocker 2014）。相反，过度购买的主要是刻录产品和深度文章，据此，购买的强度取决于这些物品的易得性。

　　到了 2005 年 10 月，第二阶段戛然而止，这时，过度地搜索、购买影片 DVD（或录像带和 VCD）和文章的行为已经放缓。接下来，2005 年 10 月我开始进入第三阶段，持续到 2006 年 1 月。对杰娜·马隆电影的搜索和获取突然停顿的主要原因是，此时我已经得到了她的所有影片，几乎完成了她作为"表演者"的作品的收藏。从现在起，主要目标是在她的新电影 DVD 发行时立即买到，或者得到还没有发行 DVD 甚至没有在院线上映过的不知名的小成本影片。然而，第三阶段更重要的方面是，我注意力的重点从对杰娜·马隆作为"表演者"的钦慕转移到"私人"方面。正是在这个特别的时刻，在现实中我的另一次约会以失败告终，实际上我已经对这位迷人、聪明、有趣、令人兴奋和令人向往的年轻女性产生了情感依恋。

结果，与这位女演员的准社交关系的早期迹象显现了，其中包含对她作为一个潜在、理想伴侣的游戏般的爱恋。这种爱恋总是在我感到孤独和孤立的时刻出现，尤其是约会失败、被放鸽子或圣诞节期间。在那段时间里，我观看她的电影，观赏从粉丝网站上找到的她的照片，做白日梦想象她陪在我身边的样子，从中汲取慰藉。整个过程中，我都清醒地知道，这只是一个幻梦！不多，不少。这种行为明显符合霍顿和沃尔（Horton & Wohl 1956）建构准社交互动理论时提出的观点。青少年粉丝对青少年流行歌星和真人秀明星常见的消费体验及行为过程也与此类似。对他们来说，喜爱的名人往往以安全、"社会所允许的"方式充当他们第一次浪漫爱情的对象（Ehrenreich et al. 1992；Karniol 2001）。

我对女演员杰娜·马隆的情感依恋一直延续到下一阶段，即2006年2月到同年6月底。不过，自传式民族志消费者叙事清楚地揭示，第四阶段的特点是另一波狂热的购买。但这一次的消费更加有针对性，也更加昂贵。第四阶段始于一张在易趣上售卖的杰娜·马隆亲笔签名。这是一连串数量可观的由专门的签名卖家收集并（随赝品）出售的亲笔签名中的第一张，杰娜·马隆在参演百老汇戏剧《怀疑》的6个月期间签写了它们。对于个体粉丝而言，原始的亲笔签名特别是那些专门赠给某人的签名象征着影星或其他名人作为"私人"在其日常生活中"实体在场"的真实显现（Newman et al. 2011）。正如第四章自传式民族志案例研究所强调的，我突然感觉到一种冲动，那就是我"必须拥有它"，不仅是一个，而且尽我购买力所及，越多越好。

驱动我过度购买杰娜·马隆亲笔签名的更深层动机是"防范它们明珠投暗"。换言之，我本能地感到有必要自觉担当杰娜·马隆个人名物传承的"保护者"和"监护人"。事实上,粉丝收集所喜爱名人的个人物品和个性化物品,保护它们和名人免遭投机分子与骗子的滥用及商品化,这种做法并不罕见(O'Guinn 1991；Wohlfeil & Whelan 2012)。与此同时,许多昂贵、有价值的个人物品需要展示,至少需要占据一方天地。于是,影星或其他名人在个体粉丝的精神世界和生活空间中的"实体在场"日益显现。许多时候,这就好似一个圣坛或敬奉之所,成了一个如奥吉恩(O'Guinn 1991)或亨利和考德威尔(Henry & Caldwell 2007)所说的"微型博物馆"。就我的情况来说,如消费者叙事显示,杰娜·马隆的"实体在场"渐渐进入并完全占据了我的生活空间,恰如爵士乐充满了霍尔布鲁克(Holbrook 1987)的生活。这个阶段,我还是期望有朝一日亲眼见到她……当然,是在舞台上。或许,还包括亲自从她那里得到签名。

　　然而,如自传式民族志消费者叙事所示,在我的个案中,第四阶段突然于 6 月底终结。当现实生活中的爱情机会出现时,我与"私人"杰娜·马隆的准社交粉丝关系的浪漫性质随之停滞。接下来从 2006 年 6 月底到 2006 年 8 月底的第五阶段,表现为彻底的平静和超然。在这个阶段,我一件东西也没买,更未在易趣上搜索过任何东西。这并不意味着我与女演员杰娜·马隆的准社交关系从此结束或中断。我仍然钦慕和赞美她作为演员的才华,虽然我从未真正同她一起看过一场电影。她的形象仍然占领着我房间的墙面、笔记本电脑的背景和屏保,她的原版亲笔签名特别是她赠给我的那些,依然是我"最珍贵的财产",但是幻想约她一起出去的这种准社交活动完全消失了。取而代之的是我在脑海中想象——或者更贴切地说是计划——下一次见面时如何与我朝思暮想的年轻女子共度良辰,以及如何让约会浪漫甜蜜。换言之,虚幻、想象的占位符(placeholder)让位给了我日常生活中的真实人物。

　　而当我对真实恋爱关系的期望在消极的外部环境和极度失望中落幕,

我与杰娜·马隆的粉丝关系进入了 2006 年 9 月至 12 月的第六阶段。我回归到对作为"私人"和潜在"恋人"的杰娜·马隆的准社交情感依恋。实际上，第六阶段的本质和内容都类似于第三阶段，但是因为我堕入严重的情感焦虑，这个阶段的感受更为强烈。再一次，自传式民族志消费者叙事确认了霍顿和沃尔（Horton & Wohl 1956）提出的核心观点，即在艰困时刻，与名人间的准社交关系为个体粉丝提供了释放出口。就我个人而言，在屏幕上看到"表演者"杰娜·马隆，通过亲笔签名和照片形象与"私人"杰娜·马隆互动，帮助我克服了一段非常痛苦的抑郁期，如果不是这样，我那已然孤独的圣诞节会更为凄凉。

如我曾提到的，每位个体粉丝所经历的不同阶段取决于个体回应自身情感渴求和外部事件而产生的对影星或其他名人作为"表演者""私人""有形占有物""社交纽带"的关注，以及这几方面关注的交互作用。随着时间推移，粉丝对影星或其他名人的情感体验会稳定在某些阶段，持续时间更久。受个人生活中情感事件的影响，粉丝可能主要处于两三个阶段之间。我对杰娜·马隆的粉丝体验近年来在大部分时间稳定在第三、四、五阶段之间，在另一个新的阶段里，我仅对"表演者"杰娜·马隆抱有情感依恋，而不再对她有更强烈的爱恋，对她私生活的兴趣也在减弱，即便现实生活中也常常没有一位女性吸引我。

无论哪种方式，个体粉丝与其倾慕的影星或其他名人之间的关系都在持续变化，个体粉丝体验到的每一种魅力要素的意义和强度不仅在一段时间内变动不息，而且每一天此消彼长。换言之，也许某一天或某一周，粉丝不会对倾慕的名人有任何挂念，然而第二天或第二周，便沉迷于这种关系，反之亦然。事实上，即使同一天，粉丝的个人体验也会因情感需求、欲望和日常生活中的事件而发生显著波动。因此，一如日常生活中的其他事物，消费者与挚爱的影星或其他名人之间的日常粉丝关系必须理解为高度变动性的、日新月异和个性化的，同时这种关系也会随时对内部和外部的情感事件做出回应。在这个意义上，可以说，由于名人的知名度、事业和成功不仅取决于持续不断的创作、表演和媒介化生活，而且依赖于他们与粉丝的互动接触，粉丝确实与其钦慕、恋慕和挚爱的影星、摇滚／流行歌星或其他名人通过交互的准社交关系生活在一起（Hills 2006）。

第七章 暴击抑或拯救？

——名人粉丝启示

麦当劳才有打包外送！我谨希望，在座的观众中，有人能够放开自己，踏上个人旅途，以非常私人的方式受惠于它（影片），与世界相连，给它们打上自己的烙印并从中汲取灵感。

杰娜·马隆，2007 年 9 月 16 日

固有缺陷

现在，回到原点，从我们的叙事之旅回到名人粉丝文化的世界，回到一个真正的名人粉丝——更确切地说是一位女影星粉丝——的生活中，目的是更透彻、更全面地理解个体消费者与其倾慕的影星、摇滚 / 流行歌星、运动员或任何其他名人之间的粉丝关系如何在日常消费体验和实践中显现，以及在日常生活中对个人所具有的意义。作为读者，此刻你的大脑中或许会问，我们从这次个人叙事之旅中究竟得出了怎样的理论和实践结论？好吧，在一次《荒野生存》的媒体招待会上，有记者向杰娜·马隆提问，希望观众从这部影片中得到什么结论（takeaway）[1]。她对这个问题的回答（请看本页开头的引言）也在本书当下的语境中提供了一个完美的答案。

---

[1] takeaway 这个词可以指结论、要旨，也有外卖、外带之意。现场提问时，指的是第一种意思，也就是想问杰娜·马隆这部片子的主旨是什么。而作为主创者，杰娜·马隆并不想给出固定的现成答案。于是，她在回答提问时偷换了概念，采用了外卖、外带这个含义。于是就出现了开头的第一句引语，原文是 Takeaway is for McDonalds! ——译者注

　　我引领你，我的读者，作为外围参与者，进入一个粉丝生活的叙事之旅，意在对你个人施以影响，让你以个人的方式与自传式民族志叙事和经验相关联，通过对叙事者的共鸣、共情甚至认同，使其中的要素个人化，并基于你自己的需求、想法、感觉和内在欲望，从中获得养分。此外，霍尔布鲁克曾提出："市场营销研究和消费者研究之间的根本区别在于，前者应以实际相关性和对营销经理有用的标准为指导，而后者则不应如此"（Holbrook 1995）。因此，尽管本书及其发现——就像其他体面的消费者研究一样（Holbrook 2005）——可能最终对电影、音乐、广播、媒体和其他创意产业的营销人员，在电影制片厂、唱片公司、出版社、电视台或广播电台、经纪公司工作的人，以及公关人员甚至名人本人会非常有用，但我深入这个研究项目的首要目的仍是拓展关于名人粉丝文化现象本身的知识——尤其鉴于当下围绕这一话题的多数话语仍由流行成见所带动。

　　当然，我们还是可以从这次研究中提炼出许多"有用的"结论。如前所述，本研究的目的是从一个真正的局内人视角，深入而全面地理解日常生活中粉丝与其倾慕的影星或其他名人间的关系对个体消费者的意义，以及粉丝对其倾慕的影星或其他名人的情感依恋如何在日常消费实践和体验中显现及表达。鉴于名人粉丝文化现象的特殊性，我的研究以广泛的跨学科研究文献梳理为起点，在市场营销研究、消费者研究、电影研究、媒体研究、社会心理学、社会学、体育研究和休闲研究的文献基础上展开。虽然本书首先定位于消费文化理论领域，但致力于对涵盖明星、粉丝文化、名人文化和电影消费的跨学科研究做出贡献。本书从局内人视角透视个体影星或其他名人所具有的消费者吸引力的多义实质，提出新的见解；将重心放在消费者对其挚爱的明星、摇滚／流行歌星、运动员和其他名人之间特殊情感纽带的形成、深化及维系上，重新定义粉丝概念。

　　本书的消费者叙事提出明确的证据，表明粉丝是将其倾慕的影星或其他名人作为有着独一无二的美貌、个性、才华、社会背景和生活方式的真实、活着的人而产生联系的，还解释了粉丝与其挚爱的影星或其他名人的关系遵循一个逻辑过渡，即从钦慕作为"表演者"的名人的创造性表演及作品，向恋慕作为"私人"的名人转变。这种过渡具有双重性。一方面，消费者叙事本身就是一个个人旅程，反映出随着时间的推移，消费者最初对创造性作品的兴趣逐渐转变为对创造性表演者的钦慕，最终迷恋上作为真实的人的名人。毕竟，粉丝对一位影星的兴趣显然始于看到一部影片或一档电视节目中的他／她，这一看攫住了粉丝的注意力，也抓住了粉丝的心。在个别情况下，消费者会一步步发展成粉丝。另一方面，自传式民族志消费者叙事本身也呈现了一种过渡，它涵盖了粉丝与影星或其他名人关系通常伴随的广泛的消费体验，这种体验总是以某种形式呈现出来，具有不同的强度、方向和意义。影星或其他名人所具备的多义的、各种各样的消费者吸引力要素，以及这些要素要么单独、要么组合在一起对个体粉丝所形成的吸引渐次显现。

　　自传式民族志只使用一个样本，而这个样本又恰好就是研究者自己，加之这一方法在学术圈外通常闻所未闻，所以在更传统的学者那里，它仍然是饱受争议的研究方法。有鉴于此，在我论及从研究发现中得出的结论前，明智的做法可能是做出事先声明。如果你恰好是一位非学术读者，出于对名人粉丝文化现象相关话题的兴趣而阅读这本书，也就是说，你像我一样是一位名人粉丝，但对学术研究的机理既无兴趣也缺乏背景知识，那么我建议你直接跳过下一节。相反，如果你正在为自己的自传式民族志寻找有价值的提示，或许你愿意继续往下读。

采用自传式民族志方法的意义

　　为了真正全面地理解一位消费者与其倾慕对象间的日常粉丝关系是如

何在消费者日常行为中自我呈现的，是如何发展为一种准社交关系的，就需要一种让个体消费者真正发声的研究方法（Stern 1998），同时这种方法还要使研究人员可以 24 小时观察研究现象。然而，遗憾的是，任何尝试对尽可能多的消费者的粉丝体验做解构和比较，从而得出概括性结论的研究方法，最终不仅仅简化了消费者的粉丝关系，甚至将个体的粉丝体验也简化到一般的共性层次，由此便抽离了个体消费者与其挚爱的影星或其他名人间日常粉丝关系的真正本质。

史密斯等人呼吁对粉丝文化进行主位描述（emic description）（Smith et al. 2007），即由一个真正的粉丝书写"体验过程"，而不强加研究者的预设抽象框架。顺应这个动议，本书的首要价值源于自传式民族志方法论的争议性特质，运用这一方法时，我扮演了研究者和唯一供料人的双重角色。我在书中演示了研究者如何运用自传式民族志方法，通过个体消费者体验的方式，发掘第一手的与消费、粉丝文化甚至人类处境相关的思想、情感、幻想、创造、灵性（spirituality）、知觉和意识流的主观本质（Gould 1993；Holbrook 2006），而这是传统的科学和质性研究方法无法做到的（Brown 1998b）。因此，在这本书中，我实际上给出了 3 个重要的子贡献（sub-contribution），推动自传式民族志作为一种适宜选择的研究方法的完善。首先，多数关于自传式民族志"科学价值"的论辩和争议围绕数据的可信度展开（Ellis 1991；Gould 2006；Holbrook 1995），却从未有过如何恰当和严谨分析自传式民族志数据的真正讨论。我做完早期的基础工作后（Wohlfeil & Whelan 2008，2011，2012），在汤普森提出的现象学方法基础上（Thompson 1997），在本书中提出了一个基于详细的解释学解释过程的恰当、严谨的自传式民族志数据分析策略。

第二个子贡献是，引入叙事迁移理论作为分析自传式民族志消费者叙事这类书写文本的阐释框架。毕竟，如果明星研究学者将影星定义为电影和其他媒介文本的符号学集合，而现象学家也倾向于将个体的日常生活世界阐释为一个文本（Thompson 1998），那么将一位消费者与其挚爱的影星或其他名人之间的个人粉丝关系不仅看作一种类型的叙事迁移体验，而且视为一个可借助叙事迁移理论进行透彻的解释学考察的文本，就是合情合理的。因此，采用叙事迁移理论作为解释学分析框架，自传式民族志提供了一些真正的创见，揭示粉丝对所倾慕的影星或其他名人的情感依恋以及对其影片、唱片、签名、照片、文章和其他相关物品的体验式消费，除了获得即时消费过程中可观察到的享乐价值而外，还蕴含着什么其他意义。

最后，推崇自传式民族志研究也回应了布朗关于在市场营销和消费者研究领域采用更具有启迪性和"读者参与度"（reader engaging）的写作风格的呼吁（Brown 1998b），也就是说，借用传统的虚构文学手法，创造更为愉悦的阅读体验。确实，市场营销研究的学术文献一直拘泥于一种特定、日益缺乏灵感的文本样式，其唯一的写作动机就是在顶级学术期刊上发表，因此通常冗长而乏味，对于作者同行小圈子之外的读者而言尤其如此。所以，我在本书中奉上的自传式民族志，既为得到有关消费者与其倾慕对象间日常粉丝体验的洞见，又为打破研究者、文本与读者间的传统界限，直接与读者对话，鼓励读者作为外围参与者，跟随我加入名人粉丝文化现象的发现之旅。我鼓励读者通过传记式的消费者叙事，亲自感受叙事者日常、努力"在世存在"（Heidegger 1927；Merleau-Ponty 1962）的粉丝体验。同时，我还邀请读者通过积极的对话以及在传统学术研究中不曾采用的对消费者叙事"积极的精神沉浸"方式，获得自己对名人粉丝文化现象的理解。若能将叙事体验给予你的启发告知于我，我将不胜感激。

本书中的自传式民族志研究同其他任何形式的学术研究一样，也存在明显的局限。不过，这个局限究竟是什么，也在一定程度上取决于读者的期待、观念和认识论基础。比如，如果你深信逻辑实证主义（logical empiricism），那么你会认为，依赖于孤立的样本和缺乏总体性概括是本书最大的缺陷。的确，经典、优秀的"科学"研究的标志性特征并不适用于本书研究的认识论、存在论和方法论立场，这一事实可能已经被视为一个主要局限。不过，在本书第一章，我已经讨论了质疑自传式民族志方法的一些常见关切，并且解释了我在总体的研究设计中如何解决这些问题。

为了防止长时记忆（long-term memory）的重建中对事件回忆的变形，我通过在事情发生时同步（或至少是尽快）记录鲜活的粉丝体验数据的方法，来解决这一问题，非常有限的间隔时间保证了数据的高精确度。这个从实践过程中总结出来的"宝贵经验"可以推荐给有意探索自传式民族志研究的人。此外，我已将自传式民族志数据记录在指定的日记中，方便进行外部审查。我曾考虑过，有些情况下使用录音笔也许更便捷。但最近我试过以后，发现录音笔在嘈杂环境中几乎派不上用场，而且整理录音做数据分析的过程简直就是一场噩梦。除非你是高级研究人员，可以找人帮忙。最后，同步数据收集方法，也防止数据的独特性因重点回忆最难忘的事而发生扭曲，而这种情况在访谈、问卷调查和焦点小组等主要依赖回溯性回忆的研究方法中时常发生，在这些回忆中，事件往往不会以发生时的客观状态再现。

你也许记得，在现象学家看来，记忆不是对过去事件的回忆，而是当下的一种体验，但这种体验恰好涉及过去的一个事件（Husserl 1986）。自传式民族志的许多批评者中普遍的概念误读是，他们往往将自传式民族志的记叙解读为对所观察的事件或现象本身事实性、客观、可核实的目击记录（Woodside 2004）。然而，这种观点大错特错，因为自传式民族志的实际主题并非对特定事件自身的事实性描述，而是个体对构成自己生活世界一部分的特定事件的实际体验。也就是说，这是一种视域融合（Gadamer 1989）。你也许还记得，本书研究的重点是关于消费者与其挚爱的影星或其他名人间包含个人想法、感受、愿望、幻想和臆想的生动的日常粉丝体验，而不仅仅是对借助争议性更少、更死板的研究方法便可获得的事实行为（factual behavior）的回忆。当然，我需要将第四章中的自传式民族志消费者叙事的表述做柔和处理，以便保护我自己和故事中的其他人，避免可能招致的诽谤、指摘。

不过，即便自传式民族志是最好的（如果不是唯一的）通向人类真实体验的途径，它仍存在一些固有的操作局限，这一点必须指出。第一，对体验到的情感、美梦与遐想的记录需要用语言表达来转化和描述。显然，这里存在一个普遍性问题，就是尽管语言中包含共享的文化和协商的意义，但对有着不同背景和生活经历的个体而言，同一个词语会产生不同的心理意象。第二，即使粉丝体验随时随地可以记录下来，但由于人类体验的复杂性，很难完整记录所有的相关体验，特别是当人处于情绪纷乱、痛苦和兴奋状态时。尽管同步数据收集方法大大减少了事件的选择性知觉，但不可能完全消除。

还有一个问题，尤其出现在数据收集初期，就是自我审查。将自己的感受记录在日记中，有些类似于同另一个人交谈，所以需要时间来建立信任，并且逐步适应将内心感受与欲望向公众甚至自己和盘托出的状态。因此，这里的一点体会是，我建议提前在其他研究项目中训练这种能力，以便更早地养成良好习惯。还有一个相关问题是，有些体验在一时激动之下记录，因此可能会被（敏感的）局外人视为冒犯和不道德，甚至受到指摘。为了解决这个问题，我建议在任何事情发生时马上记录在日记中，但在引述日记内容时做一些必要的改动（也就是，去掉除我自己、杰娜·马隆和文字媒体记者之外的其他相关人士的姓名与可识别的标记，改变某些措辞和表述，以避免受到指摘等）。

自传式民族志数据的一个突出问题是数据的可信度和可验性（Wallendorf & Brucks 1993）。大多数传统的质性方法，如扎根理论和案例研究，具备良好研究的典型特征，如不同信息提供者和不同研究者阐释的三角互证（triangulation）、参与者检核（member check）和外部确认

（external confirmation）（Woodside 2004）。然而，人类经验的本质是，它们总是个人独有的，因此无法用定量的手段和方法来描述、衡量和解释。事实上，如我早些时候指出的，科学研究方法和扎根理论等传统质性研究方法通常只专注于所获回应的共性和相似性，将人类经验简化到最一般的共性层面，由此得出的数据阐释已经在不经意间抽离了数据的真正本质。正因如此，让一个人去观察和确认另一个人的内心情感体验也是不可能的。不过，虽然诸如一个粉丝对其所恋慕影星或其他名人的情感依恋的本质这样的人类体验，不可能由第三人或观察者证实，但个人的粉丝体验可以与他人的体验相比较（Gould 2008）。关键之处不在于专注寻求最一般的共性，而在于比较个体消费者体验的异同。

对于理解电影消费的意义

解决了"房间里的方法论大象"（methodological elephant in the room）①之后，现在我们可以把精力集中于本书中关于消费者与其挚爱的名人间日常粉丝关系的解析，从中提炼出有价值的要点。不需要太多想象力就可以明白，粉丝对影星的倾慕天然地关联着对其作为艺术家和表演者的创造性作品的钦慕，亦即对其影片的欣赏。因而，本书研究的第二个贡献涉及电影消费领域。此前关于电影消费的研究要么侧重影片票房的商业成功，要么侧重比较各种媒体格式（影片"包装"）的吸引力和取舍权衡。受众反应理论则通常将电影消费视为学者提出自身意识形态议题的中介。相比之下，本书的研究采用了真实的受众或者说粉丝视角，全面审视真实的电影消费过程。

---

① "房间里的大象"是英文中一个常见的比喻用法，指显而易见却被忽视或搁置的事实，亦即人所共知却不予讨论或视而不见的问题或风险。这一说法来源于这样的想法，即房间里的大象是不可能被无视的。——译者注

　　此案例研究的第一个发现是，普遍假定受众对各种电影版本的理性权衡实际上是不存在的。消费者尤其是粉丝主要对影片本身感兴趣，实际上很可能多次观看同一部影片的不同版本（即在电影院观看、用 DVD 观看和在电视台播出时观看），所以一些早期实验研究的概念设计和最终结论已经十分过时（例如，Basil 2001；Gazley et al. 2010）。第二个发现涉及一个一度被忽略的事实，即消费者不仅整体上享受电影消费，而且在观影前很久和观影之后，个体对影片的欣赏都是一个多因素交织的复杂过程，正如我的自传式民族志中有关《高校六甲生》、《作弊者》尤其是《傲慢与偏见》的叙述所揭示的那样。

　　采用叙事迁移方法研究电影消费的主要发现是消费者（尤其是粉丝）对影片剧情、人物和深层哲学思想的个人参与的重要作用及复杂性，这是前人研究中未曾提及的。也就是说，消费者可能更看重影片的故事性，而不是花哨的噱头。电脑制作的大场面可能一时赚人眼球，但如果没有合适的故事去讲述，没有好的角色来塑造和扮演，观众则过目即忘。《星球大战》《侏罗纪公园》《泰坦尼克号》《阿凡达》不是因为电脑特效而获得全球性商业成功，而是因为讲述了令人动容的故事。消费者的个人参与不仅让他们暂时逃离现实进入电影世界，而且使影片和个人生活经验相关联的互文性进一步强化（Wohlfeil & Whelan 2008）。消费者沉浸式体验的性质和强度完全由个人的动机、兴趣和内在欲望决定。故而，很显然，比较两三位消费者的沉浸式体验的异同是可能的，但对更多的消费者的沉浸式体验进行相互比较会自然而然将其简化到最一般的共性层面，从而抽离了个体电影消费体验的本质（Batat & Wohlfeil 2009）。

　　最后，在粉丝对电影的兴趣和欣赏中，起重要作用的是所钦慕的影星的存在。一般认为，粉丝所钦慕影星的参演首先引起了其对影片的留意和兴致。虽然市场营销研究（Albert 1998；Elberse 2007；Ravid 1999）和电影研究（Dyer 1998；Hollinger 2006）领域的许多早期项目也曾考虑到影星吸引观众的作用，但仅仅是按照电影海报和片头及片尾字幕中的演员顺序，择两三名领衔主演研究而已（Kerrigan 2010；McDonald 2000，2008）。而第四章的自传式民族志消费者叙事则用明确的证据表明，在电影对粉丝的吸引力方面，粉丝所钦慕的影星在影片中的角色大小并不重要。该章曾讨论过，我了解、关注和欣赏《高校六甲生》《作弊者》《傲慢与偏见》这3部影片缘于女影星的参演，尽管她在其中一部影片中只是配角。在一些侧重影片其他方面的观众眼中，她的出现和表演可能只是一闪而过，但对粉丝来说，她在影片中的存在就是兴趣和视线的焦点。

这一观察结果与大量有关明星、电影消费和消费者偏好的文献存在明显矛盾，从而为进一步的学术研究开辟了一个有趣的领域。至于经营方面的启示，如果向制片方建议提前发布影院预告片和召开记者招待会推广即将上映的影片，未免太过简单。这种许多顶级市场营销期刊上的研究报告中提出的建议是好莱坞诞生以来电影产业内部人尽皆知的常规做法（Kerrigan 2010）。相反，基于本书的发现，我建议影片的制作方和分销方（尤其是成本较小的独立电影）在推广环节更多地介绍创作人员，因为自传式民族志案例研究显示，即使鲜为人知的演员、导演或编剧，也有自己的追随者。因此，如果演员和导演在整个电影制作过程（包括任何早期阶段）中与影迷保持互动，并不断更新他们参与的各种电影项目，将能够提前为电影积累观众，创造拉动效应，确保电影在影院的上映和DVD发行。这种策略有些公司已经采纳，但仍属少数。

对于理解名人的消费者吸引力的意义

本书的下一个主要贡献是，在明星和名人研究领域里运用叙事迁移方法（Green et al. 2004），深入解读了影星、摇滚/流行歌星、运动员、电视名人、模特或其他名人吸引个体消费者的内在机理。明星和名人研究脱胎于电影及媒体研究，时至今日，这一领域的研究主要还是以受众反应理论为工具，从一个非常具体的意识形态视角，考察电影观众至少从理论上是如何将影星作为"电影文本形象的同质性集合"（homogeneous sets of film textual images）（Watson 2007a）和"文化原型和价值观的符号能指"（semiotic signifiers of cultural archetypes and values）（Dyer 1998；McCracken 1989）加以解读的。尽管影星被视为各类影片和戏外媒介文本的集合，但电影学者还是首先将重心放在影星的戏内人格上，而其媒介化的戏外人格仅仅作为前者的一种延伸。媒体学者则完全聚焦于名人在媒体上的公共人格。这样一来，戏内塑造的角色和戏外影星的私下人格往往被看作同一个人，其个人形象的设计和管理服务于满足普遍的文化期待（Dyer 1998；McDonald 2000；Thomson 2006）。

本研究中的自传式民族志消费者叙事清楚地表明，消费者尤其是粉丝不会将影星混同于其塑造的角色。消费者将影星所扮演的角色作为整个影片文本的组成部分来欣赏，同时钦慕影星高品质的演技和表演，从而非常清晰地区分角色与影星。因此，这项研究和这本书引入叙事迁移理论作为另一种分析视角，增进我们对消费者在现实生活中如何受到影星或其他名人吸引的理解。事实上，与批判性的受众反应理论不同，叙事迁移方法考察真实的消费者叙事，以求真正理解消费者是如何将影星或其他名人作为对自身价值观、梦想和内在欲望的自我建构的反思（self-constructed reflection）来体验的。

运用叙事迁移方法，并以我与一位女影星的粉丝关系为基础，本书对明星研究最重要的贡献是对影星或其他名人的"再人性化"（rehumanisation），以及对他／她作为真实人类所具有的多义的消费者吸引力的解构。因此，这本书首次解释了，为什么消费者可能会被某个特定的影星或其他名人吸引，同时对其他同样有才华、美貌、有趣甚至更受欢迎的明星无动于衷。不同的消费者会被不同的影星、摇滚／流行歌星、电视名人、运动员、小说家、模特、真人秀明星或其他名人所吸引，这是无可争辩的事实。即使他们真的喜欢同样的人，也可能是出于非常不同的私人原因，并为他们与个体影星或其他名人间的关系和体验赋予不同意义。

个人意义（personal meanings）的多义性和视角的多元化意味着，以往明星和名人研究习惯于采用的那种用观念先行的符号学视角看待消费者与名人关系的做法，只会简化和遮蔽这种关系（有时是准社交关系）的协同创造性和叙事的多样性（Lovell 2003）。而叙事的多样性则绽放于日常文化互动之中，这种文化互动总体而言不仅介于明星与他们的粉丝之间，而且存在于明星与消费者之间。传统观点将明星和名人呈现为具有普遍吸引力的一维文本结构，在符号层面上将影星塑造的典型银幕形象与其私生活的大众媒体形象融为一体（Dyer 1998）。我在本书中持有相反的观点，认为每位影星或其他名人都是一个真实的活生生的人，具有复杂、多面的"媒体文本诱惑力"（media textual allure），它向每位消费者辐射出非常个人化的魅力，这种魅力又激发了形形色色的情感反应，如好奇、兴趣、厌恶、性吸引或情感依恋。

为了解释特定的影星或其他名人呈现给不同个体消费者的具有多义性的吸引力，"湖中垂钓"也许是个形象的比喻。你是否想过，为什么有的鱼会上钩，而有的不会？一条鱼之所以最终咬上了某个渔夫抛下去的鱼钩而忽视其他鱼钩，就是因为只有这个鱼钩上的饵料正好符合它的口味。另一条鱼可能被完全不同的钩子上的诱饵吸引，但其他的鱼则可能对这两个鱼饵都毫无兴趣。既然每位影星或其他名人都是一个复杂的人，具有多义、多元的消费者吸引力，那么每一种魅力要素就如同一个特定的"鱼钩"，上面"挂着"其独有的个人特质，美貌、作品、个性和私生活方式便是"诱饵"。这些鱼钩置于充斥着个体消费者的巨大湖泊之中。

当个体消费者的需要、愿望和／或企盼未得到满足时，便开始寻找允诺满足其需求和愿望的东西。结果，一些人可能被影星或其他名人的创造性表演"钩住",而另一些人更容易被其美貌或个性所征服。对一些人而言,影星或其他名人在物品中的有形显现是"钩子";对其他人来说,加入粉丝社群的愿景是主要诱惑。未满足的个人需求和欲望越多、对独特事物的渴望越强烈,对完美诱惑的搜寻也越急迫。在一个不仅充斥着个体消费者,而且满是影星、摇滚 / 流行歌星和其他名人的"钩钩"及"鱼饵"的大湖中,一个寻觅"属于自己的鱼钩"的消费者最终总会找到自己渴慕的诱惑,即便需要先"尝尝"其他钩子。然而,一旦找到合适的"抛钩者"(即某位影星、歌星或其他名人)以及合拍的诱饵(创作才华、美貌、个性和生活方式等),个体消费者就再也不必继续找寻。问题的关键通常在于,无论一个消费者对影星或其他名人产生强烈的情感依恋,还是强烈的情感嫌恶,都取决于最初的需求(initial need)。

因此,我们将影星或其他名人"再人性化"并解构其作为一个人的魅力,就会发现,对于个体消费者而言,影星或其他名人散发出非常个人化的吸引力:一是作为"表演者和艺术家"(包括艺术作品和其他产品);二是隐藏在表演者背后的"(可感知)的私人",使艺术家在现实中具有"实体在场";三是作为有形产品,原本无形的表演者和私人得以显现及成为"有形占有物";四是作为个体消费者与其他同好消费者的"社交纽带",一个共享赞赏和共享蔑视的纽结。个体消费者可能只被一种吸引力要素打动,也可能被几种吸引力要素任一给定的组合打动,从而至少短暂地感受到特定影星或其他名人的吸引。结论是,影星或其他名人身上的吸引力诸要素在个体消费者身上所产生的效应,决定和反映了一个消费者与影星或其他名人间的情感关系(最初的兴趣或厌恶感)。影星或其他名人身上的吸引力要素单独或相互组合,与个体消费者的内在需求及未实现的愿望、理想和梦想相呼应,产生的吸引力越强烈,则消费者的情感依恋越强烈。

显然,相对于运作名人代言,这一要点对运营名人本身更具有启示作用。首先,有一种流行的谬见认为,消费者会仅仅因为自己喜欢的名人推

广某产品或与某产品有关，就去购买该产品。相反，只有在名人具备相关
专业知识且作为品牌的"合格发言人"（如代言吉他品牌的摇滚音乐人）
向感兴趣的消费者提供"货真价实的专业"建议时，名人代言才发挥作
用。因为在这种情况下，名人作为表演者或"私人"的吸引力与消费者对
代言品牌的个人兴趣相符。但如果认为消费者购买某个品牌的产品只是因
为喜欢某位名人，那就太天真了。其次，本研究的结论也质疑流行的"大
片"战略（Elberse 2014）背后的智慧，该战略基于大规模观众最一般的
共性，制造出只具有一种广泛吸引力的流行明星和名人，但由于个体消费
者倾向于在一位名人身上寻找一些呼应自己内在需求和愿望的独有元素，
一个塑造出来的人见人爱的名人不太可能使粉丝形成一种真正、可持续的
情感依恋。因此，让名人的天赋、美貌和个性为自己言说可能更为明智。

对于理解名人粉丝文化的意义

除了增进我们对影星或其他名人的实际消费者吸引力的理解外，这本
书最后也最重要的贡献是在跨学科粉丝研究领域提出了对粉丝和粉丝文化
的重新认识，研究重心回归到最重要的部分，即粉丝与其倾慕对象间形
成、建立和体验到的情感纽带。对名人粉丝的重新定义尤其为我们提供了
一些非常有趣的见解，揭示了粉丝与其挚爱的影星或其他名人之间的关系
对于个体消费者的意义，以及这种关系在日常消费行为中的表达方式。为
了重新定义粉丝，需要清晰而详尽地回顾已有的跨学科文献中的各种粉丝
概念。然而，遗憾的是，尽管粉丝文化现象具有跨学科性质，但大多数相
关学科（也许消费者研究除外）此前都无意突破学术研究内部的疆界而深
入其他学科。因此，本书对粉丝研究的第一个子贡献是，综合相关学科文
献中的粉丝概念，给出了一个真正的跨学科分类。由于相关学科的粉丝概
念都忽略了粉丝与其倾慕对象之间的个人关系，我对粉丝研究的主要贡献

就是重新定义粉丝和粉丝文化，弥补已有文献中的概念缺陷。

在前人的基础上，我进一步研究了名人是如何吸引消费者的。以我个人与女演员杰娜·马隆的准社交关系为依据，我提出，粉丝对其挚爱的影星或其他名人的情感依恋的性质和强度取决于后者所具有的 4 个吸引力要素单独或相互组合对消费者产生的重要性、吸引力和意义；而其中的重要性、吸引力和意义的形成又是基于消费者的个人价值观、兴趣、审美理想，特别是未实现的有意识的欲望和潜意识的欲望。于是，我确定了 5 个粉丝关系要素。在对第四章我个人与女演员杰娜·马隆的粉丝关系的自传式民族志解释学分析中，这些要素反复作为主题出现。依照本书研究的自传式民族志性质，我将 5 种粉丝关系命名为"钦慕作为表演者的名人""恋慕作为私人的名人""占有名人""分享或独享名人""与名人同在"。

虽然这 5 种粉丝关系要素的主题标签来自我本人与一位电影演员间日常粉丝关系的自传式民族志案例研究，但它们同样适用于其他任何消费者与其钟爱的影星、摇滚 / 流行歌星、运动员或其他名人间的个人粉丝关系。的确，如我在本书中所指出的，粉丝迷上影星、摇滚 / 流行歌星或其他名人，并非因为他们是某些明星和名人文献所论述的文化原型的一维符号化身。相反，杰娜·马隆之所以吸引我，除了她是一名才华横溢、富有想象力和创造力的演员，在银幕或舞台上扮演了不同类型的复杂角色（甚至是配角）外，还因为她非常美丽、聪明、有趣而复杂，在媒体的聚光灯外，过着一个普通年轻女孩的生活。

粉丝关系要素中的前 4 个与名人多义的消费者吸引力 4 个要素密切相关。"钦慕作为表演者的名人"反映了粉丝对影星或其他名人作为创造性艺术家和表演者的浓厚兴趣，包括对其刻画银幕人物的演技的钦佩和对影片本身叙事品质的欣赏。这种情况很常见，因为通常情况下，消费者首先欣赏特定影片，这为此后粉丝关系的形成奠定基础。例如，某张专辑或某场现场演出为粉丝与摇滚 / 流行歌星的关系奠定基础，某次体育竞赛奠定了粉丝与运动员的关系基础，等等。此外，往往首先是因为钦慕某位影星或其他名人，粉丝才会对影片、专辑等产生兴趣。而被钦慕者是扮演主角还是配角，其实并不重要，这一观点反驳了此前明星文献的说法。例如，我对《傲慢与偏见》的兴趣和渴望是被杰娜·马隆的出演唤醒的，虽然她只是配角。不过，我在欣赏她的表演、她将人物演得活灵活现的能力的同时，也喜欢影片本身。然而，如果依据戴尔的标准（Dyer 1998），杰娜·马隆不可能成为明星——她只是一个性格演员，那么我为何对她着迷，喜欢她的出场，而不是迷恋女主角或影星凯拉·奈特莉呢？原因是，在我眼中，她没有在影片中刻意突出自己，而是以精湛的表演脱颖而出。

"恋慕作为私人的名人"反映了粉丝对在媒体焦点外作为真实人类过着私人生活的影星或其他名人的情感依恋。这种依恋通常包含一种内在的好奇心和"进入后台"了解真实的影星、摇滚／流行歌星或其他名人的渴望（Beeton 2015；MacCannell 1973）。此外，粉丝还有一个隐秘的希望，那就是希望影星或其他名人反过来也承认自己知道粉丝的存在。因此，个体影星或其他名人充当了粉丝对行为榜样、英雄（Henry & Caldwell 2007；O'Guinn 1991；Radford & Bloch 2012）、朋友（Kanai 2015；Stacey 1994）、"理想"伴侣（Wohlfeil & Whelan 2012）甚至理想爱人（Karniol 2001）的欲望投射。但粉丝鲜有机会面见自己恋慕的影星、摇滚／流行歌星或其他名人，了解到其在大众媒体人格面具背后的真正"私人"，粉丝对名人的印象本质上是自己的心理建构。粉丝基于自认为重要并"可靠"的媒介文本和那些私下里认识或在公共空间偶遇过影星或其他名人的"目击者陈述"文本，通过具有高度选择性的私人互文阅读而构建了影星或其他名人的形象。

所以，作为"私人"的影星或其他名人本质上是个体粉丝基于个人需求、理想、欲望和抱负所创造的多义的心理造物（mental creation），这本身也是一个悖论。但借用叙事迁移理论，我们现在能够透彻理解，粉丝对影星或其他名人的个人印象是通过持续的内投射和外投射在头脑中不断演变的（Gould 1993；Wohlfeil & Whelan 2011，2012）。粉丝先是内化影星或其他名人的戏外私下人格，而后将自己的个人思想、情感、遐想、意义和欲望加载其中，再将个人印象投射到影星或其他名人身上，重新内化和投射新的形象，如此循环反复。因此，在我对杰娜·马隆个性的印象中，特别强调那些与我的私人经历、理想、梦想、欲望有强烈共鸣的性格和私人生活侧面，随之这又强化了我对"真实"的她的情感依恋。

不断的内投射和外投射使人产生了一种与挚爱的影星或其他名人"相识"如私友之感，似乎熟知对方的思想、情感、希望、梦想、个性和生活方式。事实上，这种"亲密情感联结"的体验，有时足以激发粉丝对恋慕的影星或其他名人抱有"私人友情"甚至"爱"的真切感受。像传统的社会关系或爱情关系一样，粉丝与挚爱的影星或其他名人的准社交关系呈现为一种随着时间推移、情境和情感的变换而演变的动态过程。与影星或其他名人的准社交关系实际上可以为孤独的个体提供一种情感宣泄渠道，帮助个体在精神痛苦期恢复情绪健康。

接下来，"占有名人"并不是指一般意义上的占有，而是指个体粉丝通过获取和展示与影星或其他名人相关、匹配的物品，如 DVD、CD、黑胶唱片、照片、海报、徽章、T 恤、原版亲笔签名、在舞台上或影片中用过的道具或用过的东西等，来确立和表征自己钦慕和恋慕的影星、摇滚／流行歌星或其他名人作为"表演者"或"私人"或两者兼而有之在自己的私人生活中有形存在。此外，对于知名度不高的电影演员、音乐人和其他名人，"占有"指购买他们那些不易觅得的作品，如独立电影 DVD 或音乐专辑、印刷量有限或区域发行的圈内出版物（scene publication）里的文章，这样，个体粉丝便拥有了可以与"知音"（worthy others）分享的"前卫"业内资讯。

最后，"分享或独享名人"显然指粉丝与同好消费者分享其粉丝活

动、钦慕和恋慕之情的实际意愿。如詹金斯（Jenkins 1992）、科齐奈茨
（Kozinets 2001）或希尔斯（Hills 2002）提出的，社会疏异、孤立和孤独
的消费者往往积极加入粉丝社区，不只是为了与同好粉丝开展社交互动，
而且可以与他人共创和分享关于名人、名人的工作和生活的意义及理解，
向愿意欣赏他们的受众展现自身的创造力（Lanier & Schau 2007）。然而，
与这个主导性观点相反，我在本书中提出，个体粉丝文化的核心是个人意
义和个体与所钦慕对象间的关系。有些粉丝可能愿意在粉丝论坛上与他人
分享，或是在首映式或演出现场在人群里尖叫（Ehrenreich et al. 1992），
也有粉丝则像我一样，更喜欢享受私人粉丝体验。

　　当然，写这本关于我与电影演员杰娜·马隆的准社交粉丝关系的书
时，我也意识到我的研究者自反性（reflexivity）①悖论，以便回答读者在
这方面的好奇和疑问。自传式民族志案例研究中的"粉丝我"是一个相对
独立的粉丝，不参与虚拟粉丝社区或类似的其他社区，因为我不想与他人
协商我心中杰娜·马隆的形象、意义和看法。因此，本书中的"粉丝我"
没有与他人分享和协商自己的粉丝经验。相反，"学者我"报告他的观察
结果，更确切地说是他对自传式民族志数据集合的解读，并与读者、更
广泛的学术界和非学术界受众，分享他对我的粉丝经验（甚至私下的"粉
丝我"）之本质的研究发现，而不是我对杰娜·马隆的痴迷行为本身。这
就意味着，就我的研究设计、参与各方持续的解释性阅读和阐释而言，我

---

①　此处的自反性是指，基于对研究对象的考察所得出的研究结论，又再次建构和干预
　　了研究对象的发展和演变。这里指"学者我"（研究者）和读者，对"粉丝我"的
　　粉丝经验（研究对象）的研究和解读所得出的认识及结论，会反过来形塑"粉丝
　　我"的粉丝行为和体验，而"粉丝我"不断演变的粉丝行为和体验，又作为研究对
　　象，不断改变着"学者我"和读者的认知及看法，二者之间存在循环往复的相互影
　　响。作为粉丝的我的粉丝活动会受到作为学者的我关于粉丝的研究结论的干预和影
　　响，从而不断发生变化。我既是学者又是粉丝，我的粉丝体验和我的学术观点之间
　　存在不间断的互动。——译者注

自己和像你这样的读者之间存在某种不可避免的自反性。最终，学者粉丝（scholar fan）是"学者我"和"粉丝我"两股支流彼此交汇而共同创造出来的（Gould 1991；Hills 2016；Rambo 1992）。

根据我个人与影星杰娜·马隆日常粉丝关系的自传式民族志消费者叙事，我在本书中提出，个体粉丝与他人分享自己钦慕和恋慕的影星、摇滚／流行歌星或其他名人的粉丝经历的意愿具有高度选择性，并且高度依赖具体分享的内容。个体粉丝通常乐意与同好甚至其他消费者分享自己对影星或其他名人的钦慕及其创造性表演、艺术作品和公开亮相。这类分享大多可以解读为粉丝竭力向别人推广影星或其他名人的创作，以刺激需求，确保未来的创造性表演和艺术作品供给。

不过，个体粉丝往往不太愿意分享对作为"私人"的影星或其他名人的情感依恋，特别是当这种情感依恋源自情爱吸引时。毕竟，谁乐意跟别人分享自己的朋友甚至潜在的男女朋友呢？尤其是与想象中潜在的情感竞争对手分享。这种"钟情"只是一种有意识的白日梦，明知不可能实现，但这无关紧要。重要的是这种私密的沉醉和浪漫幻想可以帮助个体以宣泄的方式有意义地处理日常事务或情绪问题，如孤独、压力、社会排斥或被欺凌（Horton & Wohl 1956；Wohlfeil & Whelan 2012）。如果你认为这种依恋行为"不正常"，这种想法令你不适，不妨思考一下，这一切是否与你自身有关。你是否从未迷上过一位名人？或者你是否曾暗恋某人，想象过与此人约会或更多在一起的情形，但因过于害羞不敢与之交往？你当时作何感受？那种经历真的与我在这里讨论的不一样吗？现在，这是你要考虑的"要点"。再者，在鄙视一些十几岁的女孩和男孩爱上某位流行歌星、影星或真人秀电视明星，或者嘲笑那些仍然追随自己喜爱的摇滚／流行歌星、运动队或影星的成年粉丝之前，我们最好仔细反省一下自己，因为我们过去可能也做过同样的事，而且非常可能仍然在继续，而这种消费行为实际上可能是相当"自然"和"正常"的。

不过，一个潜在的关键主题和重要的粉丝关系要素在本书对自传式民族志数据的解释学分析和案例研究中反复有力地浮现，我称之为"与名人同在"的时间性问题。事实上，同现实生活中其他社交关系或恋爱关系一样，消费者与其挚爱的影星、摇滚／流行歌星或其他名人间的日常粉丝关系，绝不像粉丝、社会心理学和市场营销研究文献中常常呈现的那样，具有静态特征和个性特征。相反，我在本书中有明确的证据证明，消费者与名人的粉丝关系不仅是准社交性质的，而且是随时间推移不断发展演变的动态过程，其变化不懈地回应源源不断的信息流、个人情感体验、个人环境变化，特别是个体粉丝自己的需求、价值观、欲望、志向、遐想、幻想的变化，心爱的影星或其他名人的爱与性的吸引，以及影星或其他名人所具有的多义的消费者吸引力要素。

然而，正是这一动态过程让粉丝萌生、培养、强化和体验了真正"认识"影星、摇滚／流行歌星或其他名人（如私人朋友）的个人感觉，甚至体验对他或她"爱"的真情实感。的确，个人的粉丝体验必须理解为一个动态过程，首先内化影星或其他名人的人格，将个人感觉、内在欲望和愿望加载其中，而后将新的形象投射到心爱的影星或其他名人身上，再将新造形象内化，与新信息再一次相结合，不断重复。结果，粉丝头脑中创造的影星或其他名人形象"变成了"符合粉丝个人的欲望、希望、梦想和抱负的真实人类。本书前一章的图 6-1 勾勒了其他 4 个粉丝关系要素如何影响、融入、驱动和强化"与名人同在"要素，从而使粉丝感受到自己在精神上创造的影星或其他名人的人格，并将其作为有机的、个人生活文本的一个组成部分。

余绪……或尾声

如果读者想知道这本书中的发现是否广泛适用，是否代表绝对真理，不，它们不是。不过，这些研究结果是可比较和可转移的。也就是说，读者可以将我的粉丝关系及所呈现的日常体验与自己的粉丝体验或一般消费体验做比较，并用本书提出的观点做出解释。此外，我并不假装自己对复杂的自传式民族志数据的解释是唯一可能的解释，远非如此。正如海德格尔（Heidegger 1927）所指出的，存在主义现象学观点认为，从解释学分析中浮现出来的任何解释都不能代表最终的绝对发现，而只能代表一组可能的解释（Goulding 2005）。因此，可以把对一种现象的任何解释视作仅仅从特定角度在特定时刻拍摄的快照。

然而，任何特定的现象以及对于该现象的认识本质上都在持续地演进和发展，以回应每一条新获得的信息或追随在变迁的个人处境和外部情境下重阅旧素材所获得的新发现。本书所奉献的研究亦是如此。它仅仅是名人粉丝文化研究进程中的一个快照，这一领域仍有巨大的研究潜力值得进一步开发。一个好的起点可能是摈弃社会学理论往日关于名人和粉丝的成见，用新的眼光看待二者。因此，重要的是，像对待你我一样对待名人和粉丝，把他们当作真实的人。在这本书中，我在这一方向上迈出了重要的一步，将名人多义的消费者吸引力解构为4个要素。名人的每个吸引力要素都是一个可能鼓励消费者体验情感依恋的"鱼钩"。基于这个模型，我在书中还提出了一个消费者与名人之间日常粉丝关系的模型，绘制了一幅新的画面，呈现了粉丝如何在个人的日常生活中与挚爱的名人建立联系，以及这种准社交关系如何像任何其他社交关系或恋爱关系一样随着时间推移而有机地演变。

显然，本书的主要发现和贡献在于，一个消费者的粉丝体验是围绕着他／她了解作为活生生人类的名人——既是一个创造性"表演者"也是一个"私人"——展开的。"私人"本质上是粉丝自己的心理建构，从个人对相关和"可靠"的媒介文本以及目击者陈述文本的互文阅读中演变而来，也由粉丝的内在欲望、愿望、希望和梦想所决定。运用叙事迁移理论可以解释粉丝为何和如何在从未见过真人的情况下，产生和体验到认识名人的感觉，包括了解名人的个人想法、感受、个性和日常生活方式。这种"亲密情感联结"的体验有时足以在粉丝内心深处激发出一种"私人友情"，甚至对挚爱名人的"爱意"。这种情感可以在粉丝与名人间的准社交关系中显现出来。

这也可以解释，为何当消费者亲眼见到挚爱名人的夙愿得以实现反而感到深深的失望。事实证明，名人在真实的私人生活中是个截然不同的人，无法与（也许不切实际的）消费者在脑海中创造出的想象人物相一致。因此，以自传式民族志消费者叙事的形式，探索其他消费者的个人粉丝体验以及他们与挚爱的影星、摇滚/流行歌星、运动员或其他名人的粉丝关系是如何在日常生活中表达的，将是一个非常好的主意。关键的问题应该是比较粉丝的经历和粉丝关系的异同，而不是找出其中最一般的共性。对个体消费者而言，每一次粉丝体验和关系都是独有的，因此必须始终将其当作独一无二的存在来看待、理解和珍视。

在消费者与影星、摇滚/流行歌星、运动员、真人秀电视明星或其他名人的日常粉丝关系中，有两个潜在的有趣部分。这两个方面在本书中没有提及，主要是因为，在对我的自传式民族志数据的解释学分析中，它们并没有作为一个问题反复浮现出来，但实际上，在未来可能需要对它们做进一步的研究。第一，既然分居、分手和离婚这种令人遗憾而通常不受欢迎的事在许多类型的社交关系、恋爱关系甚至职业关系中都是司空见惯的，那么消费者与名人的（准社交）粉丝关系也可能在某个阶段走向终结。因此，情感依恋的解除是如何发生的、为什么发生，以及粉丝与（先前）喜爱的影星或其他名人之间的关系是如何完结的，这些问题显然值得仔细研究。帕尔芒捷和费西尔最近做了一些有趣的基础研究，探索了观众为何不再喜欢曾经最爱的电视节目（Parmentier & Fischer 2015）。也许可以借用他们的一些发现来解释粉丝与名人之间关系的衰减和破裂。

第二，虽然消费者的准社交粉丝关系纯粹是虚构的，但当挚爱的影星或其他名人正在约会甚至与长期伴侣处于认真的现实恋爱关系，或者对粉丝而言"更糟"的是马上要结婚时，会发生什么？这仍然是一个有效的问题。如果这样的状况发生，会如何影响消费者与影星或其他名人的个人粉丝关系？虽然通俗小报充斥着刻板形象，如吃醋的粉丝跟踪名人并威胁疑似情敌（perceived rival），但无论是定量研究还是质性研究都没有提供实证的田野数据，多学科的明星和名人研究目前还从未关心过此种"人性"问题。

最后，也许你仍好奇，我与杰娜·马隆的粉丝关系现在进展如何，我还是不是她的粉丝，有没有机会与她见面。至少，我总是在会议上被同行问到这些问题，也常在演讲厅里被那些在网上看到我发表在商业研究期刊上的论文的学生提起。毕竟，将近 10 年过去了。简短的答案是："是的，我还是杰娜·马隆的粉丝。是的，我有机会与她短暂见面。"不过，我一直很遗憾，没能看到杰娜·马隆在百老汇戏剧《怀疑》中的现场表演。所以，2009 年 2~6 月，当她在外百老汇戏剧《悲悼》（*Mourning Becomes Electra*，英国，2009 年）中担纲主演时，我做了当年 4 月前往纽约的 5 日行程计划，作为送给自己的生日礼物。遗憾的是，在褒贬不一的评论声中，演出取消了。如果不是最终有幸见到学术偶像莫里斯·B.霍尔布鲁克教授，我会在纽约度过一段惨淡时光。

不论如何，我对杰娜·马隆的粉丝关系的本质和情感依恋已随时间流逝而稳定下来。漂亮、聪明、有趣、富于想象力和才情的年轻女子杰娜·马隆对我产生的准社交吸引的力度和强度，伴随社交事件的发生、被拒绝的体验和孤独感而持续波动。但类似 2006 年 9~12 月的第 6 阶段经历仅于 2012 年在相似的情境下重复过一次——虽然我的心境没有灰暗到那个地步。此外，我还经历过第 3 阶段的两次重复，都是为了购买杰娜·马隆的原版亲笔签名。第一次是在 2011 年《美少女特攻队》上映时，第二次是 2013 年《饥饿游戏 2：星火燎原》上映时，但强度要弱得多。

　　然而，2011 年，我最终得知，杰娜·马隆正在与一位据说在艺术博览会上相识的平面设计师认真谈恋爱。[①] 我的第一反应是无视它，就像我一直无视她抽烟的习惯。当这段关系持续的时间开始超过她过去的恋情，当她前所未有地开始和他一起公开出席首映式及公共活动时，我发现自己越来越难以忽略这一事实。同时，我必须承认，我尝到了嫉妒的滋味，但更多的是内心的悲伤和泄气。尽管我在观看《五星日》、《天性使然》、《等待》（The Wait，美国，2012）、《饥饿游戏 2：星火燎原》、《饥饿游戏 3：嘲笑鸟（下）》、《霓虹恶魔》时依然欣赏她的演技和表现，但很奇怪，直到那时仍主要由"恋慕作为私人的杰娜·马隆"这一要素驱动的我与她之间的准社交粉丝关系从 2013 年开始稳步降温，现在几近消失了。一起降温的，还有我对她的原版手签照片以及那些美国杂志上刊载的文章的兴致。事实上，从那以后，我再没登录过易趣。不过，我仍在收集她的电影，如果可能的话，影片一发行，就去影院观看或购买 DVD 和 iTunes 上的数字下载版本。

　　恰在此时，我期待见到她的夙愿终于实现了。杰娜·马隆发行音乐项目"鞋"的专辑《我还好》（I'm Okay）期间，于 2014 年 7 月来到伦敦，在贝尔格雷夫酒店（Belgraves Hotel）举行了一场仅限受邀者参加的免费现场演唱会。此时，我对她的准社交恋情已经消退，我想，如果亲眼见到的她与我的想象大相径庭，或许有助于我合上这个生命章节——即便她再度单身。于是，我计划在一次开会返程的途中短暂逗留伦敦，在那个周末

---

① 2016 年 5 月，31 岁的杰娜·马隆诞下一子，孩子的父亲是她的男友、自由摄影师兼音乐制作人伊森·德洛伦索（Ethan DeLorenzo）。二人于同年 8 月 30 日订婚，2017 年 12 月解除婚约。据八卦媒体 Celebscouples.com 报道，之前，杰娜曾与 M. 布拉什（M. Blash）、盖伦·皮尔逊（Galen Pehrson）和埃里克·冯·贝滕（Erik von Detten）交往。推特上还散布着一些她与约翰·皮纳（John Pina）的牵手接吻照。目前，她仍处于单身状态。——译者注

下榻这家酒店。但事情没有按照原计划发展。相反，除了陶醉于她在酒店酒吧的现场表演而外，我还设法与她短暂会面并合影留念。让我意外的是，真正的杰娜·马隆不仅可爱、美丽、迷人，而且的的确确就是我这些年所想象的那个人。可悲的是，一如以往我遇到心仪女子时发生的状况，虽然她很友善，但我还是极度紧张，以致完全语塞，至多就是嘀咕了几个听不见的词。我不知道给她留下了什么印象，如果还能称得上有印象的话。但我想，那就是典型的我。

然而，数月之后，我仍处于惊诧之中，那天我遇到的真人杰娜·马隆居然与我多年来选择性阅读她的访谈、可靠的文章和观看她的作品后，在想象中创造的杰娜·马隆一模一样。那么，你也许会好奇和发问，这意味着什么？当然，这是个好问题！但目前，我无法解答。不过，在我继续思考时，也想邀请读者你与我分享你的解读，或你个人与倾心的名人会面的经历。毕竟，粉丝的故事一直不绝如缕，它滚滚向前，嬗变不息，不是吗？

参考文献

Addis, Michela and Morris B. Holbrook (2010), "Consumers' Identification and Beyond: Attraction, Reverence and Escapism in the Evaluation of Films", *Psychology & Mar-keting*, 27(9), 821 - 845.

Adorno, Theodor W. and Max Horkheimer (2006), "The Culture Industry: Enlightenment as Mass Deception", in *Stardom and Celebrity: A Reader*, (Eds.) Redmond, Sean and Su Holmes, London: Sage, 34 - 43.

Alberoni, Francesco (2006), "The Powerless 'Elite': Theory and Sociological Research on the Phenomenon of the Stars", in *The Celebrity Culture Reader*, (Ed.) Marshall, P. David, New York: Routledge, 108 - 123.

Albert, Steven (1998), "Movie Stars and the Distribution of Financially Successful Films in the Motion Picture Industry", *Journal of Cultural Economics*, 22(2), 249 - 270.

Alperstein, Neil M. (1991), "Imaginary Social Relationships with Celebrities Appearing in Television Commercials", *Journal of Broadcasting & Electronic Media*, 35(1), 43 - 58.

Argo, Jennifer, Rhui Zhui and Darren W. Dahl (2008), "Fact or Fiction: An Investigation of Empathy Differences in Response to Emotional Melodramatic Entertainment", *Journal of Consumer Research*, 34(3), 614 - 623.

Arsena, Ashley, David H. Silvera and Mario Pandalaere (2014), "Brand Trait Transfer-ence: When Celebrity Endorsers Acquire Brand Personality Traits", *Journal of Business Research*, 67, 1537 - 1543.

Baltin, Steve (2004), "Jena Malone's Learning Curve: The Former Child Star Graduates to Leading Lady in *Saved!*", *Venice: Los Angeles Arts & Entertainment*, 15(May), 54 – 60.

Banister, Emma N. and Hayley L. Cocker (2014), "A Cultural Exploration of Consumers'Interactions and Relationships with Celebrities", *Journal of Marketing Management*, 30(1 – 2), 1 – 29.

Barbas, Samantha (2001), *Movie Crazy: Fans, Stars and the Cult of Celebrity*, New York: Palgrave Macmillan.

Barron, Lee (2015), *Celebrity Cultures: An Introduction*, London: Sage.

Basil, Michael D. (2001), "The Film Audience: Theater versus Video Consumers", *Advances in Consumer Research*, 28, 349 – 352.

Basuroy, Suman and Subimal Chatterjee (2008), "Fast and Frequent: Investigating Box Office Revenues of Motion Picture Sequels", *Journal of Business Research*, 61(8), 798 – 803.

Basuroy, Suman, Subimal Chatterjee and S. Abraham Ravid (2003), "How Critical Are Critical Reviews? The Box Office Effects of Film Critics, Star Power and Budgets", *Journal of Marketing*, 67(1), 103 – 117.

Batat, Wided and Markus Wohlfeil (2009), "Getting Lost *'Into the Wild'*: Understanding Consumers' Movie Enjoyment Through a Narrative Transportation Approach", *Advances in Consumer Research*, 36, 372 – 377.

Baudrillard, Jean (1970/2017), *The Consumer Society: Myths and Structures, Revised Edition*, London: Sage.

Beckwith, Douglas C. (2009), "Values of Protagonists in Best Pictures and Blockbusters: Implications for Marketing", *Psychology & Marketing*, 26(5), 445 – 469.

Beeton, S. (2015), *Travel, Tourism and the Moving Image*, Bristol: Channel View.

Belk, Russell W., Melanie Wallendorf and John F. Sherry Jr. (1989), "The Sacred and the Profane in Consumer Behavior: Theodicy from the Odyssey", *Journal of Consumer Research*, 16(1), 1 - 38.

Beltran, Mary C. (2006), "The Hollywood Latina Body as Site of Social Struggle: Media Constructions of Stardom and Jennifer Lopez's 'Cross-Over Butt' ", in *Stardom and Celebrity: A Reader*, (Eds.) Redmond, Sean and Su Holmes, London: Sage, 275 - 286.

Benjamin, Walter (2006), "The Work of Art in the Age of Mechanical Reproduction", in *Stardom and Celebrity: A Reader*, (Eds.) Redmond, Sean and Su Holmes, London: Sage, 25 - 33.

Bielby, Denise D., C. Lee Harrington and William T. Bielby (1999), "Whose Stories Are They? Fans' Engagement with Soap Opera Narratives in Three Sites of Fan Activity", *Journal of Broadcasting & Electronic Media*, 43(1), 35 - 45.

Boorstin, Daniel J. (1961), *The Image: A Guide to Pseudo-Events in America*, New York: Schuster & Schuster.

Bourdieu, Pierre (1984/2010), *Distinction: A Social Critique of the Judgement of Taste*, New York: Routledge.

Brink, Rob (2008), "Jena Malone and her Orgy of Talents", *MissBehave*, 6, 60 - 62.

Briscoe, Joanna (2005), "A Costume Drama with Muddy Hems", *Culture (Sunday Times Supplement)*, 31 July 2005, 6 - 7.

Brooker, Will (2005), "It Is Love: The Lewis Carroll Society as a Fan Community", *American Behavioral Scientist*, 48(7), 859 - 880.

Brower, Sue (1992), "Fans as Tastemakers: Viewers for Quality Television", in *The Adoring Audience: Fan Culture and Popular Media*, (Ed.) Lewis, Lisa A., London: Routledge, 163 - 184.

Brown, Stephen (1998a), "Romancing the Market: Sex, Shopping and Subjective Personal Introspection", *Journal of Marketing Management*, 14(7 - 8), 783 - 798.

Brown, Stephen (1998b), "The Wind in the Wallows: Literary Theory, Autobiographical Criticism and Subjective Personal Introspection", *Advances in Consumer Research*, 25, 25 – 30.

Brown, Stephen (2002), "Who Moved My Muggle? Harry Potter and the Marketing Imaginarium", *Marketing Intelligence & Planning*, 20(3), 134 – 148.

Brown, Stephen (2005), *Wizard! Harry Potter's Brand Magic*, London: Cyan.

Brown, Stephen (2006), "Rattles from the Swill Bucket", in *Consuming Books: The Marketing and Consumption of Literature*, (Ed.) Brown, Stephen, Abingdon, Oxon: Routledge, 1 – 17.

Brown, Stephen (2007), "Harry Potter and the Fandom Menace", in *Consumer Tribes*, (Eds.) Cova, Bernard, Robert V. Kozinets and Avi Shankar, Oxford: Butterworth-Heinemann, 177 – 193.

Brown, Stephen, Lorna Stevens and Pauline Maclaran (1999), "I Can't Believe It's Not Bakhtin!: Literary Theory, Postmodern Advertising, and the Gender Agenda", *Journal of Advertising*, 28(1), 11 – 24.

Browne, Jeffrey A. (1997), "Comic Book Fandom and Cultural Capital", *Journal of Popular Culture*, 30(4), 13 – 31.

Calhoun, Dave (2003), "From *Stepmom* to *Donnie Darko*: Jena Malone's LA Story", *Dazed & Confused*, 2(3), 66 – 69.

Cashmore, Ellis (2006), *Celebrity/Culture*, Abingdon, Oxon: Routledge.

Chen Yu (2009), "Possession and Access: Consumer Desires and Value Perceptions Regarding Contemporary Art Collection and Exhibit Visits", *Journal of Consumer Research*, 35(6), 925 – 940.

Chory-Assad, Rebecca M. and Ashley Yanen (2005), "Hopelessness and Loneliness as Predictors of Older Adults' Involvement with Favorite Television Performers", *Journal of Broadcasting & Electronic Media*, 49(2), 182 – 201.

Cicioni, Mirna (1998), "Male Pair-Bonds and Female Desire in Fan Slash Writings", in *Theorizing Fandom: Fans, Subculture and Identity*, (Eds.) Harris, Cheryl and Alison Alexander, Cresskill, NJ: Hampton, 153 - 177.

Cocker, Hayley L., Emma N. Banister and Maria Piacentini (2015), "Producing and Con-suming Celebrity Identity Myths: Unpacking the Classed Identities of Cheryl Cole and Katie Price", *Journal of Marketing Management*, 31(5 - 6), 502 - 524.

Cohen, Jonathan (2001), "Defining Identification: A Theoretical Look at the Identification of Audiences with Media Characters", *Mass Communication & Society*, 4(3), 245 - 264.

Cohen, Scott Lyle (2002), "Jena Malone: Emancipated at 15, Can She Do the Same for the Movies?", *Interview*, March, 128 - 133.

Cooper-Martin, Elizabeth (1991), "Consumers and Movies: Some Findings on Experiential Products", *Advances in Consumer Research*, 18, 372 - 378.

Cousins, Mark (2011), *The Story of Film*. London: Anova Pavilion.

Cova, Bernard (1998), "From Marketing to Societing: When the Link Is More Important than the Thing", in *Rethinking Marketing: Towards Critical Marketing Accountings*, (Eds.) Brownlie, Douglas, Michael Saren, Robin Wensley & Richard Whittington, London: Sage, 64 - 83.

Cova, Bernard, Stefano Pace and David J. Park (2007), "Global Brand Communities across Borders: The Warhammer Case", *International Marketing Review*, 24(3), 313 - 329.

Cuadrado, Manuel and Marta Frasquet (1999), "Segmentation of Cinema Audiences: An Exploratory Study Applied to Young Consumers", *Journal of Cultural Economics*, 23, 257 - 267.

Cusack, Maurice, Gavin Jack and Donncha Kavanagh (2003), "Dancing with

Discrimination: Managing Stigma and Identity", *Culture & Organisation*, 9(4), 295 – 310.

De Certeau, Michel (1984/2002), *The Practice of Everyday Life*, Berkeley: University of California Press.

De Cordova, Richard (1991), "The Emergence of the Star System in America", in *Stardom: Industry of Desire*, (Ed.) Gledhill, Christine, London: Routledge, 17 – 29.

De Cordova, Richard (2006), "The Discourse on Acting", in *The Celebrity Culture Reader*, (Ed.) Marshall, P. David, New York: Routledge, 91 – 107.

Derbaix, Christian, Alain Decrop and Olivier Cabossart (2002), "Colors and Scarves: The Symbolic Consumption of Material Possessions of Soccer Fans", *Advances in Consumer Research*, 29, 511 – 518.

De Vany, Arthur (2004), *Hollywood Economics: How Extreme Uncertainty Shapes the Film Industry*, New York: Routledge.

De Vany, Arthur and W. David Walls (2002), "Does Hollywood Make Too Many R-Rated Movies? Risk, Stochastic Dominance and the Illusion of Expectation", *Journal of Business*, 75(3), 425 – 451.

Dickson, Paul (1989), *The Dickson Baseball Dictionary*, New York: Facts on File Inc.

Dietz, Park Elliot, Daryl B. Matthews, Cindy van Duyne, Daniel Allen Martell, Charles D. H. Parry, Tracey Stewart, Janet Warren and J. Douglas Crowder (1991), "Threatening and Otherwise Inappropriate Letters to Hollywood Celebrities", *Journal of Forensic Sciences*, 36(1), 185 – 209.

Dietz-Uhler, Elizabeth, Elisabeth A. Harrick, Christian End and Lindy Jacquemotte (2000), "Sex Differences in Sport Fan Behaviour and Reasons for Being a Sport Fan", *Journal of Sport Behaviour*, 23(3), 219 – 231.

Droste, Wiglaf (1995), *Die Schweren Jahre ab 33*, Berlin: Fr ü hstyxradio.

Duffett, Mark (2013), *Understanding Fandom: An Introduction to the Study of Media Fan Culture*, New York: Bloomsbury.

Dyer, Richard (1998), *Stars, New Edition*, London: British Film Institute.

Dyer, Richard (2000), "Introduction to Film Theory", in *Film Studies: Critical Approaches*, (Eds.) Hill, John and Paula Church Gibson, Oxford: Oxford University Press, 4 – 19.

Eagar, Toni and Andrew Lindridge (2014), "Becoming Iconic: David Bowie from Man to Icon", *Advances in Consumer Research*, 42, 302 – 306.

Ehrenreich, Barbara, Elizabeth Hess and Gloria Jacobs (1992), "Beatlemania: Girls Just Want to Have Fun", in *The Adoring Audience: Fan Culture and Popular Media*, (Ed.) Lewis, Lisa A., London: Routledge, 84 – 106.

Elberse, Anita (2007), "The Power of Stars: Do Star Actors Drive the Success of Movies?", *Journal of Marketing*, 71(1), 102 – 120.

Elberse, Anita (2014), *Blockbusters: Why Big Hits – and Big Risks – Are the Future of the Entertainment Business*, London: Faber & Faber.

Eliashberg, Jehoshua, Anita Elberse and Mark A. A. M. Leenders (2006), "The Motion Picture Industry: Critical Issues in Practice, Current Research and New Research Directions", *Marketing Science*, 25(6), 638 – 661.

Eliashberg, Jehoshua, Sam K. Hui and Z. John Zhang (2007), "From Story Line to Box Office: A New Approach for Green-Lighting Movie Scripts", *Management Science*, 53(6), 881 – 893.

Eliashberg, Jehoshua and Mohanbir S. Sawhney (1994), "Modelling Goes to Hollywood: Predicting Individual Differences in Movie Enjoyment", *Management Science*, 40(9), 1151 – 1173.

Eliashberg, Jehoshua and Steven M. Shugan (1997), "Film Critics: Influencers or Predic-tors?", *Journal of Marketing*, 61(1), 68 – 78.

Ellis, Carolyn (1991), "Sociological Introspection and Emotional Experience", *Symbolic Interaction*, 14(1), 23 – 50.

Ellis, Carolyn (1995), "The Other Side of the Fence: Seeing Black and White in a Small Southern Town", *Qualitative Inquiry*, 1(2), 147 – 167.

Ellis, Carolyn (2002), "Shattered Lives: Making Sense of September 11th and Its Aftermath", *Journal of Contemporary Ethnography*, 31(4), 375 – 410.

Ellis, Carolyn and Tony E. Adams (2014), "The Purposes, Practices and Principles of Autoethnographic Research", in *The Oxford Handbook of Qualitative Research*, (Ed.) Leavy, Paul, New York: Oxford University Press, 254 – 276.

Epstein, Edward J. (2005), *The Big Picture: Money and Power in Hollywood*, New York: Random House.

Epstein, Edward J. (2012), *The Hollywood Economist 2.0: The Hidden Financial Realities behind the Movies*. Brooklyn, NY: Melville House.

Erdogan, B. Zafer (1999), "Celebrity Endorsement: A Literature Review", *Journal of Marketing Management*, 16(4), 291 – 314.

Escalas, Jennifer Edson (2004), "Imagine Yourself in the Product: Mental Simulation, Narrative Transportation and Persuasion", *Journal of Advertising*, 33(2), 37 – 48.

Escalas, Jennifer Edson and Barbara B. Stern (2003), "Sympathy and Empathy: Emotional Responses to Advertising Dramas", *Journal of Consumer Research*, 29(4), 566 – 578.

Ferguson, Brooks (2009), "Creativity and Integrity: Marketing the 'In Development' Screenplay", *Psychology & Marketing*, 26(5), 421 – 444.

Fillis, Ian and Craig Mackay (2014), "Moving Beyond Fan Typologies: The Impact of Social Integration on Team Loyalty in Football", *Journal of Marketing Management*, 30(3 – 4), 334 – 363.

Fiske, John (1992), "The Cultural Economy of Fandom", in *The Adoring Audience:*

Fan Culture and Popular Media, (Ed.) Lewis, Lisa A., London: Routledge, 30 - 49.

Fornerino, Marianela, Agnes Helme-Guizon and David Gotteland (2008), "Movie Consumption Experience and Immersion: Impact on Satisfaction", *Recherche et Applications en Marketing*, 23(3), 93 - 109.

Gabler, Noel (1998), *Life: The Movie - How Entertainment Conquered Reality*, New York: Vintage.

Gadamer, Hans-Georg (1989/2004), *Truth and Method, 2nd Edition*, London: Continuum.

Gaines, Jane M. (2000), "Dream/Factory", in *Reinventing Film Studies*, (Eds.) Gledhill, Christine and Linda Williams, London: Arnold, 100 - 113.

Gamson, Joshua (2006), "The Assembly Line of Greatness: Celebrity in Twentieth Century America", in *Stardom and Celebrity: A Reader*, (Eds.) Redmond, Sean and Su Holmes, London: Sage, 141 - 155.

Gazley, Aaron, Gemma Clark and Ashish Sinha (2010), "Understanding Preferences for Motion Pictures", *Journal of Business Research*, 64, 854 - 861.

Geertz, Clifford (1973/2000), *The Interpretation of Cultures, New Edition*, New York: Basic Books.

Geraghty, Christine (2000), "Re-Examining Stardom: Questions of Texts, Bodies and Performance", in *Reinventing Film Studies*, (Eds.) Gledhill, Christine and Linda Williams, London: Arnold, 183 - 201.

Geraghty, Christine (2003), "Performing as a Lady and a Dame: Reflections on Acting and Genre", in *Contemporary Hollywood Stardom*, (Eds.) Austin, Thomas and Martin Barker, London: Arnold, 105 - 117.

Gerrig, Richard J. (1993), *Experiencing Narrative Worlds: On the Psychological Activities of Reading*, New Haven, CT: Yale University.

Giles, David C. (2006), "The Quest for Fame", in *The Celebrity Culture Reader*, (Ed.) Marshall, P. David, New York: Routledge, 470－486.

Giles, David C. and John Maltby (2004), "The Role of Media Figures in Adolescent Development: Relations between Autonomy, Attachment and Interest in Celebrities", *Personality & Individual Differences*, 36, 813－822.

Glass, Loren (2016), "Brand Names: A Brief History of Literary Celebrity", in *A Companion to Celebrity*, (Eds.) Marshall, P. David and Sean Redmond, Oxford: Wiley, 39－57.

Gould, Stephen J. (1991), "The Self-Manipulation of My Pervasive, Perceived Vital Energy through Product Use: An Introspective-Praxis Perspective", *Journal of Consumer Research*, 18(2), 194－207.

Gould, Stephen J. (1993), "The Circle of Projection and Introjection: An Introspective Investigation of a Proposed Paradigm Involving the Mind as 'Consuming Organ'", *Research in Consumer Behaviour*, 6, 185－230.

Gould, Stephen J. (1995), "Researcher Introspection as a Method in Consumer Research: Applications, Issues and Implications", *Journal of Consumer Research*, 21(4), 719－722.

Gould, Stephen J. (2006), "Unpacking the Many Faces of Introspective Consciousness: A Metacognitive-Poststructuralist Exercise", in *Handbook of Qualitative Research Methods in Marketing*, (Ed.) Belk, Russell W., Cheltenham: Edward Elgar, 186－197.

Gould, Stephen J. (2008), "An Introspective Genealogy of My Introspective Genealogy", *Marketing Theory*, 8(4), 407－424.

Goulding, Christina (2005), "Grounded Theory, Ethnography and Phenomenology: A Comparative Analysis of Three Qualitative Strategies for Marketing Research", *European Journal of Marketing*, 39(3－4), 294－308.

Green, Melanie C. and Timothy C. Brock (2000), "The Role of Transportation in the Persuasiveness of Public Narratives", *Journal of Personality & Social Psychology*, 79(5), 701 – 721.

Green, Melanie C., Timothy C. Brock and Geoff F. Kaufman (2004), "Understanding Media Enjoyment: The Role of Transportation into Narrative Worlds", *Communication Theory*, 14(4), 311 – 327.

Grossberg, Lawrence (1992), "Is There a Fan in the House? The Affective Sensibility of Fandom", in *The Adoring Audience: Fan Culture and Popular Media*, (Ed.) Lewis, Lisa A., London: Routledge, 50 – 65.

Hackley, Chris and Rungpaka Amy Hackley (2015), "Marketing and the Cultural Production of Celebrity in the Era of Media Convergence", *Journal of Marketing Management*, 31(5 – 6), 461 – 478.

Hansen, Miriam (1986), "Pleasure, Ambivalence, Identification: Valentino and Female Spectatorship", *Cinema Journal*, 25(4), 6 – 32.

Hart, Andrew, Finola Kerrigan and Dirk von Lehm (2016), "Experiencing Film: Subjective Personal Introspection and Popular Film Consumption", *International Journal of Research in Marketing*, 33(2), 375 – 391.

Haskell, Molly (1999), "Female Stars in the 1940s", in *Film Theory and Criticism: Introductory Readings, 5th Edition*, (Eds.) Braudy, Leo and Marshall Cohen, New York: Oxford University, 562 – 575.

Hastings, Michael (2004), "This Isn't a Guy's World: Jena Malone's Declarations of Independence", *Venus*, 19(June), 54 – 56.

Hede, Anne-Marie and Maree Thyne (2010), "A Journey to the Authentic: Museum Visitors and Their Negotiation of the Inauthentic", *Journal of Marketing Management*, 26(7 – 8), 686 – 705.

Heidegger, Martin (1927/2001), *Sein und Zeit*, Tübingen: Max Niemeyer.

Hennig-Thurau, Thorsten, Victor Henning and Henrik Sattler (2007), "Consumer File Sharing of Motion Pictures", *Journal of Marketing*, 71(1), 1 – 18.

Hennig-Thurau, Thorsten, Gianfranco Walsh and Matthias Bode (2004), "Exporting Media Products: Understanding the Success and Failure of Hollywood Movies in Germany", *Advances in Consumer Research*, 31, 633 – 638.

Hennig-Thurau, Thorsten and Oliver Wruck (2000), "Warum wir ins Kino gehen: Erfolgsfaktoren von Kinofilmen", *Marketing: Zeitschrift für Forschung und Praxis*, 22(3), 241 – 256.

Henry, Paul and Marylouise Caldwell (2007), "Imprinting, Incubation and Intensification: Factors Contributing to Fan-Club Formation and Continuance", in *Consumer Tribes*, (Eds.) Cova, Bernard, Robert V. Kozinets and Avi Shankar, Oxford: Butterworth-Heinemann, 163 – 173.

Hermes, Joke (2006), "Reading Gossip Magazines: The Imagined Communities of 'Gossip' and 'Camp'", in *The Celebrity Culture Reader*, (Ed.) Marshall, P. David, New York: Routledge, 291 – 310.

Hermes, Joke and Jaap Kooijman (2016), "The Everyday Use of Celebrities", in *A Companion to Celebrity*, (Eds.) Marshall, P. David and Sean Redmond, Oxford: Wiley, 483 – 496.

Herrmann, Andrew F. (2012), "Never Mind the Scholar, Here's the Old Punk: Identity, Community and the Ageing Music Fan", *Studies in Symbolic Interaction*, 39, 153 – 170.

Hewer, Paul and Kathy Hamilton (2012a), "On Consuming Celebrities: The Case of the Kylie E-Community", *Advances in Consumer Research*, 38, 274 – 280.

Hewer, Paul and Kathy Hamilton (2012b), "Exhibitions and the Role of Fashion in the Sustenance of the Kylie Brand Mythology: Unpacking the Spatial Logic of Celebrity Culture", *Marketing Theory*, 12(4), 411 – 425.

Hills, Matthew (2002), *Fan Cultures*, London: Routledge.

Hills, Matthew (2016), "From Parasocial to Multisocial Interaction: Theorizing Material/Digital Fandom and Celebrity", in *A Companion to Celebrity*, (Eds.) Marshall, P. David and Sean Redmond, Oxford: Wiley, 463 – 482.

Hirschman, Elizabeth C. (1987), "Movies as Myths: An Interpretation of Motion Picture Mythology", in *Marketing & Semiotics: New Directions in the Study of Signs for Sale*, (Ed.) Umiker-Sebeok, Jean, Berlin: Mouton de Gruyter, 335 – 374.

Hirschman, Elizabeth C. (1988), "The Ideology of Consumption: A Structural-Syntactical Analysis of Dallas and Dynasty", *Journal of Consumer Research*, 15(3), 344 – 359.

Hirschman, Elizabeth C. (1992), "Mundane Consumption: The Cinematic Depiction of Cocaine Consumption", *Advances in Consumer Research*, 19, 424 – 428.

Hirschman, Elizabeth C. (1993), "Consumer Behaviour Meets the Nouvelle Femme: Feminist Consumption at the Movies", *Advances in Consumer Research*, 20, 41 – 47.

Hirschman, Elizabeth C. (1999), "Applying Reader-Response Theory to a Television Program", *Advances in Consumer Research*, 26, 549 – 554.

Hirschman, Elizabeth C. (2000a), *Heroes, Monsters and Messiahs: Movies and Television Shows as the Mythology of American Culture*, Kansas City: Andrews McMeel.

Hirschman, Elizabeth C. (2000b), "Consumers' Use of Intertextuality and Archetypes", *Advances in Consumer Research*, 27, 57 – 63.

Hirschman, Elizabeth C. and Morris B. Holbrook (1992), *Postmodern Consumer Research: The Study of Consumption as Text*, London: Sage.

Hirschman, Elizabeth C. and Barbara B. Stern (1994), "Women as Commodities:

Prostitution as Depicted in *The Blue Angel*, *Pretty Baby* and *Pretty Woman*",
Advances in Consumer Research, 21, 576 - 581.

Holbrook, Morris B. (1986), "I'm Hip: An Autobiographical Account of Some Musical
Consumption Experiences", *Advances in Consumer Research*, 13, 614 - 618.

Holbrook, Morris B. (1987), "An Audiovisual Inventory of Some Fanatic Consumer
Behavior: The 25-Cent Tour of a Jazz Collector's Home", *Advances in
Consumer Research*, 14, 144 - 149.

Holbrook, Morris B. (1988), "Consumption Symbolism and the Meaning in Works of
Art: A Paradigmatic Case", *European Journal of Marketing*, 22(7), 19 - 36.

Holbrook, Morris B. (1991), "From the Log of a Consumer Researcher: Reflections
on the Odyssey", in *Highways and Buyways: Naturalistic Research from the
Consumer Behavior Odyssey*, (Ed.) Belk, Russell W., Duluth, MN: Association
for Consumer Research, 14 - 33.

Holbrook, Morris B. (1993), "Nostalgia and Consumption Preferences: Some
Emerging Patterns of Consumer Tastes", *Journal of Consumer Research*, 20(2),
245 - 256.

Holbrook, Morris B. (1995), *Consumer Research: Introspective Essays on the Study of
Consumption*, Thousand Oaks, CA: Sage.

Holbrook, Morris B. (1999), "Popular Appeal versus Expert Judgements of Motion
Pictures", *Journal of Consumer Research*, 26(2), 144 - 155.

Holbrook, Morris B. (2005), "Customer Value and Autoethnography: Subjective
Personal Introspection and the Meanings of a Photograph Collection", *Journal of
Business Research*, 58(1), 45 - 61.

Holbrook, Morris B. (2006), "Photo Essays and Mining of Minutiae in Consumer
Research: 'bout the Time I got to Phoenix'", in *Handbook of Qualitative
Research Methods in Marketing*, (Ed.) Belk, Russell W., Cheltenham: Edward

Elgar, 476 - 493.

Holbrook, Morris B. (2011), *Music, Movies, Meanings and Markets: Cinemajazzamatazz*, New York: Routledge.

Holbrook, Morris B., Stephen Bell and Mark W. Grayson (1989), "The Role of the Humanities in Consumer Research: Close Encounters and Coastal Disturbances", in *Interpretive Consumer Research*, (Ed.) Hirschman, Elizabeth C., Duluth, MN: Association for Consumer Research, 29 - 47.

Holbrook, Morris B. and Mark W. Grayson (1986), "The Semiology of Cinematic Consumption: Symbolic Consumer Behaviour in *Out of Africa*", *Journal of Consumer Research*, 13(3), 374 - 381.

Holbrook, Morris B. and Elizabeth C. Hirschman (1982), "The Experiential Aspects of Consumption: Consumer Fantasies, Feelings and Fun", *Journal of Consumer Research*, 9(2), 132 - 140.

Holbrook, Morris B. and Elizabeth C. Hirschman (1993), *The Semiotics of Consumption: Interpreting Symbolic Consumer Behaviour in Popular Culture and Works of Art*, New York: Mouton de Gruyter.

Hollinger, Karen (2006), *The Actress: Hollywood Acting and the Female Star*, New York: Routledge.

Holt, Douglas (1998), "Does Cultural Capital Structure American Consumption?", *Journal of Consumer Research*, 25(1), 1 - 26.

Horton, Donald and R. Richard Wohl (1956), "Mass Communication and Parasocial Interaction", *Psychiatry*, 19(1), 215 - 229.

Houlberg, Rick (1984), "Local Television News Audience and the Parasocial Interaction", *Journal of Broadcasting*, 28(4), 423 - 429.

Huffer, Ian (2003), "What Interest Does a Fat Stallone Have for an Action Fan?: Male Film Audiences and the Structuring of Stardom", in *Contemporary Hollywood*

Stardom, (Eds.) Austin, Thomas and Martin Barker, London: Arnold, 155 – 166.

Hunt, Kenneth A., Terry Bristol and R. Edward Bashaw (1999), "A Conceptual Approach to Classifying Sports Fans", *Journal of Services Marketing*, 13(6), 439 – 452.

Husserl, Edmund (1985), *Die Phänomenologische Methode: Ausgewählte Texte I*, Stuttgart: Reclam.

Husserl, Edmund (1986), *Phänomenologie der Lebenswelt: Ausgewählte Texte II*, Stuttgart: Reclam.

Hyman, Michael R. and Jeremy J. Sierra (2010), "Idolizing Sport Celebrities: A Gateway to Psychopathology?", *Young Consumers*, 11(3), 226 – 238.

Jaeckel, Anne (2003), *European Film Industries*, London: British Film Institute.

James, Jeffrey D. and Lynn L. Ridinger (2002), "Female and Male Sport Fans: A Comparison of Sport Consumption Motives", *Journal of Sport Behaviour*, 25(3), 261 – 278.

Jankovich, Mark (2002), "Cult Fictions: Cult Movies, Subcultural Capital and the Production of Cultural Distinctions", *Cultural Studies*, 16(2), 306 – 322.

Jansen, Christian (2005), "The Performance of German Motion Pictures, Profits and Subsidies: Some Empirical Evidence", *Journal of Cultural Economics*, 29, 191 – 212.

Jenkins, Henry (1992), *Textual Poachers: Television Fans and Participatory Culture*, London: Routledge.

Jenkins, Henry (2000), "Reception Theory and Audience Research: The Mystery of the Vampire's Kiss", in *Reinventing Film Studies*, (Eds.) Gledhill, Christine and Linda Williams, London: Arnold, 165 – 182.

Jenson, Joli (1992), "Fandom as Pathology: The Consequences of Characterization", in *The Adoring Audience: Fan Culture and Popular Media*, (Ed.) Lewis, Lisa A.,

London: Routledge, 9 - 29.

Jindra, Michael (1994), "Star Trek Fandom as a Religious Phenomenon", *Sociology of Religion*, 55(1), 27 - 51.

Kanai, Akane (2015), "Jennifer Lawrence, Remixed: Approaching Celebrity through DIY Digital Culture", *Celebrity Studies*, 6(3), 322 - 340.

Karniol, Rachel (2001), "Adolescent Females' Idolization of Male Media Stars as a Transition into Sexuality", *Sex Roles*, 44(1 - 2), 61 - 77.

Kerrigan, Finola (2010), *Film Marketing*, Oxford: Elsevier Butterworth-Heinemann.

Kerrigan, Finola and Mustafa F. Özbilgin (2004), "Film Marketing in Europe: Bridging the Gap Between Policy and Practice", *International Journal of Non-Profit & Voluntary Sector Marketing*, 9(3), 229 - 237.

King, Barry (1991), "Articulating Stardom", in *Stardom: Industry of Desire*, (Ed.) Gledhill, Christine, London: Routledge, 167 - 182.

King, Barry (2011), "Stardom, Celebrity and the Para-Confession", in *The Star and Celebrity Confessional*, (Ed.) Redmond, Sean, Abingdon: Routledge, 7 - 24.

King, Geoff (2003), "Stardom in the Willennium", in *Contemporary Hollywood Stardom*, (Eds.) Austin, Thomas and Martin Barker, London: Arnold, 62 - 73.

Kirkland, Ewan (2003), "Peter Pan's My Dad?!? The Man-Child Persona of Robin Williams", in *Contemporary Hollywood Stardom*, (Eds.) Austin, Thomas and Martin Barker, London: Arnold, 243 - 254.

Kochberg, Searie (2007), "The Industrial Contexts of Film Production", in *An Introduction to Film Studies, 4th Edition*, (Ed.) Nelmes, Jill, London: Routledge, 24 - 58.

Kozinets, Robert V. (1997), "I Want to Believe: A Netnography of The X-Philes' Subculture of Consumption", *Advances in Consumer Research*, 24, 470 - 475.

Kozinets, Robert V. (2001), "Utopian Enterprise: Articulating the Meanings of Star

Trek's Culture of Consumption", *Journal of Consumer Research*, 28(1), 67 - 88.

Krämer, Peter (2003), "A Woman in a Male-Dominated World: Jodie Foster, Stardom and 90s Hollywood", in *Contemporary Hollywood Stardom*, (Eds.) Austin, Thomas and Martin Barker, London: Arnold, 201 - 214.

Kreimeier, Klaus (1996), *The UFA Story: A History of Germany's Greatest Film Company 1918 - 1945*, München: Carl Hanser Velag.

Lacey, Joanne (2003), "A Galaxy of Stars to Guarantee Ratings: Made-For-Television Movies and the Female Star System", in *Contemporary Hollywood Stardom*, (Eds.) Austin, Thomas and Martin Barker, London: Arnold, 187 - 198.

Lanier Jr., Clinton D. and Hope Jensen Schau (2007), "Culture and Co-Creation: Exploring Consumers' Inspirations and Aspirations for Writing and Posting On-Line Fan Fiction", *Research in Consumer Behaviour*, 11, 321 - 342.

Larsen, Gretchen, Rob Lawson and Sarah Todd (2010), "The Symbolic Consumption of Music", *Journal of Marketing Management*, 26(7 - 8), 671 - 685.

Leets, Laura, Gavin de Becker and Howard Giles (1995), "Fans: Exploring Expressed Motivations for Contacting Celebrities", *Journal of Language & Social Psychology*, 14(1 - 2), 102 - 123.

Lehmann, Donald R. and Charles B. Weinberg (2000), "Sales through Sequential Distribution Channels: An Application to Movies and Videos", *Journal of Marketing*, 64(1), 18 - 33.

Levin, Aaron M., Irwin P. Levin and C. Edward Heath (1997), "Movie Stars and Authors as Brand Names: Measuring Brand Equity in Experiential Products", *Advances in Consumer Research*, 24, 175 - 181.

Levy, Emanuel (1989), "The Democratic Elite: America's Movie Stars", *Qualitative Sociology*, 12(1), 29 - 54.

Lewis, Lisa A. (1992), "Something More Than Love: Fan Stories on Film", in *The*

Adoring Audience: Fan Culture and Popular Media, (Ed.) Lewis, Lisa A., London: Routledge, 135 – 159.

Liu Yong (2006), "Word of Mouth for Movies: Its Dynamics and Impact on Box Office Revenue", *Journal of Marketing*, 70(1), 74 – 89.

Lovell, Alan (2003), "I Went in Search of Deborah Kerr, Jodie Foster and Julianne Moore But Got Waylaid…", in *Contemporary Hollywood Stardom*, (Eds.) Austin, Thomas and Martin Barker, London: Arnold, 259 – 270.

Lowenthal, Leo (2006), "The Triumph of Mass Idols", in *The Celebrity Culture Reader*, (Ed.) Marshall, P. David, New York: Routledge, 124 – 152.

Luo Lan, Chen Xinlei, Jeanie Han and C. Whan Park (2010), "Dilution and Enhancement of Celebrity Brands Through Sequential Movie Releases", *Journal of Marketing*, 74(6), 1114 – 1128.

Lyon, Josh (2008), "Miss Independence: Quirky, Charming Actress Jena Malone Has Never Followed Anyone's Rules", *Page Six Magazine*, 1 June, 14 – 17.

MacCannell, Dean (1973), "Staged Authenticity: Arrangements of Social Space in Tourism Settings", *American Journal of Sociology*, 79(3), 357 – 361.

Maltby, John, Liza Day, Lynn E. McCutcheon, Raphael Gilett, James Houran and Diane D. Ashe (2004), "Personality and Coping: A Context for Examining Celebrity Worship and Mental Health", *British Journal of Psychology*, 95, 411 – 428.

Marchand, Andre, Thorsten Hennig-Thurau and Sabine Best (2015), "When James Bond Shows off his Omega: Does Product Placement Affect Its Media Host?", *European Journal of Marketing*, 49(9 – 10), 1666 – 1685.

Marshall, P. David (1997), *Celebrity and Power: Fame in Contemporary Culture*, Min-neapolis, MN: University of Minnesota.

Marwick, Alice E. (2016), "You May Know Me from YouTube: (Micro–)Celebrity in

Social Media", in *A Companion to Celebrity*, (Eds.) Marshall, P. David and Sean Redmond, Oxford: Wiley Blackwell, 333 – 350.

McAlexander, James H., John W. Schouten and Harold F. Koenig (2002), "Building Brand Community", *Journal of Marketing*, 66(1), 38 – 54.

McCracken, Grant (1989), "Who is the Celebrity Endorser? Cultural Foundations of the Endorsement Process", *Journal of Consumer Research*, 16(3), 310 – 321.

McCutcheon, Lynn E., Diane D. Ashe, James Houran and John Maltby (2003), "A Cognitive Profile of Individuals Who Tend to Worship Celebrities", *Journal of Psychology*, 137(4), 309 – 322.

McCutcheon, Lynn E., Rense Lange and James Houran (2002), "Conceptualization and Measurement of Celebrity Worship", *British Journal of Psychology*, 93(1), 67 – 87.

McCutcheon, Lynn E., Vann B. Scott Jr., Mara S. Arugate and Jennifer Parker (2006), "Exploring the Link Between Attachment and the Inclination to Obsess About or Stalk Celebrities", *North American Journal of Psychology*, 8(2), 289 – 300.

McDonald, Paul (2000), *The Star System: Hollywood's Production of Popular Identities*, London: Wallflower.

McDonald, Paul (2003), "Stars in the Online Universe: Promotion, Nudity, Reverence", in *Contemporary Hollywood Stardom*, (Eds.) Austin, Thomas and Martin Barker, London: Arnold, 29 – 44.

McDonald, Paul (2008), "The Star System: The Production of Hollywood Stardom in the Post-Studio Era", in *The Contemporary Hollywood Film Industry*, (Eds.) McDonald, Paul and Janet Wasko, Oxford: Blackwell, 167 – 181.

McLeod, Kembrew (2006), "The Private Ownership of People", in *The Celebrity Culture Reader*, (Ed.) Marshall, P. David, New York: Routledge, 649 – 665.

Merleau-Ponty, Maurice (1962/2002), *Phenomenology of Perception*, New York:

Routledge.

Mick, David G. (1986), "Consumer Research and Semiotics: Exploring the Morphology of Signs, Symbols and Significance", *Journal of Consumer Research*, 13(2), 196 – 213.

Miller, Ken (2006), "Jena Malone: I Find Inspiration in the Weirdest and Strangest Places", *Tokion*, 53 (June/July), 34 – 39.

Mills, Scott, Anthony Patterson and Lee Quinn (2015), "Fabricating Celebrity Brands via Scandalous Narrative: Crafting, Capering and Commodifying the Comedian Russell Brand", *Journal of Marketing Management*, 31(5 – 6), 599 – 615.

Misra, Shekhar and Sharon E. Beatty (1990), "Celebrity Spokesperson and Brand Congruence: An Assessment of Recall and Affect", *Journal of Business Research*, 21(2), 159 – 173.

Mulvey, Laura (1975), "Visual Pleasure and Narrative Cinema", *Screen*, 16(3), 6 – 18.

Munsterberg, Hugo (1916), *The Photoplay: A Psychological Study*, New York: Appleton.

Murrell, Audrey J. and Elizabeth Dietz (1992), "Fan Support of Sport Teams: The Effect of a Common Group Identity", *Journal of Sport & Exercise Psychology*, 14(1), 28 – 39.

Newman, George E., Gil Diesendruck and Paul Bloom (2011), "Celebrity Contagion and the Value of Objects", *Journal of Consumer Research*, 38(2), 215 – 228.

Nichols, Bill (2000), "Film Theory and the Revolt against Master Narratives", in *Reinventing Film Studies*, (Eds.) Gledhill, Christine and Linda Williams, London: Arnold, 34 – 52.

Nowell-Smith, Geoffrey (2000), "How Films Mean, or, from Aesthetics to Semiotics and Half-Way Back Again", in *Reinventing Film Studies*, (Eds.) Gledhill, Christine and Linda Williams, London: Arnold, 8 – 17.

Oatley, Keith (1999), "Meeting of Minds: Dialogue, Sympathy and Identification in Reading Fiction", *Poetics*, 26(5 - 6), 439 - 454.

Obst, Lynda (2013), *Sleepless in Hollywood: Tales from the 'New Abnormal' in the Movie Business*, New York: Simon & Schuster.

O'Guinn, Thomas C. (1991), "Touching Greatness: The Central Midwest Barry Manilow Fan Club", in *Highways and Buyways: Naturalistic Research from the Consumer Behaviour Odyssey*, (Ed.) Belk, Russell W., Duluth, MN: Association for Consumer Research, 102 - 111.

O'Reilly, Daragh and Finola Kerrigan (2013), "A View to a Brand: Introducing the Film Brandscape", *European Journal of Marketing*, 47(5 - 6), 769 - 789.

Pachelli, Sarah (2011), "Jena Malone: The Thinking (Wo)Man's Muse", *944*, March, 28 - 31.

Parmentier, Marie-Agnes and Eileen Fischer (2015), "Things Fall Apart: The Dynamics of Brand Audience Dissipation", *Journal of Consumer Research*, 41(5), 1228 - 1250.

Patterson, Anthony (2005), "Processes, Relationships, Settings, Products and Consumers: The Case for Qualitative Diary Research", *Qualitative Market Research: An Inter-national Journal*, 8(2), 142 - 156.

Patterson, Anthony (2009), "Art, Ideology and Introspection", *International Journal of Culture, Tourism & Hospitality Research*, 4(1), 57 - 69.

Patterson, Anthony (2012), "Social-Networkers of the World, Unite and Take Over: A Meta-Introspective Perspective on the Facebook Brand", *Journal of Business Research*, 65(4), 527 - 534.

Pearce, Garth (2005), "Their Naughty Little Sister", *Culture (Sunday Times Supplement)*, 11—September—2005, 16 - 17.

Perkins, Tessa (2000), "Who (and What) Is It For?", in *Reinventing Film Studies*, (Eds.)

Gledhill, Christine and Linda Williams, London: Arnold, 76 – 95.

Phillips, Patrick (2007), "Spectator, Audience and Response", in *An Introduction to Film Studies, 4th Edition*, (Ed.) Nelmes, Jill, London: Routledge, 143 – 171.

Pollack, Sydney (2006), "The Director", in *The Movie Business Book, 3rd International Edition*, (Ed.) Squire, Jason E., Maidenhead, Berks: McGraw-Hill, 25 – 38.

Puttnam, David (2006), "The Producer", in *The Movie Business Book, 3rd International Edition*, (Ed.) Squire, Jason E., Maidenhead, Berks: McGraw-Hill, 14 – 24.

Radford, Scott K. and Peter H. Bloch (2012), "Grief, Commiseration and Consumption Following the Death of a Celebrity", *Journal of Consumer Culture*, 12(2), 137 – 155.

Rambo, Carol (1992), "The Reflexive Self Through Narrative: A Night in the Life of an Erotic Dancer/Researcher", in *Investigating Subjectivity: Research on the Lived Experience*, (Eds.) Ellis, Carolyn and Michael G. Flaherty, London: Sage, 102 – 124.

Rambo, Carol (1996), "My Mother is Mentally Retarded", in *Composing Ethnography: Alternative Forms of Qualitative Writing*, (Eds.) Ellis, Carolyn and Arthur P. Bochner, Walnut Creek, CA: Alta-Mira, 109 – 131.

Rambo, Carol (2005), "Impressions of Grandmother: An Autoethnographic Portrait", *Journal of Contemporary Ethnography*, 34(5), 560 – 585.

Rapp, David N. and Richard J. Gerrig (2002), "Readers' Reality-Driven and Plot-Driven Analyses in Narrative Comprehension", *Memory & Cognition*, 30(5), 779 – 788.

Ravid, S. Abraham (1999), "Information, Blockbusters and Stars: A Study of the Film Industry", *Journal of Business*, 72(4), 463 – 492.

Redmond, Sean (2014), *Celebrity and the Media*, Basingstoke, Hants: Palgrave Macmillan.

Rems, Emily (2004), "Girl Uncorrupted: Jena Malone – Our Fave Screen Teen", *Bust*, Summer, 42 – 47.

Richardson, Brendan and Darach Turley (2006), "Support Your Local Team: Resistance, Subculture and the Desire for Distinction", *Advances in Consumer Research*, 33, 175 – 180.

Richardson, Brendan and Darach Turley (2008), "It's Far More Important than That: Football Fandom and Cultural Capital", *European Advances in Consumer Research*, 8, 33 – 38.

Rojek, Chris (2006), "Celebrity and Religion", in *The Celebrity Culture Reader*, (Ed.) Marshall, P. David, New York: Routledge, 389 – 417.

Rommelmann, Nancy (2000), "Jena at 15: A Childhood in Hollywood", *LA Weekly*, June 16 – 22, available on: www.nancyrommelmann.com/jena.html.

Rotter, Jeffrey (2003), "Goodbye Girl: Why Jena Malone Said 'So Long' to Hollywood and 'Hello' to Homemade Hairdos", *Nylon*, April, 86 – 89.

Rotter, Jeffrey (2004), "What Would Jena Do? Love, Death and Drywall: Actress Jena Malone Solves Life's Enduring Mysteries", *Nylon*, May, 82 – 85.

Rubin, Alan M., Elisabeth M. Pearse and Robert A. Powell (1985), "Loneliness, Parasocial Interaction and Local Television News Viewing", *Human Communication Research*, 12(2), 155 – 180.

Rubin, Rebecca B. and Michael P. McHugh (1987), "Development of Parasocial Interaction Relationships", *Journal of Broadcasting & Electronic Media*, 31(3), 279 – 292.

Russell, Cristel A. and Barbara B. Stern (2006), "Consumers, Characters and Products: A Balance Model of Sitcom Product Placement Effects", *Journal of Advertising*,

35(1), 7 – 21.

Sandvoss, Cornel (2005), "One Dimensional Fan: Toward an Aesthetic of Fan Texts", *American Behavioral Scientist*, 48(7), 822 – 839.

Sandvoss, Cornel (2007), "The Death of the Reader?: Literary Theory and the Study of Texts in Popular Culture", in *Fandom: Identities and Communities in a Mediated World*, (Eds.) Gray, Jonathan, Cornel Sandvoss and C. Lee Harrington, New York: New York Press, 19 – 32.

Schau, Hope Jensen and Albert M. Muniz Jr. (2007), "Temperance and Religiosity in a Non-Marginal, Non-Stigmatised Brand Community", in *Consumer Tribes*, (Eds.) Cova, Bernard, Robert V. Kozinets and Avi Shankar, Oxford: Butterworth-Heinemann, 144 – 162.

Schickel, Richard (1985), *Intimate Strangers: The Culture of Celebrity*, New York: Doubleday.

Schmidt-Lux, Thomas (2010), "Geschichte der Fans", in *Fans: Soziologische Perspektiven*, (Eds.) Roose, Jochen, Mike S. Schäfer and Thomas Schmidt-Lux, Wiesbaden: Verlag für Sozialwissenschaften, 47 – 68.

Schroeder, Jonathan E. (2005), "The Artist and the Brand", *European Journal of Marketing*, 39(11 – 12), 1291 – 1305.

Scott, Linda M. (1994), "The Bridge from Text to Mind: Adapting Reader-Response Theory to Consumer Research", *Journal of Consumer Research*, 21(3), 461 – 480.

Shefrin, Elana (2004), "Lord of the Rings, Star Wars and Participatory Fandom: Mapping New Congruencies between the Internet and Media Entertainment Culture", *Critical Studies in Media Communication*, 21(3), 261 – 281.

Sherwin, Skye (2004), "I'm Not That Kind of Girl", *I-D*, 242(April), 214 – 219.

Sinclair, Gary and Todd Green (2016), "Download or Stream? Steal or Buy?

Developing a Typology of Today's Music Consumer", *Journal of Consumer Behaviour*, 15(1), 3 – 14.

Smith, Scott, Dan Fisher and S. Jason Cole (2007), "The Lived Meanings of Fanaticism: Understanding the Complex Role of Labels and Categories in Defining the Self in Consumer Culture", *Consumption, Markets & Culture*, 10(2), 77 – 94.

Sood, Sanjay and Xavier Drèze (2006), "Brand Extensions of Experiential Goods: Movie Sequel Evaluations", *Journal of Consumer Research*, 33(3), 352 – 360.

Speidel, Suzanne (2007), "Film Form and Narrative", in *An Introduction to Film Studies, 4th Edition*, (Ed.) Nelmes, Jill, London: Routledge, 60 – 89.

Spry, Amanda, Ravi Pappu and T. Bettina Cornwell (2011), "Celebrity Endorsement, Brand Credibility and Brand Equity", *European Journal of Marketing*, 45(6), 882 – 909.

Stacey, Jackie (1994), *Star Gazing: Hollywood Cinema and Female Spectatorship*, London: Routledge.

Staiger, Janet (1991), "Seeing Stars", in *Stardom: Industry of Desire*, (Ed.) Gledhill, Christine, London: Routledge, 3 – 16.

Staiger, Janet (2003), "Authorship Approaches", in *Authorship and Film*, (Eds.) Gerstner, David A. and Janet Staiger, London: Routledge.

Stern, Barbara B. (1989), "Literary Criticism and Consumer Research: Overview and Illustrative Analysis", *Journal of Consumer Research*. 16(3), 322 – 334.

Stern, Barbara B. (1998), "The Problematics of Representation", in *Representing Consumers: Voices, Views and Visions*, (Ed.) Stern, Barbara B., London: Routledge, 1 – 23.

Stern, Barbara B., Christel A. Russell and Dale W. Russell (2005), "Vulnerable Women on Screen and at Home: Soap Opera Consumption", *Journal of Macromarketing*, 25(2), 222 – 225.

Stever, Gayle S. (1991), "The Celebrity Appeal Questionnaire", *Psychological Reports*, 68(3), 859 – 866.

Studlar, Gaylyn (2016), "The Changing Face of Celebrity and the Emergence of Motion Picture Stardom", in *A Companion to Celebrity*, (Eds.) Marshall, P. David and Sean Redmond, Oxford: Wiley, 58 – 77.

Swami, Sanjeev, Jehoshua Eliashberg and Charles B. Weinberg (1999), "Silver Screener: A Modelling Approach to Movie Screen Management", *Marketing Science*, 18(3), 352 – 372.

Thompson, Craig J. (1997), "Interpreting Consumers: A Hermeneutical Framework for Deriving Marketing Insights from the Texts of Consumers' Consumption Stories", *Journal of Marketing Research*, 34(6), 438 – 455.

Thompson, Craig J. (1998), "Living the Texts of Everyday Life: A Hermeneutic Perspective on the Relationships Between Consumer Stories and Life-World Structures", in *Representing Consumers: Voices, Views and Visions*, (Ed.) Stern, Barbara B., London: Routledge, 127 – 155.

Thompson, Craig J., William B. Locander and Howard R. Pollio (1989), "Putting Consumer Experience Back into Consumer Research: The Philosophy and Method of Existential-Phenomenology", *Journal of Consumer Research*, 16(2), 133 – 146.

Thompson, John O. (1991), "Screen Acting and the Commutation Test", in *Stardom: Industry of Desire*, (Ed.) Gledhill, Christine, London: Routledge, 183 – 197.

Thomson, Matthew (2006), "Human Brands: Investigating Antecedents to Consumers' Strong Attachments to Celebrities", *Journal of Marketing*, 70(1), 104 – 119.

Thorne, Scott and Gordon C. Bruner (2006), "An Exploratory Investigation of the Characteristics of Consumer Fanaticism", *Qualitative Market Research: An International Journal*, 9(1), 51 – 72.

Thorp, Margaret (1939), *America at the Movies*, New Haven, CT: Yale Press.

Tuchinsky, Jessica (2006), "The Talent Agent", in *The Movie Business Book, 3rd International Edition*, (Ed.) Squire, Jason E., Maidenhead, Berks: McGraw-Hill, 222 – 229.

Turner, Graeme (2004), *Understanding Celebrity*, London: Sage.

Unwin, Elinor, Finola Kerrigan, Kathryn Waite and David Grant (2007), "Getting the Picture: Programme Awareness amongst Film Festival Customers", *International Journal of Nonprofit & Voluntary Sector Marketing*, 12(2), 231 – 245.

Wallace, Timothy, Alan Seigerman and Morris B. Holbrook (1993), "The Role of Actors and Actresses in the Success of Films: How Much is a Movie Star Worth?", *Journal of Cultural Economics*, 17(1), 1 – 28.

Wallendorf, Melanie and Merrie Brucks (1993), "Introspection in Consumer Research: Implementation and Implications", *Journal of Consumer Research*, 20(3), 339 – 359.

Wasko, Janet (2008), "Financing and Production: Creating the Hollywood Film Commodity", in *The Contemporary Hollywood Film Industry*, (Eds.) McDonald, Paul and Janet Wasko, Oxford: Blackwell, 43 – 62.

Watson, Paul (2007a), "Stardom and Hollywood Cinema", in *An Introduction to Film Studies, 4th Edition*, (Ed.) Nelmes, Jill, London: Routledge, 128 – 142.

Watson, Paul (2007b), "Approaches to Cinematic Authorship", in *An Introduction to Film Studies, 4th Edition*, (Ed.) Nelmes, Jill, London: Routledge, 90 – 108.

Weber, Max (2006), "The Sociology of Charismatic Authority", in *The Celebrity Culture Reader*, (Ed.) Marshall, P. David, New York: Routledge, 55 – 71.

Wei Liyuan (2006), "Making Sense of These Million Dollar Babies: Rationale Behind Superstar Profit Participation Contracts", *Marketing Science*, 25(6), 678 – 680.

Weiss, Andrea (1991), "A Queer Feeling When I Look at You: Hollywood Stars and Lesbian Spectatorship in the 1930s", in *Stardom: Industry of Desire*, (Ed.) Gledhill, Christine, London: Routledge, 283 – 299.

Wiles, Michael A. and Anna Danielova (2009), "The Worth of Product Placement in Successful Films: An Event Study Analysis", *Journal of Marketing*, 73(1), 44 – 63.

Williams, Rebecca (2006), "From 'Beyond Control' to In Control: Investigating Drew Barrymore's Feminist Agency/Authorship", in *Stardom and Celebrity: A Reader*, (Eds.) Redmond, Sean and Su Holmes, London: Sage, 111 – 125.

Winston, Andrew S. (1995), "Simple Pleasures: The Psychological Aesthetics of High and Popular Art", *Empirical Studies of the Arts*, 13(2), 193 – 203.

Wohlfeil, Markus and Susan Whelan (2008), "Confessions of a Movie-Fan: Introspection into a Consumer's Experiential Consumption of *'Pride & Prejudice'*", *European Advances in Consumer Research*, 8, 137 – 143.

Wohlfeil, Markus and Susan Whelan (2011), "*'The Book of Stars'*: Understanding a Consumer's Fan Relationship with a Film Actress through a Narrative Transportation Approach", *European Advances in Consumer Research*, 9, 290 – 296.

Wohlfeil, Markus and Susan Whelan (2012), "*'Saved!'* by Jena Malone: An Introspective Study of a Consumer's Fan Relationship with a Film Actress", *Journal of Business Research*, 65(4), 511 – 519.

Woodside, Arch G. (2004), "Advancing from Subjective to Confirmatory Personal Introspection in Consumer Research", *Psychology & Marketing*, 21(12), 987 – 1010.

译后记

　　本书是一部学术专著，涉及哲学、解释学、社会学、社会心理学、符号学、电影和媒体研究、文化研究、市场营销和消费者研究等多学科领域。出于单纯兴趣冲动购买的"饭圈"读者，或许会感到巨大的心理落差和阅读困难。本书的目标读者更偏向有一定学术基础、对"粉丝文化"抱有兴趣的人群。

　　本书的研究者和故事的主人公是一位孤独的追慕者。他远离狂热的参与性追星活动，也鲜少与其他同好在网上互动。他对偶像的情感是个人性的、私密的，又是长久的。他对偶像的感情中既有欣赏和赞叹，又带着爱慕与迷恋。他既认同偶像的公共人格，又倾情于她的私下人格。他借消费体验她的存在、与她共生，又将她当作两性关系中另一方缺位状况下的替代物。她是他的"幻梦"，也是他精神痛苦的解药。她是他作为社会疏异者的寂寞人生中的情感伴侣，也成为他这本具有强烈自我反思色彩的粉丝研究著作的核心角色。

　　基于这样一段刻骨铭心的粉丝经历，他反对学术界流行已久的自大、粗暴的意识形态冠名，用自我剖白式民族志叙事，呈现了一个粉丝的内视角生活世界，并以研究者的理论性分解和诠释，展示名人－粉丝关系在时间之流中的演进和起伏，以及与之伴随的个人心灵体验。本书中，作者的学术之旅是一次针对局外人成见的总体清算，也是一场粉丝谋求改善人类理解的陈情和自辩。

　　这本书采用的研究方法新异而大胆，在未来相当长的时间里注定会被反复质疑和争论。通译全书，其学术价值可以从三方面体会。其一，全面、详尽的粉丝研究综述，具有良好的启发价值。书后的英文参考文献可供其他粉丝研究者按图索骥，减省在分散的文献中筛选、归类的力气；其二，自传式民族志方法对于学术同行而言无疑耳目一新，亦有继续论证及实践的空间；其三，在消费者叙事的基础上，拆解了名人吸引力四要素和粉丝－名人准社交关系的五种模式，解析了个体粉丝执迷于特定名人的内在机理，亦是对先前诸多外视角研究的补正。

本书不无遗憾之处，同一思想的反复表述可能使读者产生疲累之感。因而，在阅读中，读者尽可直接跃过冗余部分，不必阻滞于重复之语，以便直抵核心，把握要义。

书中人名的译法取两种策略：知名人物使用公众已惯用的译名，其他人物对照商务印书馆的《英语姓名译名手册》（第5版）翻译。

能力所限，译文难免不够精当、不能尽示原意之处，望读者海涵。

刘 津

2021 年 12 月 30 日

图书在版编目（CIP）数据

消费文化中的名人与粉丝：粉丝生活的自传式民族志考察 /（英）马库斯·沃尔法伊尔（Markus Wohlfeil）著；刘津译 . -- 北京：社会科学文献出版社，2022.10
（中国社会科学院大学文库 . 数字媒体前沿译丛）

书名原文：Celebrity Fans and Their Consumer Behaviour：Autoethnographic Insights into the Life of a Fan

ISBN 978-7-5228-0453-8

Ⅰ.①消… Ⅱ.①马… ②刘… Ⅲ.①消费文化 - 研究 Ⅳ.① C913.3

中国版本图书馆 CIP 数据核字（2022）第 132913 号

中国社会科学院大学文库·数字媒体前沿译丛
消费文化中的名人与粉丝
——粉丝生活的自传式民族志考察

著　者 / ［英］马库斯·沃尔法伊尔（Markus Wohlfeil）
译　者 / 刘　津

出 版 人 / 王利民
责任编辑 / 郭红婷
责任印制 / 王京美

出　　版 / 社会科学文献出版社·当代世界出版分社（010）59367004
　　　　　地址：北京市北三环中路甲 29 号院华龙大厦　邮编：100029
　　　　　网址：www.ssap.com.cn
发　　行 / 社会科学文献出版社（010）59367028
印　　装 / 三河市东方印刷有限公司

规　　格 / 开　本：787mm×1092mm　1/16
　　　　　印　张：18.25　字　数：251 千字
版　　次 / 2022 年 10 月第 1 版　2022 年 10 月第 1 次印刷
书　　号 / ISBN 978-7-5228-0453-8
著作权合同
登 记 号 / 图字 01-2022-3992 号
定　　价 / 88.00 元

读者服务电话：4008918866